◎本书受厦门大学南洋研究院"南洋文库"系列丛书出版基金和河南周口师范学院高层次人才科研启动经费项目资助

王刘波 著

变动与分裂

A Study of North Sumatra Chinese Society
in the Early Period of Post WWII (1945-1958)

"二战"后初期印尼苏门答腊北部
华侨华人社会研究（1945—1958）

中国社会科学出版社

图书在版编目（CIP）数据

变动与分裂："二战"后初期印尼苏门答腊北部华侨华人社会研究：1945-
1958／王刘波著 . —北京：中国社会科学出版社，2019.5

（南洋文库）

ISBN 978-7-5203-4239-1

Ⅰ.①变… Ⅱ.①王… Ⅲ.①华侨—研究—苏门答腊—1945-1958②华人—研
究—苏门答腊—1945-1958 Ⅳ.①D634.334.2

中国版本图书馆 CIP 数据核字（2019）第 058665 号

出 版 人	赵剑英
责任编辑	宋燕鹏
责任校对	冯英爽
责任印制	李寡寡

出　　版	中国社会科学出版社
社　　址	北京鼓楼西大街甲 158 号
邮　　编	100720
网　　址	http://www.csspw.cn
发 行 部	010 - 84083685
门 市 部	010 - 84029450
经　　销	新华书店及其他书店

印　　刷	北京明恒达印务有限公司
装　　订	廊坊市广阳区广增装订厂
版　　次	2019 年 5 月第 1 版
印　　次	2019 年 5 月第 1 次印刷

开　　本	710×1000　1/16
印　　张	22.5
插　　页	2
字　　数	360 千字
定　　价	116.00 元

序

施雪琴

    王刘波曾是我指导的博士研究生，2013—2016 年期间在厦门大学南洋研究院就读，欣闻其博士论文修改完毕，即将交付出版，邀我作序，师生情长，欣然应之。

    在中国学者对东南亚各国华侨华人历史的研究中，印度尼西亚（以下简称"印尼"）华侨华人历史一直是关注的重点。个中原因，不难理解。其一，印尼是东南亚大国，中国人迁移此地定居的历史悠久、分布广泛、数量众多，影响广泛深远，对印尼群岛的社会经济发展做出了巨大贡献；其二，与其他国家相比，印尼华侨华人的命运坎坷多舛，历史上多次遭受殖民政府的歧视压制与屠杀，经历了数百年腥风血雨与艰难荆棘，才逐渐融合于当地。其三，自 20 世纪初期民族主义浪潮在亚洲各国兴起以来，印尼华侨华人的命运不仅被居住国的政治风云所左右，同时也深受祖籍国的内政外交政策影响，尤其是在"二战"结束之后，伴随着东南亚民族国家的独立浪潮，印尼华侨华人不可避免地卷入东西方两大阵营的意识形态角力场，与印尼及中国的政治运动纠缠在一起，甚至成为影响 20 世纪 50—60 年代中国、印尼两国关系的一个重要因素。可以说，正是这些特点，特别是冷战时期印尼华侨华人的悲惨遭遇及其所折射的意识形态斗争与中国、印尼两国关系变化，以及后冷战时期华侨华人在印尼政治经济话语中的敏感存在，使得印尼华侨华人问题成为众多学者关注的重点。

    王刘波的《变动与分裂："二战"后初期印尼苏门答腊北部华侨华人

社会研究(1945—1958)》一书聚焦20世纪中期前后的印尼苏门答腊北部华侨华人社会,正是对印尼华侨华人历史特点的一种反映。20世纪中期是"二战"结束、冷战开启时期。印尼作为东西方大国争夺拉拢的焦点,东西方在意识形态领域的角力不可避免地延伸到华侨华人群体。而以棉兰为中心的苏北华社的特殊性成为观察冷战时期印尼华社在各种政治压力之下分裂与变迁的一个绝佳窗口与场域。

众所周知,印尼华侨华人人口众多,广泛分布于多个岛屿,但相对集中在爪哇、苏门答腊、加里曼丹、苏拉威西等人口密集、资源丰富、交通便利的大岛。因此,在这些岛屿上逐渐形成了华侨华人居住的重埠,如爪哇岛的雅加达、万隆、三宝垄、泗水;苏门答腊的棉兰、巨港;西加里曼丹的坤甸;苏拉威西的望加锡、万鸦老等城埠,成为印尼华侨华人聚居的重要城市,这些地区的华社,因其所处的地理区位、方言族群、经济结构、社会环境与文化教育的差异,形成了各具特色的华人社会。而以棉兰为中心的印尼苏门答腊北部地区,地理上远离印尼政治中心爪哇岛,毗邻新加坡与马来西亚这两个华人人口众多、华人文化影响较大的国家,历史上长期与新、马地区华人社会保持着密切的商贸往来与人文交流。尤其值得关注的是20世纪40年代初,以王任叔、胡愈之、郁达夫等为代表的南行文化人从新马等地流亡到苏门答腊北部,纷纷投身于华社的文化、教育与新闻事业,他们带去的红色火种,进一步启蒙了苏北华人的革命意识,促进苏北华人民族主义与爱国主义的发展,在很大程度上推动了战后苏北华社政治社会的演变。因此,与印尼其他地区的华社相比,苏北华社具有非常特殊的地理区位、人文环境与历史底蕴,这是研究侨史者挖掘苏北华社题材、深入研究其历史特殊性的一个重要因素。王刘波同学的研究能聚焦这个独特的华人社会场域,独辟蹊径,深入细致地考察"二战"后该地区华社的人文环境、人口数量、商业网络、经济结构、文化教育、社团发展以及政治认同,比较完整、准确地呈现了战后苏北华社的变迁图景,更值得指出的是,他在苏北华社人口数量统计、经济结构分析、商业网络构建及华人社团的发展演变方面做出了开拓性的研究成果!

王刘波的本科与硕士均在山东大学求学,先后就读于汉语言文学与中国古代史专业，毕业后辗转多处，虽较少涉足华侨华人历史与东南亚历史研究，但其研究功底深厚，观察问题细致，视角独特，尤其长于资料收集、整理与分析，其天性单纯仁厚，个性坚忍不拔，耐得住寂寞，守得住冷清。入读厦门大学后，他潜心研读文献，尤其是肯下苦功夫仔细查阅收集整理分析印尼苏北发行的多种中文报纸资料。三年里一千多个日日夜夜，他像个苦行僧，白昼埋首于图书馆的故纸堆中，夜晚则蜗居于勤业小屋，耽于键盘之上，其中艰辛，只有亲身经历者才能体察！宝剑锋从磨砺出，梅花香自苦寒来，付出的汗水最终得到了回报，他按期完成博士论文并顺利通过了答辩。他的博士论文是国内第一部建立在扎实资料基础上、关注冷战初期印尼苏北华人社会史的专题研究，得到了印尼华社及相关历史研究者的赞赏！印尼棉兰的苏北华联负责人廖章然先生与中国香港印尼苏北华侨华人历史研究会社郑光煌、翁克敏、邝福蒸等诸位先生均对他的研究给予了好评，并在《印尼苏北华侨华人沧桑岁月》文集中做了专门推介。他们一致认为："王刘波先生的博士论文比较全面和准确地叙述和概括了二十世纪中期前后苏北华侨华人社会的历史状况。这正好弥补了《印尼苏北华侨华人沧桑岁月》内容上的不足。""从论文的内容可悉知作者下足功夫、费尽心思地对所搜集的史料进行了详细的分析、估算、统计和评论，从而取得了颇具参考价值的实证研究成果，并对丰富印尼华侨华人社会的历史研究做出了积极有益的贡献。""王刘波先生博士论文中的这一部分内容（即论文的第三章第三、四节），犹如一张特殊的人文地图，它描绘了整个印尼苏北地区华侨华人的聚居和商业网络，还反映了他们的生存状态。阅视了这张'地图'，在我们的脑子里自然就会对整个苏北地区华侨华人社会的基本状况建立起比较全面和准确的图景和概念。在以往的侨史专著中难有所见，故而很珍贵，颇具参考价值。这就是为什么我们要从论文中特地抽出来单独予以推介的缘由。同时也弥补《印尼苏北华侨华人沧桑岁月》文集的不足。我们赞赏论文作者对此所作的贡献。"

这样的评论是亲身经历过那段历史的苏北华侨前辈的肺腑之言，他们难以相信一个从未去过印尼苏北的中国年轻学者依靠历史文献能这样全面、清晰、准确地书写那一段难以忘怀的沧桑历史，他们的生活以及他们父辈的生活在这位青年学者的笔下栩栩如生,宛若重现,许多老一辈苏北华侨华人表示这本书勾起了他们对那段岁月的回忆,他们感谢王刘波的研究,帮助他们保留了这一段历史!我想,这样的评价是对王刘波同学数年来辛苦笔耕的最好褒奖!

在此,祝贺王刘波同学新书出版,希望他一如既往地坚持优秀的学术品格与学术追求,再出佳作,为华侨华人历史研究做出新的贡献!

2018 年 5 月 3 日　于厦门大学南安楼

目　　录

图表目录

第 一 章

绪 论

第一节 研究目的和选题意义

一 研究目的

近代印尼华侨华人史可划分为五个时期：19 世纪 70 年代至 1942 年荷印时期，华侨经济获得较快发展，民族主义逐步盛行；1942 年至 1945 年日占时期，华侨备受摧残；1945 年至 1966 年战后，华侨华人发展迈入繁荣期，后又急剧衰落；1966 年至 1998 年，苏哈托统治下对华侨华人实行强制同化政策；1998 年至今，在民主改革背景下，华人逐渐融入印尼社会，印尼朝着多元化方向发展。"二战"后初期是华社的转折期，由外侨社会走向华人社会，由认同中国走向效忠印尼，由热衷派系斗争走向对政治忌讳莫深，由关注本族事务走向热衷融合，研究这段印尼华人发展的历史轨迹，可以深刻理解印尼华人为什么会走到今天的局面，为什么会形成今日的民族性格和做事方式。

当今，海内外学者对印尼华人社会的研究主要集中在爪哇本岛，在谈到华人的同化、政治活动等问题时都以爪哇华人为研究的对象。不可否认爪哇华人是印尼华人中最重要的一部分，但是在印尼的外岛如苏门答腊、西加里曼丹也有为数众多的华人存在，它们与爪哇本岛并称为印尼华人三大聚居区，这些地方的华人社会内部演进是否也和爪哇本岛一样？然而由于学界对印尼外岛研究薄弱，特别是对"二战"后初期华社研究薄弱，我们很难知其详情。

众所周知，这方面研究的困难是由印尼的国内政策所导致的。自印尼独立革命胜利后，在狭隘的民族主义观念指导下，华侨华人在印尼的生存被视为殖民主义的产物，华侨华人受到强制同化政策的迫害，从工商业、文化教育、政治权利、居住地点等各个方面被加以限制。苏哈托当政后，又强制关闭了几乎全部华侨华人社团，完全剥夺华侨华人接受华文教育、在公开场合说华语的权力，华侨华人社会中与中国有关的资料几乎被消灭殆尽，研究也就无从谈起。

然而，笔者在厦门大学和中国国家图书馆发现了保存比较完好的 20 世纪四五十年代的苏门答腊北部（以下全书简称“苏北”）的中文资料，同时得到旅居于北京、香港、深圳等地诸位归侨贤达的热心帮助，获得了苏北地区的大量一手资料。在这种有利条件下，笔者期冀通过对这些史料的分析以弥补战后印尼外岛华侨华人社会研究中的不足，通过了解战后初期印尼外岛华侨华人社会的发展变化去加深对印尼社会和印尼华人社会的认识。

二　选题意义

（一）苏北华侨华人对于中国与印尼的合作交流具有情感纽带作用

首先，苏北的东海岸地区（简称“苏东”）是印尼华侨华人主要聚居区之一。自 19 世纪 60 年代末，苏东日里被开辟成为烟园之后，出现了一个规模壮观的华侨移民苏北充当契工的浪潮。在 1870 年苏东的种植园中，大约有 4000 名劳工，他们中爪哇工人有 150 名，其余均为华人。[①] 1880 年苏东华侨增加到 25700 人，1890 年达到 75325 人，1900 年为 103768 人，1920 年有 134750 人，1930 年高达 192822 人，[②] 1948 年估计苏东华侨人数在 20 万左右，1959 年华人总数在 30 万左右，约占当时印尼华侨华人总数的 10%，占苏东总人口的 11%。

华侨华人在当地的主要城市中占据了更重要的比例。1930 年苏北华侨比例超过 30% 的大城市有 6 个，1950 年华侨在苏东五大城市中，所占平均比例超过 20%。这么多华侨无论在当时还是在现今，他们的社会生活状态以及与中国的关系都是不可小觑的。在苏东乡村中华侨人数在战

---

① ［英］巴素：《东南亚之华侨》，郭湘章译，“国立”编译馆 1966 年版，第 745 页。
② “二战”前的苏东包括苏岛廖内的大部分，其总面积约有 9.5 万平方公里，“二战”后廖内被划入苏中省，苏东面积仅剩约 3.5 万平方公里。

后也出现了明显的增长。荷治时期，华侨不被允许拥有土地，虽然可以从事农业生产，但是主要是种植园主雇用的农业工人。"二战"期间，种植园制被破坏，部分华侨在种植园中开辟农田以生产粮食。自"二战"以来，华侨在苏东大城市的郊区垦荒人数日益增多，到20世纪50年代，华侨农民有3.8万名左右，他们为华侨在苏东城市的聚集提供了重要的物质基础。

其次，苏北华侨华人是印尼华侨华人中最具有中华文化情结的群体。"二战"前，苏北华侨以闽籍、广府籍、客籍、潮籍的新客为主，闽、广府籍华侨又占其中的大多数。据1930年对苏北第一大都市棉兰的调查，棉兰华侨中新客约占58%，侨生约为42%，闽、广府籍占总数的73.9%。[①] 闽南方言是当地华侨华人商业交流的通用语言。早在20世纪初，中国革命党人就在棉兰建立了同盟会分部，并在苏北各地设立分支机构。在皖南事变发生后，中国共产党也开始在棉兰、先达等地从事经营活动。

"二战"后，受华文教育的苏北青年学生明显增多，普通话在华人青年中盛行，时至今日，苏北受过华文教育的老一辈华人多能说流利的普通话。因政治倾向的分歧，当时苏北不少城市被华侨华人冠以"小延安""第二重庆""小台湾"之称而闻名。[②] 在苏哈托当政期间，尽管印尼政府严厉限制华人的文化特征，苏北的不少华人家庭仍秘密从事传播中华文化的活动。[③] 苏哈托下台后，以棉兰为中心的苏北积极开展与中国的中医、华文教育合作。从历史的传承上看，这是在爪哇本岛很难看到的现象。由此可以看出，无论是过去还是现在，苏北华侨华人具有更明显的中国元素，研究苏北华侨华人社会对于增进中国与印尼的合作交流具有重要意义。

（二）发掘苏门答腊北部价值，强化对印尼多元社会的认识

苏北的地理、气候位置非常重要。从地理上看，苏北是大巽他群岛

---

① 《苏岛华侨之总调查》，《侨务月报》1936年第2期。

② 如先达市（Pematang Siantar）有"小延安"的说法，亚沙汉（Tanjung Balai）被称为"第二重庆"，美拉务地区（Meulaboh）则有"小台湾"之称。

③ 笔者采访印尼华人陈唯群女士获知，在苏哈托时代，陈的父母仍在先达秘密开办中文补习班，陈女士也多次以各种方式巧妙获取中文书籍。采访时间：2015年9月12日。

的西北屏障，马来半岛西南的门户，扼守印度洋与南中国海的交通要冲。从印度洋经苏岛东海岸沿着马六甲海峡，可达南中国海。苏岛东南部与爪哇岛相隔巽他海峡，是由南中国海进入东印度洋的门户，苏北是连接印度洋与太平洋的战略要道。从苏北的棉兰到槟榔屿（Penang）有 154 海里，从棉兰到新加坡有 373 海里，这是印尼与马来西亚、新加坡物资交流最活跃的区域，并且最繁忙的物资流通线路多由华人掌握，直接决定印尼苏北日常经济运行的命脉，日常经济的好坏又关系到印尼经济是否能健康运转。

就气候而言，苏门答腊北部气候适宜，是橡胶、烟叶、茶叶、棕油等多种热带经济作物的产地，又因处于马六甲海峡的关键位置，海上交通便利，与新加坡、马来西亚隔海相望，是新、马与印尼爪哇交往圈中的关键环节，特别适合发展对外贸易，是世界上优质橡胶和茶叶等物品的主产地，苏北也因而成为苏岛开发最早、最为发达的地区。20 世纪 50 年代中期，它的商品输出占印尼全国总输出量的 25% 左右，[1] 是印尼获得外汇的主要来源。苏门答腊岛也因苏北等地的重要作用被称为"希望之岛"。

以棉兰为中心的苏北是印尼民族主义的发源地之一。苏北的印尼语被认为是印尼马来语的起源，是最标准正统的国语。马来文化是在北起棉兰、南达廖内群岛的地区内发展起来的。[2] 棉兰的印尼语对印尼的统一发挥了不可估量的作用。荷治时期，在争取独立的过程中，印尼的独立运动领袖深感要取得胜利就必须加强群岛不同族群的团结，因此，在印尼民族党（Partai Nasional Indonesia，PNI）主导之下，1928 年印尼青年学生在椰城举行了第二次印尼全国青年大会，[3] 会上提出了一个民族、一个祖国、一种语言的宣言，一种语言即印尼语。在印度尼西亚共和国成

---

① 《全苏岛之输出额占输出总额七十一巴仙》，《新中华报》1957 年元月 8 日，第 4 版。

② 印尼情报部编:《现在的印尼》，《苏门答腊民报》1954 年 9 月 9 日，第 3 版。

③ 印尼民族党的前身是 1927 年成立的印尼国民联盟（Perserikatan Nasional Indonesia），主要领导人有苏加诺、萨姆西（Samsi Sastrowidagdo）、布迪亚多（Budiarto）、沙多诺（Sartono）、安哇里（Anwari）、苏纳尔约（Sunarjo）等，参加者多是留学荷兰的印尼学生。该党提出的口号是一个民族、一个国旗（红白旗）、一种语言。1929 年苏加诺被捕后，印尼民族党活动处于停止状态，1931 年正式解散。

立时，苏北也成为印尼独立运动最活跃的地区之一。因语言的重要性，1954 年第一届印尼语文大会特意选在苏北棉兰举行。

苏北是多元文化共处的典型，多元文化也是印尼社会的最主要特征。在 19 世纪中期之前，苏北有亚齐人、峇达人、海岸线马来人、咖约人、阿拉斯人等，亚齐人、咖约人、阿拉斯人受到穆斯林文化的影响，但是程度不一，峇达人信仰原始宗教，苏北社会相对单纯。自从 19 世纪 60 年代末，苏北的日里地区被开辟成为烟园之后，欧美资本家争相在苏北开辟种植园，因用工的需要，华侨、爪哇人、阿拉伯人、印度人等涌入苏北，苏北逐渐形成在信仰、种族、经济生活等方面都是多元的印尼社会的一个典型。如果不能了解印尼社会的这种多元文化特质，就很难体会印尼华人生存环境的复杂性。

（三）在华侨华人问题上反思过去，避免中国影响带来的不利后果

苏北华侨华人社会具有强烈的中华文化特征，但是在"二战"后因政治上的分裂，使得华侨华人社会元气大伤。"二战"后，随着世界反法西斯战争的胜利，以及中国共产党取得了大陆的领导权，通过输出革命，东南亚的左派势力在各国盛极一时。对于印尼而言，20 世纪 50 年代是印尼与中国大陆关系发展的一个友好时期，双方在政治上和经济上都保持了频繁的交往。但是这时的华侨华人社会却因亲"共"亲"国"的不同分为对立的两派，两派之间相互攻击，甚至向印尼当局告密，在印尼当局取缔一派的社团侨校时，另一派人士则袖手旁观，乐观其成。当今生活在印尼苏北的华人，虽然已经基本融于当地社会之中，但是一次次惨痛的排华经历，使得他们内心深处仍有对自身安全的危机感，在中国影响力日益扩大的今天，如何对待华人还有许多难题需要处理，但是有一些原则是明确的，不少华人都期望在不引起当地其他印尼人误解的同时，强化对中华文化的认知和掌握，在华人自身安全和中华文化影响上达到一个平衡，避免出现类似曾经的伤害。

第二节 研究现状及思考

一 相关内容的研究

海外对苏北的研究集中在三个方面，首先是苏北内陆高地峇达人的宗教信仰、移民及社会阶层的变化。主要如下:坎宁安(Clark E. Cunningham)的 *The postwar migration of the Toba-Bataks to East Sumatra*;佩德森(Paul B. Pedersen)的 *Batak Blood and Protestant Soul:The Development of National Batak Churches in North Sumatra*;基普(Rita S. Kipp)的 *The Early Years of a Dutch Colonial Missionn:The Karo Field*;莱曼(Martin E. Lehmann)的 *A biographical study of Ingwer Ludwig Nommensen,1834 – 1918:pioneer missionary to the Bataks of Sumatra*;罗登堡(Rodenburg)的 *In the shadow of migration:rural women and their households in North Tapanuli,Indonesia* 等。

　　主要观点有:(1)移民的原因。坎宁安认为苏东与峇达高原的经济差距以及峇达经济的破败是峇达人移入苏东平原的主要原因,他同时估算了峇达人移入苏东平原的数量,但是对于估算的依据没有具体说明。(2)移民的后果。峇达青壮劳动力向苏东移民,侵入了苏东种植园,使种植园制度日益遭到破坏。罗登堡认为留守在峇达高原的老弱妇孺依靠种植勉强维持自身的生存需求,无力修整日益破败的基础设施,使峇达高原落后日复一日。(3)宗教与殖民关系。峇达人早期信仰原始宗教,但是莱曼认为早期的传教人士在深入峇达高原的过程中,改变了信仰万物有灵原始宗教的峇达人的野蛮形象,使峇达高原成为信仰基督教的主要区域。佩德森认为宗教信仰的改变,使峇达人有更多的机会获得西式教育,这对他们的职业选择产生了显著的影响,为他们进入苏东融入殖民社会提供了助力。

　　其次是苏北的冲突,主要包括亚齐的分离活动、苏北的独立革命和其他叛乱活动。这些研究有:彭德斯(Penders)的 *The expansion of Dutch control on the central West- and East-Coasts of Sumatra,1816 – 1873*;斯米尔(John R. W. Smail)的 *The Military Politics of North Sumatra December 1956 – October 1957*;兰根伯格(Michael van Langenberg)的 *National Revolution in North Sumatra:Sumatera Timur and Tapanuli,1942 – 1950*;库克(Tonkin L. Cook)的 *Moral Courage,Resistance and Trauma Response in a Prolonged Conflict:An Example of Aceh*。

　　主要的观点有两种:(1)革命的起因。兰根伯格认为"二战"前峇达人大量进入苏东种植园进行耕种,促使种植园经济崩溃,"二战"后,获得种植园土地成为峇达人支持独立革命的经济原因。（2）领导集体。
库克认为亚齐反抗荷兰殖民的历史激发了亚齐成为战后独立革命中最坚
决的地区，"二战"瓦解了荷兰对亚齐的殖民统治，亚齐的乌略巴朗成为
独立革命的领导阶级。

再次是苏北的种植园经济和由种植园引发的土地占用问题，直接与
苏北华侨华人有关的研究也多集中于此。有：斯托莱（Ann Laura Stoler）
的 *Capitalism and Confrontation in Sumatra's Plantation Belt，1870 - 1979*；
克拉韦伦（Marieke Van Klaveren）的 *Death among Coolies：Mortality of
Chinese and Javanese Labourers on Sumatra in the Early Years of Recruitment，
1882 - 1909*；布雷曼（Jan Breman）著，李明欢译作《契约华工与种植园
制：荷属东印度日里地区种植园政治剖析》；艾瑞斯（Christopher Air-
riess）的 *Port-Centered Transport Development in Colonial North Sumatra*；兰
根伯格（Michael van Langenberg）的 *Class and Ethnic Conflict in
Indonesian's Decolonization Process：A Study of East Sumatra*；霍本（Vincent
J. H. Houben）的 *Coolie Labour in colonial Indonesia：a study of labour rela-
tions in the outer islands，c. 1900 - 1940*；里德（Anthony Reid）的 *Early
Chinese Migration into North Sumatra* 等。

主要观点：（1）华人苦力死亡、受虐。克拉韦伦以当时丹绒乌拉哇
医院中的报告为证据，精确计算了各族劳工的死亡率，认为种植园的劳
工死亡率从 19 世纪末期到 20 世纪初期，总体而言呈现大幅度下降的趋
势。[①] 布雷曼主要参考了 1904 年荷兰检察官 J. L. T 瑞姆勒夫对棉兰种植
园进行实地调查得出的报告，和阿姆斯特丹皇家热带研究院的文献，重
点研究了苏东种植园经济形成时期的劳工体制。霍本通过数据表明对待
包括华工在内的各族劳工的暴力活动，在不同时期有显著的差异，在 20
世纪 20 年代中后期虐待频率有明显的增多，在大萧条前后对苦力的殴打
和袭击达到了顶峰，在其他时期劳工和种植园主的关系则相对缓和。华
工的数量在 1913 年达到顶峰之后，一直呈现快速下降的趋势。（2）苏北

---

① Marieke Van Klaveren, *Death among Coolies：Mortality of Chinese and Javanese Labourers on
Sumatra in the Early Years of Recruitment，1882 - 1909*. Itinerario，Volume 21 . Issue 01. March
1997. p. 116.

经济发展与华工：艾瑞斯认为日里地区港口出产的烟叶的增长刺激了苏东种植园经济的繁荣，而苏东烟园经济的繁荣进而吸引了爪哇和华人移民充当劳工。

20 世纪 50 年代以来国内主要涉及苏门答腊北部的研究文章主要讨论了四个方面。

首先是苏门答腊北部的古国及与中国的关系，[①] 观点：国家关系友好。这些文章结合了中国古籍资料和部分英文资料，主要强调了存在于苏门答腊北部范围内的古国内部的发展以及它们与中国在经贸上的友好关系。

其次是关于苏北亚齐的分离事件，[②] 观点：民族分离。围绕亚齐的分离运动，探讨分离运动的民族、领导者、认同、宗教、权力分配、经济不均等问题。

再次是苏东种植园的契约华工贡献、作用等，[③] 观点：华工贡献、受压迫。文章时间跨度从 20 世纪 60 年代至 80 年代，但是实际写作于 20 世纪 60 年代前后，时值中印关系紧张之际，华侨华人被指责掌控了印尼经济命脉，在此背景下，这些文章围绕在苏东种植园对华工招募的原因、数量、花费，表明了华工对印尼苏东发展的贡献和受到的剥削压迫。桂光华等人的资料多数来自厦门大学南洋研究所（即南洋研究院的前身）

---

① 余定邦：《明代中国与满剌加（马六甲）的友好关系》，《世界历史》1979 年第 1 期；余思伟：《马六甲港在十五世纪的历史作用》，《世界历史》1983 年第 6 期；桂光华：《室利佛逝王国兴衰试析》，《南洋问题研究》1992 年第 2 期；廖大珂：《1511 年前伊斯兰教在印度尼西亚的传播》，《南洋问题研究》1995 年第 3 期等。

② 梁敏和：《印度尼西亚现代民族分离主义运动的特点》，《世界民族》2002 年第 4 期；李一平：《亚齐民族分离主义运动述评》，《世界历史》2006 年第 4 期；胡文秀、孟东伟：《发展中国家国内武装冲突终止的条件分析：以印尼亚齐问题的解决为例》，《东南亚研究》2010 年第 1 期；周俊华：《国家整合视角下印尼亚齐民族分离问题研究》，《云南民族大学学报》（哲学社会科学版）2016 年第 5 期等。

③ 江醒东：《荷兰殖民主义者对印度尼西亚华侨的压迫》，《中山大学学报》1959 年第 4 期；蔡鸿生：《十九世纪后期东南亚的猪仔华工》，《中山大学学报》1959 年第 4 期；朱杰勤：《十九世纪中期在印度尼西亚的契约华工》，《历史研究》1961 年第 3 期；彭家礼：《十九世纪开发西方殖民地的华工》，《世界历史》1980 年第 1 期；《十九世纪七十年代后中国劳力资源外流和猪仔贩卖的高潮》，《中国经济史研究》1987 年第 4 期；桂光华：《荷兰殖民者对契约华工的压迫和剥削》，《厦门大学学报》（哲学社会科学版）1984 年第 4 期；《二十世纪初期印尼苏东烟草种植园的契约华工》，《南洋问题》1984 年第 1 期等。

珍藏的荷兰文第一手资料和对归侨农场中曾经做过"猪仔"的老华侨的采访调查。

最后是当代棉兰华社新变化。① 观点：（1）华社融合。21世纪民主改革背景下，印尼华裔改变与政治隔离的传统做法，参与地方选举，向多元融合方向发展。参政存在种族、宗教信仰、极端激进势力排挤、华族内部团结问题，民族融合道路发展漫长。（2）再华化。华族本民族文化断层问题，华文教育与印尼及中国国家关系、政策关系，华文教育发展现状、困境、展望。

二　相关主题与方法的研究

社会史是研究历史上人们生活形态、生活方式的学科，按照冯尔康教授的解释，它的研究范畴，包括了"社会结构、社会组织、人口社区、物质与精神生活习俗"等方面，它与"社会学、民俗学、民族学、人口学"② 等学科具有交叉的内容。华侨华人社会史，顾名思义，将社会史的研究聚焦到华侨华人群体中，从多学科的角度出发，研究华侨华人社会史中的具有社会意义的中、微观世界。大到一洲小到一个村落都可以面面俱到或对某一具体的问题进行深入挖掘研究。本书在写作中多有借鉴和参考的论著有以下一些。

（一）以大洲或国家为范围的社会史研究论著

1. 华人社会复原：陈依范的《美国华人发展史》。把华侨华人发展的历史分为三个时期，以来临、排斥、融合概括其发展的特征。在旧金山唐人街的描写中，作者插入了唐人街的街区平面图示，并标明了街区中一些重要场合所处的位置，对纽约唐人街，作者则以翔实的数字列举了唐人街银行业和其他商业繁荣景象。这种复原方法对研究早期华人社会

---

① 郑一省：《印尼棉兰华人族群融入主流社会初探》，《华侨华人历史研究》2008年第4期，《印尼棉兰华人"肃坛持戒"仪式探析》，《东南亚研究》2011年第6期；杨宏云：《社团、社团领袖与华人社会：以印尼棉兰市为个案的初步研究》，《南洋问题研究》2008年第4期，《印尼棉兰的华人：历史与特征》，《华侨华人历史研究》2011年第1期；曹云华：《棉兰华人印象》，《东南亚研究》2010年第1期；周艳玲：《印尼棉兰华人参政浅析：以2010年棉兰市长选举为例》，《东南亚研究》2010年第5期；邵长超：《印尼棉兰地区汉语教学现状调查与对策研究》，《东南亚研究》2012年第2期。

② 冯尔康等编著：《中国社会史研究概述》，天津教育出版社1988年版，第2—3页。

的面貌有重要参考意义。

2. 阶层划分：施坚雅教授的《泰国华人社会：一种历史的分析》①。以 19 世纪后半期的暹罗华人社会为例，施坚雅按照财富分为五个阶层，分析了从事各种职业的华侨的祖籍地，发现相同祖籍地的华侨一般垄断了一个行业，根据该行业的财富分配资源，造成不同祖籍地的华侨其社会地位相差悬殊。华侨祖籍地的不同又造成偶像崇拜的差异，不同籍贯的华侨具有各自的公墓，华人社会的各个组织的关系是直线关系，包含有各个阶级，而不是横线的关系。施坚雅还以个案的研究方法分析了华人社会地位流动的现象，发现华人在暹罗社会地位的上移可能性是非常高的事实。

3. 社团组成关系：魏安国的《菲律宾生活中的华人 1850—1898》②。他把菲律宾华人社会组织划分为两大类：中式社团（Chinese-style）和西式社团（Western-style），中式社团包括：以血缘、地缘、业缘组织的团体，西式社团则有：商会、狮子会、校友会、教会等团体。华人社团出现发展的四大因素包括：人口、社会环境、菲律宾本土化、社团与中国的关系。

4. 华人多元认同：王赓武《东南亚与华人》。提出了多元文化认同的理论，他按照政治活动把海外华人社会分为三个集团，甲类是倾向于中国事务的大多数华人；乙类华人根据实际利益选择不同身份；丙类华人则在政治上归属于东道国。并认为："近百年来东南亚，绝大多数华人始终属于乙集团。"③ 1985 年，他提出了华人认同的多种模式，即华人具有种族、国家、阶级或经济和文化认同，以及理想中的认同，即最终的多重认同。

5. 华人发展史：李学民、黄昆章合著的《印尼华侨史（古代至 1949 年）》、黄昆章的《印尼华侨史（1950 至今）》、蔡仁龙的《印尼华侨与华人概论》等。这些著作多数分人口、经济活动、教育、国际问题、同化

---

① ［美］施坚雅：《泰国华人社会：一种历史的分析》，许华等译，厦门大学出版社 2010 年版。

② Edger Wickberge，*The Chinese in Philippine Life：1850 – 1898*，New Haven：Yale University Press，1965.

③ ［澳］王赓武：《东南亚与华人》，姚楠编，中国友谊出版公司 1986 年版，第 199 页。

问题、外交等方面，对印尼华人发展的过程进行论述，反映了华侨华人社会各个时期各个方面的特征。蔡仁龙还与温广益合编《印度尼西亚的华侨史》，专门研究了苏门答腊日里、邦加、勿里洞的契约华工问题。该书按照华工南来的背景、种植园的管理制度、契约华工的劳动、待遇生活问题分别进行研究。从华侨史的分期上，可以看出该书具有明显的中国中心观的色彩。其他一些台湾地区的著作，如台北华侨志编委会编写的《印尼华侨志》和廖自然的《印尼华侨社会史》，这些文章提供了不少亲台华人社团的资料。

（二）以地区或城市为范围的华侨华人社会史研究

1. 华人文化变迁：云达乐的《三宝垄的华人：印尼变化中的少数民族》①。在分析华人的商业社会与宗教信仰活动的基础上，他揭示出了华人文化变迁的必然趋势。以宗教为例，他分析1955年三宝垄的华人约有10%是基督徒，这远远高于20世纪初的比例，并且华人基督徒的比例还在稳定的增长。分析华人在三宝垄1955年之前的历史，作者在对华人的商业社会与宗教信仰活动分析的基础上，提出了文化变迁理论。

2. 华社不同模型：麦尔福德·威斯（Melford Weiss）的《山谷城：美国的一个华人社区》②。将当地的华人社会划分为三种模型，（1）传统主义的系统，他们组织同乡会、会馆，目标与活动主要围绕保持中华文化传统展开；（2）现代主义系统，他们主要是第二代华人，他们的生活围绕着同学会、俱乐部，目标是维持美籍华人的认同；（3）激进主义系统，他们加入在地国主体民族的社会中，目标是融入主流社会。

3. 华社内部斗争与合作：台湾学者陈祥水的《纽约皇后区新华侨的社会结构》③、李亦园的《一个移殖的市镇：马来亚华人市镇生活的调查研究》④。

陈祥水在描述华人社团参与非华人社区的活动时，指出华人社团的

① Donald Earl Willmott, *The Chinese of Semarang*：*A Changing Minority Community in Indonesia*. Ithaca：Cornell University Press, 1960.
② Melford Weiss, *Valley City*：*A Chinese Community in America*, Cambridge, 1974.
③ 陈祥水：《纽约皇后区新华侨的社会结构》，"中央"研究院民族学研究所1991年版。
④ 李亦园：《一个移殖的市镇：马来亚华人市镇生活的调查研究》，正中书局1985年版。

山头主义是他们团结困难的根本。

李亦园发现麻坡华人的以八大方言群为基本结构的方言帮社会，在处理华人内部事务时，各方言帮必须以各社团的执事关联为纽带，建立交往的渠道。充当社会首领的人物必须在经济贡献力、与英政府关系、与土著关系方面胜人一筹，出现这种与传统不同的变化，是华人社会在海外文化适应的结果，在研究麻坡镇华人社会的基础上，他提出了文化调适的理论。

（三）专题性的华侨华人社会史研究

1. 华人文化、生活：克劳婷·苏尔梦《在雅加达的华人，寺庙和集体生活》《望加锡华人社会，集体生活和组织》，前著研究了雅加达尚存的华人寺庙和社团，中国人定居雅加达的时间，并分析了华人的经济发展和人口增长情况。后著追溯了华侨定居望加锡的历史，重点强调了华侨的人文特质，试图恢复1965年以前望加锡华人社会的真实面貌。

2. 土生、新客：澳大利亚学者占梅·梅吉教授（J. A. C. Mackie）编纂的《印尼的华人》[1]，包括有五篇论文。其中强调较多的是土生华人和新客华侨区别，认为新客华侨是新近的移民，他们说华语，文化上朝向中国，而土生华人群体，他们使用土语，日常文化上既不完全是华侨也不是印尼土著人。

3. 华人与土著关系：查理尔·柯柏尔（Charles Coppel）《危机中的印尼华人》[2]，关注的是华人政治上的适应性问题。一般认为华人由于对政治活动的疏离是导致他们被原住民不信任和猜忌的原因之一，通过"政治上的同化"能够帮助他们改变在原住民心目中的外国商人形象，提高他们的安全感。但是柯柏尔教授认为在政治系统不稳定的时代背景下，作为少数民族的华人，卷入政治生活可能会有相反的结果。如在50年代，中印尼虽然签订了解决双重国籍问题的条约，印尼华人仍是非常容

---

[1]　J. A. C. Mackie（ed.）, *The Chinese In Indonesia*, *Five Essays*, Honolulu: Univeristy Press of Hawaii, 1976.

[2]　Charles A. Coppel, *Indonesian Chinese in Crisis*, Kuala Lumpur: Oxford University Press, 1983.

易受到伤害。

4. 华社转变：著名学者梁英明的《战后东南亚华人社会变化研究》①特别强调了战后东南亚的华人世界，已经由华侨社会转化为华人社会，这是需要中国特别注意的地方，在与华人打交道时要避免因身份的不同产生对他们的误解。

综上所述，目前学术界的华侨华人社会史研究存在着以下几点特征，一是海内外研究的发展情况不同。海外华人社会研究兴起较早，有成熟的研究方法和理论。中国大陆的研究多起步于 20 世纪 80 年代，发展迅速，对华人社会的认识逐渐深化。二是社会史研究从宏观走向微观，材料来源从单一走向多样化，最初只有文献资料，后来文献资料和田野调查并重。三是国别类的研究和专题类研究居多，而地区或城市这些小范围内的华侨华人社会史研究较少。上述论著可以为本书的研究提供更为明确的方向和可借鉴的方法。但是他们的研究还存在着一些可以深入的地方，主要表现为：

第一，苏北华人的历史发展、特质问题。前辈学者研究华人契约工人时，研究了华人进入苏北的历史、原因、商业活动、贡献等，但是华人在苏北的商业网络是怎样展开的？是集中于棉兰一地？或是扩张苏北深入农村僻壤？

苏北除小商业者外，还存在华人农民问题，特别是在 40、50 年代华人农村繁盛一时，华人农民、农村如何而来？又为何衰退？苏北是华人文化氛围最盛的区域，苏北华人的国籍选择与印尼本岛有何不同？

第二，华人与他族关系问题。苏北既是华族集中之地，也是印尼峇达、亚齐、爪哇人等族聚居之所，峇达人从高原进入平原后对华人的商业活动带来什么样的影响？华人为什么特别容易受到暴力与种族伤害？除人数稀少原因外还有哪些问题？

第三，"二战"后华社发展繁荣问题。前辈学者已经关注过华社分化的表现问题，但是"二战"后为什么左派势力热衷于组建、改组社团、侨校？爱国的表象下，其深层次原因有哪些？

通过田野调查获得的报刊资料和采访资料，本书试图对这些问题进

———————————

① 梁英明：《战后东南亚华人社会变化研究》，昆仑出版社 2001 年版。

行深入研究。

第三节　本书的史料来源

一　史料主要来源

本课题的史料来源有:报纸、文献汇编、中英文著作、网站资料等,考虑到报纸是唯一的系统集中记录当时华侨华人社会风貌的原始资料,因此,笔者在本节详细介绍本书所利用的报纸情况。众所周知,报纸作为研究的原始材料,它存在着利弊分明的特征。从利的角度说:(1)它提供的信息是多元化的,立体的。(2)提供了具体的线索和历史细节。(3)它反映的是当时的历史,所用的语言具有时代性,报道的信息能够体现出当时关注的焦点。(4)能够提供丰富的无意识史料。(5)报道的信息时间跨度大,能够反映某一事件的变化状况。

但是缺点也是明显的:(1)它为政治宣传服务,受到幕后势力的控制,发布的内容是幕后势力许可的信息,其目的是引导公众以便维护幕后势力的利益。(2)容易使读者、研究者不自觉中成为其宣传的传声筒。(3)信息曝光有限,缺乏深度。

从以上优缺点来看,在研究报纸中需要综合比较不同派别的报纸所报道的内容,和对同一事件报道时的差异及关注点。这样才可能尽量地掌握全面的信息。

笔者在利用苏北的报纸时,特别小心报道的信息来源,依据其来源,根据真实的程度分为几个层次:(1)来源于当局统计发布的消息,这些信息真实性可以保证,故本书直接利用。(2)记者采访知情者或亲历者亲自发布的消息,它的真实性也是可靠的,不过需要注意的是需要了解知情者的身份,以及有无政治目的,对于他们所说的政治上的情况需持保留态度。(3)对某项政治活动的报道,这类信息存在部分的真实,它们的出席人物、活动是可信的,但是其效果影响则需要从其他方面加以印证。需要注意的是出席活动的组织、参加的人物,这些能够反映出他们的政治态度。(4)反映写作者对某一问题看法的文章。这些文章所反映的问题多是社会关注的热点问题或是笼统性的老生常谈的问题,但是对于当今而言,则相对陌生,限于写作者的能力及报纸的篇幅,需要对其反映的现象和得出的论点区别对待，现象需要印证，他们的观点则需要小心评判。

就具体的报纸情况而言，本书利用的主要报纸是《苏门答腊民报》《民主日报》《新中华报》《苏岛时报》等。《苏门答腊民报》是棉兰最早出现的报纸之一，由棉兰华商叶燕浅在 1914 年创办。叶燕浅和该报监督张蓝田都是闽籍国民党党员，因此，《苏门答腊民报》最初的政治立场偏向国民党。

叶燕浅去世后，《苏门答腊民报》的股东由叶燕浅儿子叶贻昌、叶贻东、叶贻芳持有，其中，叶贻昌作为长子持有大多数股份，由其主持。抗战爆发后，《苏门答腊民报》从舆论上支援棉兰华侨筹赈祖国难民总会主张，① 赞成国共合作，宣传抗战救国思想。20 世纪 30 年代初，《苏门答腊民报》每日销数 2000 多份。② 抗战爆发后的第一年，达到了 2500 份，据日本对南洋华侨报业的调查，从 1939 年开始，改进技术扩充内容版面，销售量达到 4000 份，③ 在苏东地区，占据华人报业翘楚的地位。

1942 年日军侵占棉兰后，《苏门答腊民报》被迫停刊，一直至 1947 年方才复刊。复刊后，于右任亲自为《苏门答腊民报》题写报名，由叶贻昌担任总理，郭铸人为总经理（他曾任国民党日里支部执委），该报的资金津贴差额主要由叶贻昌和丘毅衡负责。1948 年是《苏门答腊民报》性质变化的一个重要节点。1948 年 9 月，叶贻昌将一部分股份卖给商人丘毅衡，另一部分卖给弟弟叶贻东和叶贻芳，宣布辞职。由于叶贻东和叶贻芳无力全额购买，棉兰的左派人士刘筱梅、傅石生、张德镕、连清富、朱培瑄、吕书村、赵洪品、张缙宸组成利文公司，承接了叶贻东和叶贻芳一半的股份。最终使叶贻东、叶贻芳和利文公司一共占《苏门答腊民报》51% 的股份，④《苏门答腊民报》改组后，叶贻芳担任总理，负

---

① 该协会名为筹款赈济祖国灾民，实则是资助祖国人民的抗日战争，并半公开地为八路军募捐。

② 时人游历棉兰时，对此多有记载。见沈雷渔编著《苏门答腊一瞥》，正中书局 1936 年版，第 82 页。

③ 孙承译：《日本对南洋华侨调查资料选编 1925—1945（第二辑）》，广东高等教育出版社 2011 年版，第 336 页。

④ 朱培瑄：《〈苏门答腊民报〉改组及扩展内情追述》，黄书海主编《忘不了的岁月》，世界知识出版社 2003 年版，第 284—285 页。

责发行《苏门答腊民报》,朱培琯同时兼任社长,林革尘为首任总编辑,经理李承尧。由于叶贻东和叶贻芳、利文公司的股东都是苏岛华侨民主同盟的重要成员,①《苏门答腊民报》逐渐成为支持中国共产党、抨击中国国民党的舆论工具。

改组后,该报的新闻来源也发生了变动。在叶贻昌辞职之前,《苏门答腊民报》的国内新闻稿件均来自南京中央社电讯、美联社电讯、星洲电讯、合众电讯、伦敦电讯、新德里电讯等代表国际官方媒体主流的电讯,1948年改组后首次出现了中国共产党新华社电讯,② 开始正面报道中国共产党的军事活动,在中国共产党取得胜利后,立场已经完全倒向中国共产党。

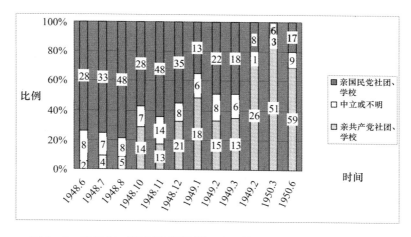

图1—1 1948年《苏门答腊民报》改组前后报道各派社团侨校比例

材料来源:根据笔者对1948—1950年《苏门答腊民报》相关报道整理而得。

1949年之前的日发行量,据黄周规先生回忆,"报份有3500份"③,

---

① 抗战结束后,在王任叔、赵洪品、熊辛克、邵汉宗、朱培管、费振东、刘筱梅、朱志辉等人的倡议下,苏北华侨反法西斯同盟和华侨抗日协会合并成立了苏岛华侨民主同盟,后来改名为中国民主同盟苏岛支部,受中国民主同盟领导。随着新中国与印尼建交的新形势,中国民主同盟苏岛支部于1952年奉命解散。

② 《林彪向沈阳军民发表重要文告》,《苏门答腊民报》1948年11月1日,第1版。

③ 黄周规:《印度尼西亚华侨报刊简史》,全国政协文史资料委员会编《文史资料存稿选辑 第25辑 社会》,中国文史出版社2002年版,第22页。

在版面设置上，改组后《苏门答腊民报》每日发行一张四版，第一版主要是中国大陆政治新闻，也有世界以及印尼本国新闻，印尼新闻一般来自安塔拉通讯。[①] 第二版宣传侨乡的社会发展成就和地方侨务政策，有时也夹杂世界形势或苏岛左派社团、侨校的动态。第三版一般是各种随笔、文学作品和生活常识，第四版是印尼和苏岛新闻，其中包括大量华社信息。《苏门答腊民报》所刊登的社团、侨校新闻，分为职员改选和公益活动两类，改组后逐渐剔除了国民党党团部和其主办学校类别的新闻。

作为重要的左派报纸，《苏门答腊民报》经常在华侨子女回国升学、两大阵营的对抗、中国大陆和台湾地区社会发展状况、国庆活动等方面与《新中华报》进行针锋相对的论战。在正面宣传中国大陆之外，《苏门答腊民报》为了拓展业务，对华侨华人关注的问题，包括中共中央和地方对华侨的政策、侨乡社会发展状况、侨眷生产生活、苏北左派华社新闻动态、印尼外侨政策、苏岛与香港、星马经济贸易行情等都特别关注。

《民主日报》是苏岛华侨民主同盟的机关报，"各部门领导和工作人员多数兼任民盟、华侨总会以及各社团的工作"[②]。在中华人民共和国成立后，《民主日报》奉行爱国主义，"遵循祖国政府的外交政策和侨务政策，向华侨广泛宣传祖国政府的内外政策、新中国在各个方面的伟大成就"，同时，"不干涉印度尼西亚内政、不卷入当地政治斗争"，"宣传中、印两国和两国人民的友好合作"[③]，对华侨所受到的不公正待遇也进行了一定程度的批评。

在20世纪50年代，《民主日报》一日一般发行四版，第一版主要是新中国新闻时事，政策方针。第二版以介绍闽粤等地生产建设成就为主。第三版是文艺作品，该版设有民主副刊，发表一些苏北先进青年的文学作品。第四版是印尼新闻和苏岛新闻。

作为正面宣传新中国的重要阵地，《民主日报》和《苏门答腊民报》有三大鲜明的特征：

---

① 据黄书海先生所述，在他担任编辑期间，其中的一项工作就是把印尼安塔拉通讯社新闻翻译成中文。

② 林克胜、陈文莒、张爱麟：《棉兰〈民主日报〉出版前后》，黄书海主编《忘不了的岁月》，世界知识出版社2003年版，第266页。

③ 同上书，第274页。

首先,两报比较注重宣传的功效和对象。两报所选新闻大多数来自中国大陆或苏联等社会主义国家官方电讯,这些文章中存在大量的政治用语,为使普通读者明晓含义,两报开设了"学习信箱""读者来鸿"等小窗口,介绍这些政治词汇并化解读者的学习困惑。《民主日报》还特别重视对青年的宣传教育。在该报的第三版,先后开设了"苏北青年""学生""青年园地"栏目,刊登了大量有关青年问题的文章,从学习、生活、爱情、事业、个人生理和心理等方面去解答青年成长中所遇到的困惑。

其次,从多个角度介绍在中国共产党领导下各地取得的成就。针对苏北华侨华人实际情况,两报经常大篇幅报道新中国在闽、粤、海南的基础设施建设、工农业生产、归侨侨眷生活、地方侨务政策。除了直接的报道外,两报还经常发表外国人对中国大陆访问笔记、归侨来信、华侨大陆观光团的参观见闻,以他们的现身说法对比新旧社会的不同,歌颂大陆居民的幸福生活,使读者有身临其境之感。

最后,两报重视报道苏岛左派华社的发展动态。除了第四版苏北华社发生的新闻外,两报还在第二版或第三版另辟"本岛新闻"和"印度尼西亚新闻"栏目。这些栏目一般是左派社团、侨校的体育赛事、职员改选、节日纪念、慈善募捐等活动内容,表现出左派华社较为活跃的生活情景。

《苏门答腊民报》与《民主日报》也有一些显著的不同,《苏门答腊民报》比较重视经济慈善公益活动,而《民主日报》偏重政治,意识形态更为浓厚。

表1—1　　1951年1—4月两报对同一事件的不同报道标题

时间	《苏门答腊民报》标题	时间	《民主日报》标题
1951.1.6	先中旧董事会擅自通告招生 难免面受训斥	1951.1.6	先中旧"董事会"无权过问校政 伪总理施某藐视法令
1951.1.17	亚沙汉民众图书馆扩充书报欢迎读者	1951.1.16	亚沙汉民众图书馆采办大批进步书报
1951.2.16	马达山各社团筹备元宵联欢	1951.2.13	马达山进步社团元宵举行联欢会

续表

时间	《苏门答腊民报》标题	时间	《民主日报》标题
1951.3.14	丁宜侨联会辞退教员案 官判照约补还薪金	1951.3.12	丁宜党校无理辞退教员被控 败诉后心不甘声言要斗到底
1951.4.6	民礼鹅城会馆充满蓬勃发展气象	1951.4.5	民礼鹅城会馆进步的表现 涂掉会所门前废旗

材料来源：根据《苏门答腊民报》《民主日报》相关报道整理而成。

《新中华报》的前身是 1922 年创刊的《南洋日报》，创办人是客籍华侨张剑亮。该报创刊后，最初在政治上反对孙中山，支持粤系陈炯明，与《苏门答腊民报》开展笔战，因而，在华侨中不受欢迎，被群众称为"陈派"报纸。[①] 1928 年被迫停刊。

1929 年初，《南洋日报》进行了改组，由饶斐野、苏源昌接收。1930年重新发行，改名为《新中华报》。由于饶斐野是国民党棉兰支部委员，该报与国民党棉兰支部关系密切。不过因为该报的股东成员来源复杂，既有土生华人，又有广东人和福建人，重组之初，《新中华报》的政治属性并不明显，该报甚至被认为"基本上是一个无党派的侨报"[②]。抗战爆发后，它在政治上支持中国国民党领导的抗战活动，成为国民党棉兰支部的附属机关报。其每日销数在 2000 份左右，[③] 在华侨社会中的影响力不及《苏门答腊民报》。

《新中华报》于 1942 年日军进入棉兰后被迫停刊，1945 年 9 月复刊。复刊后，由苏源昌担任总理。经理：丁伯文，总编辑：夏应伟（1952 年上学期被聘为苏东中学文史地教师），财政：熊保捷（1952 年元月遇害，广东梅县人）。苏源昌、丁伯文、饶斐野驱逐了该报中的左派人士，强化了该报倾向国民党的政治属性。[④]

---

① 姚尔融：《抗战前英荷两属的华侨报馆史略》，李齐念主编《广州文史资料存稿选编第六辑 文化教育类》，中国文史出版社 2008 年版，第 82 页。
② 洪丝丝：《华文报界片段》，中国华侨历史学会、福建省金门同胞联谊会编《洪丝丝纪念集》，中国华侨出版社 1995 年版，第 220—222 页。
③ 沈雷渔编著《苏门答腊一瞥》和鸿声《棉兰文化界的新生》都有记载。
④ 《新中华报》复刊之初，朱培琯兼任该报主编，郑楚云担任主笔，不久相继被迫辞职。

　　复刊后，报名沿用柳体，1953 年 10 月 10 日报名由旧名改由蒋介石所题。《新中华报》每日发行一张四版，在 1956—1957 年间业务比以前有所扩大，每日经常发行一张半，分为六版，内含大量广告。第一版报道国际新闻，以美苏两大阵营冷战对峙居多，也包括有台湾反攻大陆的各种政治讲话。第二版主要报道世界各国和中国大陆情况，第三版除大量广告外，一般刊登文学作品和生活知识，"新光"一栏经常设在该版中，发表一些反共产党的文学作品。第四版是印尼国内新闻和苏北新闻。第五版经常刊登星马、苏岛经济消息，供华商参考。第六版多数是生活文艺杂谈。《新中华报》在"各地要闻"中，反映了不少苏北华社和"正义社团"的新闻，党派气息浓厚。但是相比《苏门答腊民报》《民主日报》和《华侨日报》，华人华侨内容仍然偏少。

　　该报反共亲台的态度在"大陆通讯""本报特约航讯"和"自由中国通讯"中表现得尤其明显。"大陆通讯"和"本报特约航讯"刊登批评中国共产党的各种文章，这些文章的撰稿人常从大陆报刊隐含的信息中断章取义，以此表明大陆民众在"天灾人祸"下受到中国共产党的"残酷压迫"和"滋生的不满"。"自由中国通讯"则报道台湾社会发展的各种进步事业，增强华侨对"自由中国"反攻大陆的信心。两种类型的报道对比意图明显，意识形态非常浓厚。台湾当局为表示对《新中华报》的重视，在重大节日时，国民党政要还为该报题词。如："还我山河""华夏永光""反攻大陆、重建中华"等口号。据周南京先生所述，《新中华报》日发行量约 6500 份。①

表 1—2　　　　　　　　1957 年《新中华报》论评内容分类

月份＼数量＼类别	抨击大陆政策	反攻准备和事迹	华侨华人光荣人物	自由民主优越	社会主义阵营黑暗	两大阵营对抗关系	印尼本国事件	其他
1	2	1		3	2	3		6
2	3	2		2	3	2		4
3	5	6		1		2		2

---

　　① 周南京主编：《华侨华人百科全书·新闻出版卷》，中国华侨出版社 2000 年版，第 441 页。

续表

数量 类别 月份	抨击大陆政策	反攻准备和事迹	华侨华人光荣人物	自由民主优越	社会主义阵营黑暗	两大阵营对抗关系	印尼本国事件	其他
4	9			1	3	3		3
5	6	1		1	1	4		6
6	7			2	2	5		4
7	11			1	5			4
8	12	1		2	1	2	1	
9	5	4		2	2	1	2	8
10	8	2	1	5	3	3		3
11	5	1	1	2	7	1	1	3
12	5	1	2	1	1	2		
全年总计	78	19	4	23	30	28	4	47

材料来源：根据厦门大学馆藏《新中华报》1957年"评论""社论""时论""议论"整理。其中部分月份的内容略有缺失。

除了《新中华报》外，与左派对立的报纸还有《苏岛时报》，但是影响力不及《新中华报》。

《苏岛时报》由1947年成立的苏东邦政府创立，同时成立的还有印尼文版的报纸，目的是宣传荷兰殖民政府与苏东邦的合法性。[1] 苏东邦倒台后接受美国新闻处津贴，至1958年被封。教育界名人陈维明一直担任该报社长，前期总编辑是张定联，后期为罗善保。《苏岛时报》一张四版，第一版报道包括印尼本国在内的国际新闻。第二版介绍世界各国历史、政治、经济、文化、地理等，设有"国际剪影"一栏，第三版主要是文艺作品，第四版是印尼本国和苏岛新闻，比较关注本地商业行情。

在中华人民共和国成立前，《苏岛时报》的态度相对中立，也适当报道国民党失去人心的时况。如在1949年7月30日湘南各地临近解放，

————————

① 采访张爱粦先生得知，采访时间：2017年5月10日。张爱粦先生受教于陈维明，政治态度与陈对立，50年代是苏东青年联合会负责人之一。

《苏岛时报》援引《泰晤士报》称："中国各界人士均感觉国府已无前途,政权变换,已不可避免,中国政府威信衰落……"① 随着中国共产党在大陆的胜利,《苏岛时报》由中立偏向台湾当局。该报所采纳的稿件,多来自欧美、台湾地区的电讯,由于这些电讯充满了对大陆的负面新闻,《苏门答腊民报》和《民主日报》在社论中常将《苏岛时报》和《新中华报》视同为"下流报"。《苏岛时报》流行于偏向美国的商人群体中,它的发行量约有 3000 份。②

50 年代《苏岛时报》侧重美国立场报道事件。第一版多是以美国为中心的新闻,对中国共产党以批评为主,对台湾当局持中立态度,报道本地华侨华人社会新闻时,偏重于报道华侨学校新闻,左右派兼顾。它选择报道的社团多奉"中华民国"为正朔,这些社团多是以同乡、同业、兴趣为纽带结成的团体,对具有浓重党派性的社团则报道偏少,内容多是慈善、教育等公益活动。它与国民党党报《新中华报》存在矛盾,1952 年报道《新中华报》虚假新闻曾轰动一时。《苏岛时报》商业气息浓厚,特别关注商业政策的变化、印尼星马商业圈的时讯。在报纸中商业广告明显偏多,并不涉及党派利益。一个有趣的现象是《苏岛时报》中报纸广告结婚类的比较常见,而讣告类的稀少。

除了这些报纸之外,本书参考的史料还有以《忘不了的岁月》《印尼苏北华侨华人社会沧桑岁月》等为代表的回忆文献,和笔者在北京、厦门、深圳和香港等地向诸位侨贤所做的调查采访,以及来自先达人网站、香港棉中校友网、旅者杂记等重要网站上的博客文章,由于篇幅有限,在此不再一一列叙。

二 方法

卫星测算:笔者利用"地球在线"所具有的距离测绘功能,沿着苏北的交通干线对苏北各个城埠之间的距离进行了测算,通过这种方法本人发现苏北报纸中所记载的城埠距离和测算几乎完全一致,从这一点可

---

① 《中国势将变换政权》,《苏岛时报》1949 年 7 月 30 日,第 1 版。
② 周南京主编:《华侨华人百科全书·新闻出版卷》,中国华侨出版社 2000 年版,第 339 页。

以印证苏北报纸记载的可靠性，同时也表明"二战"后苏北的社会发展面貌变化不大。

田野调查：笔者在厦门大学田野调查基金会和广东省东方历史研究基金会的支持下，在广州、厦门、北京进行了专门的采访调查和学习训练，完整翻阅、拍摄、整理了现存于北京国家图书馆和厦门大学的"二战"后苏北发行的五种华文报纸和其他文件，同时采访了北京印尼归侨联谊会十余位重要成员，并与香港的印尼苏北华侨华人会社主要负责人取得了联系，得到了诸位当事者主编的回忆资料。

数量统计：考虑到信息的零散性，本书多采用了数量统计的方法去分析华侨华人社会变化的情况。基于报纸的优势和缺点，在采用报纸中出现的印尼官方统计数字时，笔者一般都未加更改，并标注其来源。对于社团侨校中出现的人物和活动过程，除前后有矛盾者，多信其为真，但是其宣传效果不予采用。

宏观和微观相结合：本书既有对苏北作为整体的宏观概述，又有将研究对象的范围精确到一县一市镇的微观考察。在探讨慈善事业的发展时，本书以某一社团作为个例，分析了该社团在不同时段其内部慈善功能的变化，同时，也以某一具体的华侨华人获取慈善金的状况，指出了社团在发展慈善事业中存在的盲目求大而管理不严密的情况。

三　创新

本书的主要创新主要有以下几点：

（一）通过多种方法获取第一手资料，深化了对苏门答腊华侨华人社会及印尼社会的认识，描述了"二战"后初期苏北华侨华人社会发展的基本面貌。

（二）在具体数字的基础上估算出"二战"后初期苏北华侨华人人口数量，从考察苏北华侨华人分布、生存状态的角度，归纳出其聚居网络形成的时间与特征。

（三）统计了"二战"前至1958年苏北社团、侨校的发展状态，指出了它们在发展中出现的问题。

（四）提出左派势力发展的外向型观点，首次列出并归纳了苏北华侨华人社会政治分化的真实态势。

四 时间、概念的界定

时间上,本书选取了从 1945 年至 1958 年之间的历史,将其作为本书的研究时间段。

首要原因是这段时间正是印度尼西亚共和国议会民主制时期,在该阶段虽然印尼的外侨政策在逐渐收紧,但是对外侨的政策仍处于相对宽松的状态,苏北社团处于大发展时期,这段时间也最能体现中国元素影响的强化。1958 年之后社团陆续被关闭,华侨华人社会严重受损,大发展状态一去不返。

其次,本时间段是华侨社会向华人社会转型的初期,这时的华侨华人社会,华人群体虽然逐渐崭露头角,但是仍由华侨群体主导,华侨华人社会在大发展的同时面对巨大的困境和挑战,可以看出,这时处于一个华侨华人社会转变势在必行的阶段。

最后,考虑了材料的可行性。该阶段能够反映苏北华侨社会的史料相对丰富,厦大与国图保留了较为完整的 20 世纪 40 年代后期和 50 年代的苏北报纸,这提供了研究苏北华侨社会的最基本、系统的资料。同时经历这段时期的一些当事者及其后代仍然存在,他们能提供诸多有价值的资料信息。

地理范围上,本书所提到的苏北与今天的苏北省略有差异。今天的苏北省包括苏东和打板奴里,而本书中的苏北是指包括苏东、亚齐、打板奴里在内的区域。之所以这样选择不仅因为它们曾经同为一省,而且在于三地华人之间联系密切,各类综合性社团、党部组织遍布三地分布,如果割裂了它们之间的联系则不符合当时的历史事实。

研究对象上,本书所说的华侨、华人以是否保留中国国籍为区分标准,但是在不同时间段和不同场合含义略有不同。在"二战"前,由于中国政府采用血统制原则,并承认双重国籍,不管出生于国内还是国外,所有华人都被视同华侨。"二战"后,笔者以 1950 年为界限,1950 年之前华侨等于华人,1950 年之后华侨是指保留中国国籍的华人。之所以这样划分是因为 1949 年中国共产党建立了中华人民共和国,印尼也于同年获得独立革命的胜利,两国于 1950 年初建立了外交关系，在被动式国籍制度下，印尼同时开展了对外侨的登记统计，选择国籍的问题真正意义上摆到每个华人家庭面前。另外，本书所说的华侨、华人可能因说话者身份的不同，其含义不同。如在 20 世纪 50 年代，左派所说的华侨一般是指保留新中国国籍的华人，右派所说的华侨多是全部华人之意。

第 二 章

华人在苏北的生存环境

地理条件的适宜和世界市场的需求，促进了 19 世纪后期种植园经济在苏东蓬勃兴起，苏北成为荷属东印度经济作物的出口贸易基地，吸引了大批华侨涌入此地充当种植园工人。20 世纪以来，爪哇劳工逐渐代替华工，成为在种植园中数量最多的群体，而华侨也主要转向了工商业，聚居于苏北各大城市中。华人与峇达人、亚齐人、马来人、爪哇人共同构建了以马来语系民族为主的多元混合社会。

第一节　苏北的地理、民族、历史及与华人的关系

一　苏北的地理与种植园经济的形成关系

苏门答腊位于大巽他群岛（Kepulauan Sunda Besar）的西部，赤道贯穿其中，苏岛南北狭长，南北距离约有 1025 千米，最宽的地方约 240 千米，包括附属岛屿在内，面积达 47 万多平方千米，是世界第六大岛屿。按照习惯称法，印尼领土除了爪哇和马都拉之外，统称为"外岛"或"外领"，苏门答腊（简称"苏岛"，Sumatra）即是印尼最重要的外岛之一。

苏门答腊有四个名称，即 Sumatra，Andalas，Pulau Pertjia 和 Pulau Harapan。Sumatra 是苏岛的总称，间或写为 Sumatera，源自 Sumatrabumi，含义是辉煌绮丽的地方，因古代苏门答腊盛产黄金而出名。第二个名称原指苏岛西部的明古鲁（Bengkulen），它因 17 世纪后期英国在明古鲁建立殖民地而得名，1938 年苏加诺曾被流放到明古鲁，在当地参

加了穆罕默迪亚协会（Muhammadiyah）。Pulau Pertja 即是橡胶岛之意，这个名称是在苏门答腊广泛种植橡胶之后才产生的。Pulau Harapan 是希望的岛屿之意，源自革命时期印尼人对苏门答腊的期望。在印尼群岛中，摩鹿加群岛因盛产香料被称为"过去之岛"，爪哇是全国的政治、经济、文化中心，被称为"现在之岛"，苏门答腊因其资源丰富而被称为"希望之岛"。

苏北是对苏门答腊北部地区的总称，是苏岛华人最集中、经济最发达、民族关系最复杂、地理最优越的地方，范围囊括了亚齐（Aceh）、苏门答腊东海岸（East coast of Sumatra，简称苏东）、打板奴里（Tapanuli）和今天的峇眼亚比（Bagansiapiapi）一带。[①] 北临马六甲海峡，西北、西南部环抱印度洋，东南与廖内和苏西接壤，面积有 189051.2 平方千米。

表 2—1　　　　　　　　　　　　1930 年苏北基本情况

（单位：面积：平方千米；密度：人/平方千米）

	苏北三地			苏岛及其附属岛屿	全国
	亚齐	苏东	打板奴里		
面积	55392.2	94583	39076	473605.9	1904347
中心城市	大亚齐	棉兰	实武牙	棉兰、巴东、巨港	雅加达
人口	1002900	1673623	1041301	8238570	60731025
人口密度	18.0	17.7	26.6	17.4	31.9
华侨	21795	192822	5704	448552	1232650
华侨比例	2.2%	11.5%	0.5%	5.4%	2.0%

注：本表中的苏东面积以荷治时期为准，包括了望加丽、锡亚克、峇眼亚比等地，与印尼独立后的苏东州略有不同。

材料来源：1. 自修周刊社编：《南洋贸易指南》，自修周刊社 1940 年版，第 83 页。

2. 费振东：《苏岛东海岸经济概况》，《汉口商业月刊》1935 年第 2 卷第 2 期。

3. 沈昌明：《苏门答腊全貌》，《国民新闻周刊》1942 年第 21 期。

4. ［印尼］K. 多平：《苏北社会概况》，田夫撰译，《苏岛时报》1955 年元月 1 日第 9 版。

---

① 荷治时期苏门答腊东海岸的范围比今天苏东州面积大，包括了今天廖内省西北部的峇眼亚比、锡亚克（Siak）和望加丽（Bengkalis）。

苏北是印尼的战略要地。它是大巽他群岛的西北屏障，马来半岛西南的门户，扼守印度洋与南中国海的交通要冲。从印度洋经苏岛东海岸沿着马六甲海峡，可达南中国海。在 20 世纪 30、40 年代，从苏北的棉兰到槟榔屿（Penang）有 154 海里，仅需一夜的航程，从棉兰到新加坡有 373 海里，一天一夜即可到达。[①] 苏岛东南部与爪哇岛相隔巽他海峡，是由南中国海进入东印度洋的门户，是印尼外岛中距离本岛最近的岛屿之一，从爪哇岛向苏门答腊北部移民因此有地理上的便利条件。

苏北地质运动活跃，造就了可耕植的苏东平原。整个苏门答腊岛处在印度洋板块和太平洋板块的交汇处，地质环境不稳定，火山期活跃。苏岛以东是西南太平洋的边界，是世界著名的火山带。苏北高原的多峇湖周围山峰多数是休眠火山。因火山的喷发，导致了苏北的高原多数由火山熔岩覆盖，在峇达人居住的峇达高原，覆盖的酸性火山喷出岩达600 米，[②] 发源于峇达高原的河流富含钾、氮、磷等矿物质，火山灰堆积到下游的棉兰平原上，为苏北种植园经济的起飞提供了不可或缺的肥沃土壤。

在地质运动的塑造下，苏北的地貌由南到北形成三大不同的区域。分别是：苏岛东海岸、西海岸和中部高原，三大区域地理条件影响了各自的发展。

苏岛东海岸河流密布，灌溉和航运条件优越。东海岸位于峇里山脉（Bukit Barisan）以东，地势平坦而开阔，海拔不超过 30 米，发源于峇里山脉流入马六甲海峡的河流密集分布在棉兰平原（The Medan Plains）和亚齐平原（The Acheh Plains）中，各条河流河面宽阔，水流缓慢。河流中携带的火山灰在平原堆积，使东海岸地区的土地异常肥沃，特别适合烟草、橡胶、胡椒、槟榔、油棕榈等热带植物的生长。来自马六甲海峡的海潮创造了苏东海岸的冲击层，使得平原日益向马六甲海峡延伸。

---

① 姚寄鸿：《苏岛省府棉兰的剪影》，《旅行杂志》1940 年第 14 卷第 8 号。

② 〔英〕E. H. G. 道比：《东南亚》，赵松乔等译，生活·读书·新知三联书店 1958 年版，第 180 页。

东海岸海岸浅狭，冲积层影响了优良港口的形成。自亚沙汉河
（S. Asahan）以东，岛屿星罗棋布于海边，东面的马六甲海峡，最深处为
200米，少有大风浪侵袭，欧洲一般货轮均可以靠岸停泊。但是因冲积层
的影响，海岸相对浅狭，30年代苏东最大港口勿拉湾（Belawan）码头附
近海水的深度也不过7—8米，为防止冲击层带来泥沙沉积影响，码头多
设在内河之上，这样就造成了苏东没有形成与马来亚相媲美的深水港，
影响了其在国际航运上的地位。

西海岸地区，平原面积狭窄，海岸线平直，受季风影响，港口稀少。
西海岸最著名的平原即亚齐西部的美拉务（Meulaboh）平原，但是地广
人稀，原始森林一望无际。西海岸线比东海岸线平直，北面和西面的印
度洋近海岸处最深为200米，由于受到来自印度洋波涛的冲击，在近海处
多形成高达5、6米的拍岸海浪，造成整个西海岸地区良港稀少。苏北境
内的重要港口仅有实武牙（Sibolga），为苏门答腊西部第二大港口。它的
出现与尼亚斯岛对印度洋拍岸海浪的阻碍不无关系。

西海岸虽然河流不少，但是对航运没有带来便利。这些河流发源于
峇里山脉西部，所流经区域多是高山峻岭，河面短促而湍急，通航条件
无法与东海岸各河流相提并论。

中部高原由于火山灰的覆盖，耕种条件良好。在大自然的馈赠下，
生活在境内的峇达人自古便具备种植水稻、蔬菜等农作物的能力。

苏北的气候因地势的高低有明显的区别。由于在赤道线之上，东西
海岸一年平均温度在24℃—26℃。高原地带清凉宜人，苏北山城先达
（Pematang Siantar）位于棉兰西南100多公里，多峇湖东面约50公里，平
均高度在200米左右，是闻名于世的避暑胜地。马达山（Brastagi）是加
罗高原的一个城市，距离棉兰仅有65千米，海拔在1400米，平均气温约
为21℃，是苏东最好的疗养之地。

由于地形复杂，苏北的雨量差异非常明显，限制了作物的种植。苏
岛西海岸由于受到印度洋季风的影响，加上受到峇里山脉的阻挡，雨量
充足，因此不适合橡胶的生长。东海岸棉兰一带，每月雨量相对均匀，
但是由加罗高原刮来的风暴也会给苏东的经济作物带来灾害。

二 主要土著及与华侨华人的关系

苏北的主体土著由两大民族组成，一是以打板奴里多峇湖为中心的峇达人（Batak），二是亚齐平原和高原地带的亚齐人。大体而言，亚齐人最早接受穆斯林文化熏陶，最富有民族主义思想，民风彪悍，分离意识和排外意识强烈，对华侨较仇视。峇达人人数最多，最早受到西方宗教思想影响，受教育程度较高，广泛参与到苏东的社会经济生活中，是华侨在商业上的主要竞争对手。

（一）峇达人：苏北高原主体民族，在苏东与华侨华人关系既密切又疏远

峇达人是马来人的一支，由五大支系构成。峇达人生活的主要区域包括打板奴里、加罗（Karo）和西米垄坤（Simalungun），按照居住的区域划分为五大支系。（1）多峇人（Toba Batak），多峇大约是信奉伊斯兰教的人对他们的称呼，意思是"吃猪肉的人"，原居住在打板奴里中部多峇湖一带，以种植水稻为生，是峇达人的主体。① （2）加罗人，生活在北打板奴里州，与亚齐中部的阿拉斯人（Alas）毗邻，以种植旱稻为生，饲养牛、马等家畜；（3）峇峇人（Pak-pak）或戴利人（Dairi），居住在北打板奴里的南部，与西南亚齐接壤；（4）安哥拉人（Angkola）和曼特宁人（Mandailing），是南打板奴里的主要民族，信仰伊斯兰教；（5）东峇达人（Eastern Batak）或称西米垄坤人，聚居在苏东西米垄坤分州，与北打板奴里紧邻，以种植旱稻为主，并大量种植其他作物。

19世纪之前，因交通不便，峇达人生活在与世隔绝的环境中，以吃人肉的野蛮人形象著称。外界也带着偏见把峇达人视为食人的部落："罪犯将会被活着吃掉……人肉被生着吃或烤着吃，加上石灰、盐和一些米。"② 西方人首次造访，始于1823年约翰·安德森（John Anderson）在苏东海岸线的探险活动。此后，峇达人渐渐为世界所知，但是不少西方人还视之为吃人部落。

---

① 生活在多峇湖以东的多峇人又被称为第摩尔人（Timur，即东方之意）。

② Barley N., *The Duke of Puddle Dock*: *Travels in the Footsteps of Stamford Raffles*. 1st American ed. New York: H. Holt, 1992, p. 112.

　　在峇达人看来外人便是敌人，故常避免直接和外界接触。他们
这样畏忌外人，并且在同种人中也互不相信，故乡村与乡村之间无
通路和桥梁……内地的峇达人缺乏多种生活上必需品，尤其是盐，
他们甚至于利用吃人肉的恶名当做防卫的方法使外人不敢走近
他们。①

　　这其实是对峇达人习俗的一种误解，只有峇峇人、多峇人和第摩
尔人在 20 世纪还存在吃人的习俗，他们的吃人仪式只发生在特殊的
场合，通常是惩罚仇敌的行为，被杀害和吃掉的人不能有妇女和
小孩。

　　峇达人因居住环境的不同，宗教信仰也存在很大的差异。以多峇湖
为中心的峇达人早期受到印度文化的影响，最初信仰万物有灵的原始宗
教。伊斯兰教在苏北沿海传播后才中断了多峇人与印度文化的联系。在
中打板奴里，峇达人很少信仰伊斯兰教，一直保持着自己的文化风俗，
使用自己的文字，不愿意被穆斯林同化。据估计，在 1930 年前后，约有
三分之一的峇达人保持着传统的万物有灵巫术信仰。

　　信仰伊斯兰教的峇达人集中在南打板奴里。此地的曼特宁人和安哥
拉峇达人在 19 世纪中叶之前已经皈依伊斯兰教，在生活习俗上与其他峇
达人差异很大。他们的信仰也与爪哇人有明显不同，爪哇人属于伊斯兰
教的名义派（abangan persuasion），他们则是虔诚派（Pietists）信徒，总
数约占峇达总人数的三分之一。

　　峇达人信仰基督教始于 19 世纪德国传教士的传教活动，传教改变了
峇达人的生活方式。在德国传教士的积极努力下，信仰基督教的峇达人
在 1930 年初约有 8 万人。② 随着基督徒的增多，基督教日益深入峇达人
的日常生活之中，在峇达高原的乡村或市镇的中心地带普遍设有一所教
堂，学校也一般由教会开办。峇达人结婚时，新婚夫妇需要在教堂由证

---

①　［英］E. M. 勒布：《苏门答腊民族志》，林惠祥译，厦门大学人类博物馆油印本，1960
年，第 14 页。

②　同上书，第 20 页。

婚的牧师念经送上祝福。

宗教信仰的改变,使峇达人有更多的机会获得西式教育,促使峇达人顺利融入苏东社会。在西米垄坤、北打板奴里和中打板奴里,基督教会设立了许多西方式的小学,这些学校接受荷印政府的补贴,使用荷兰文教学。受到教育的峇达人能够读写讲荷兰语,因此他们能够进入荷印政府部门担任教师、低级公务员或是在西方种植园和公司中充当职员和会计。北打板奴里靠近经济最发达的苏东地区,峇达人受到的教育程度最好,他们占据了大部分政府和种植园公司的职位,和华人支配了先达的商店和市场。西米垄坤人在西米垄坤教堂牧师、学校教师、政府职员、商人中数量占优。南打板奴里人在苏北城镇中主要充当商人和伊斯兰学校的教师,或是在由农场包围的小镇中担任政府官员。①

峇达基督教徒进入苏东,形成白领阶层,改变了苏东的社会结构,影响了华人的商业活动。峇达基督教白领阶层在传统峇达社会中具有较高的地位,他们因受到基本教育而改变了命运,不必像传统的峇达人那样在田间进行辛苦的劳作,他们所得到的报酬能够使他们获得苏东都市化带来的物质生活的便利。他们的成功给传统的峇达人带来了强烈的示范作用,越来越多的峇达人在白领峇达人的帮助下,从高原涌入城市,"二战"后估计约有25万的峇达人进入苏东种植园。② 一方面破坏了苏东的种植园经济,另一方面也为华人的商业活动带来了可观的消费者和竞争者。

峇达白领阶层在苏东的都市生活中处于社会的中下层,与华人既密切又疏远。一方面,在殖民地社会中,峇达人很少能够得到殖民政府中的高级职位,也缺乏充分的资金和商业信息网络开办种植园或从事进出口贸易。当来到城市后,他们经常被穆斯林蔑视为"异教徒""肮脏

① R. W. Liddle, *Suku Simalungun*, *An Ethnic Group in Search of Representation*, Indonesia, No. 3(Apr., 1967), p. 6.

② Clark E. Cunningham, *The Postwar Migration of the Toba-Bataks to East Sumatra*. (Cultural Report Series) New Haven: Yale University Southeast Asia Studies, 1958.

者"吃猪肉的人"食人族"。① 他们的日常消费依靠华人供给。另
一方面，受到教育的基督峇达人的习惯和价值体系却很少变化，与华
人之间只是维持着表面的友好关系，很少在婚姻、文化和信仰上产生
交集。通婚者通常会受到来自峇达社会的强大压力，并会失去自己的
生活圈。

（二）亚齐人：虔诚逊尼派穆斯林，地方实权由乌略巴朗掌握，对华
侨华人有排外意识

亚齐民族是由峇达人、咖约人、阿拉斯人、尼亚斯人（Nias）、马来
人等融合而形成的民族。分布在亚齐东西沿海平原和亚齐高原地区。

亚齐人是印尼最早受到伊斯兰文化影响的民族，比马来群岛中的其
他民族都更虔诚信奉伊斯兰教，属于逊尼派，伊斯兰教成为亚齐的民族
认同的标志。沿海的亚齐人以种稻为生，除此还种植甘蔗、胡椒、槟榔、
椰子等。高原腹地的亚齐人以放牧和耕种为生。

亚齐地方权力由乌略巴朗（Uleebalang）把持。② 根据大亚齐 1881 年
亚齐州法令规定，亚齐行政区分为乌略巴朗统辖区（uleebalangschap）、
乡（mukim）、村（gampong）。乌略巴朗一般由 7 个乡组成，首领被称为
杜固·慕达·巴特（Teuku. Muda. Baet），称号名义上由苏丹册封，实际
他们世袭地方上的实权。一般一乡由 4 个村组成，乡中设有清真寺供村
民礼拜。礼拜的领导者称为伊玛目（Imam），在清真寺中宣讲穆斯林教的
法学家和神学家被称为乌里玛，他们共同构成乡中的权威。村包括住宅
区、田地和未开垦土地，有些村属于同一个氏族，但是通常一个村包括
三四个氏族，每个氏族居住在小村中（hamlet）。③

亚齐具有排外意识。17 世纪初，在苏丹伊斯坎达尔·慕达统治时期
（Iskandar Muda，1607—1636），亚齐的强盛达到顶峰，在伊斯坎达尔·

---

① Edward M. Bruner, *Urbanization and Ethnic Identity in North Sumatra*, American Anthropologist, New Series, Vol. 63, No. 3（Jun.，1961），p. 511.

② 乌略巴朗是亚齐地方上的世袭统治贵族，称号为杜固（Teuku），由苏丹赐封。乌略巴朗
在其辖地有征税、经商、开办厂矿特权。亚齐战争中，荷兰扶持乌略巴朗对抗伊斯兰宗教学者乌
里玛（Ulama），成为亚齐的重要统治力量，"二战"后乌略巴朗被废除。

③ ［英］E. M. 勒布：《苏门答腊民族志》，林惠祥译，厦门大学人类博物馆油印本，1960
年，第 97 页。

慕达死后，亚齐势力迅速衰落下去，大权长期为地方实力派乌略巴朗掌握，亚齐苏丹成为仅具象征意义的统治者。19 世纪后期经过 30 余年的亚齐战争，以古打拉夜为中心的亚齐成为荷印政府的属地，但是，长期的历史和独立状态造就了亚齐人性格上的强烈排外意识，他们排外的对象不仅仅是西方人，也包括了华侨华人在内的一切外来民族，欧洲人观察道："亚齐人勇敢、冷血和有野心。他们的好斗性经常引起暴乱和威胁……尤其是针对中国人。"①

（三）其他土著民族：与华侨华人合作共存

除峇达人和亚齐人外，苏北还生活着其他土著民族——苏岛北部的亚齐高原和打板奴里高原地带存在少量的咖约人（Gajo）和阿拉斯人（Alas），生活习俗与峇达人类似。米南加保人是苏岛南部的主要民族，他们的生活区域从苏岛南部一直延伸到亚齐西海岸美拉务一带。在苏岛东海岸有一些靠捕鱼为生的海岸线马来人（costal maylays）。这些土著民族种植水稻和各种树木、蔬菜、木薯，他们所捕获的鱼类主要由华侨收购，日常用品由华侨华人提供。

表 2—2　　　　　　　　1930 年苏北主要土著人数及分布

	数量（万人）	主要分布区
峇达人	120	苏岛东部山地及打板奴里高原
亚齐人	89	亚齐沿海平原、亚齐高原
马来人	33	苏东沿海
咖约人、阿拉斯人	7.7	亚齐中部

材料来源：《荷印群岛的种族及其人口》，《侨务月报》1936 年第 2 卷第 2、3 期合刊。

三　荷兰的占领及统治问题

1599 年荷兰人克尼利斯·德·赫德曼（Cornelis de Houtman）在苏东

---

① Police Division, *Military Administration Headquarters*, Translated by Shiraishi Saya, *Consideration concerning order in Sumatra*, Indonesia, No. 21（Apr. , 1976），p. 124.

沿海有探险活动。之后，荷兰商人在葡萄牙人的允许下，在亚齐建立了商馆，1602 年在荷兰政府的特许之下，荷兰商人组建了荷属东印度公司，进一步将商业利益扩展到出产胡椒的苏门答腊西海岸。17 世纪中叶，荷兰人先后在巴东（Padang）设立据点，控制了从亚齐西海岸到巴东一带的苏岛西海岸，建立了一条从巴东经过亚齐西海岸进入马六甲海峡的贸易线路，垄断了对苏北胡椒、安息香等的贸易权。

18 世纪至 19 世纪上半叶，荷、英两国在殖民地斗争中，逐渐划定了势力范围，并认定了亚齐的独立地位。17 世纪后期，英国占领了苏岛西部的明古连（即今天的明古鲁，Benkulu），作为侵略马来亚的根据地，18 世纪前期英国与控制苏岛东海岸的柔佛马来王国签订条约，取得了对苏岛东海岸的贸易权，挑战了荷兰在苏北商业上的垄断地位。从 18 世纪后期到 19 世纪初，双方因商业利益产生了数次的冲突。英国人凭借强大的海军力量和工业实力最终取得了战争的胜利，不过，出于利用荷兰牵制法国的目的，1824 年英国与荷兰签订了《苏门答腊条约》，将明古连转让给荷兰，并在马六甲海峡划定了英荷属地的分界线，从此荷兰成为控制苏门答腊的唯一殖民主义国家。但是按照条约协定，荷兰政府尊重亚齐苏丹国的独立，不能干涉苏丹的治权。

19 世纪以来，荷兰逐渐完成了对苏北土邦的控制，赢得亚齐战争的胜利，使苏北纳入荷属殖民地版图之中。

苏北最早被荷兰控制的是苏东。在苏东海岸地区，自 17 世纪就存在一些土邦，他们处于柔佛苏丹国和亚齐苏丹国的争夺圈中。今天棉兰及其附近一带在当时总名为日里（Deli），日里所产的香水、檀香木、樟脑、米、蜡、马匹，是各强国觊觎的重要物品。日里苏丹国为锡亚克苏丹国的属国，锡亚克苏丹国又附属于柔佛苏丹国。18 世纪前期柔佛逐渐衰败，在与荷兰争夺苏门答腊的斗争中处于劣势，遂于 1745 年将锡亚克苏丹国的主权让渡给荷兰东印度公司，日里苏丹国的主权也由荷兰所有。19 世纪中叶，荷兰已经完成了对苏门答腊中南部的占领，对苏北形成包围之势。日里和荷印政府保持了良好的关系，日里苏丹希望通过荷兰人的帮助摆脱亚齐和锡亚克的控制，而荷印政府则需要从日里进口米、蜡、马匹和纺织品。① 1862 年荷兰以帮助日里苏丹摆脱亚齐和锡亚克控制为条件，获得了对日里的投资开发特权。

19 世纪后期，荷兰利用传教活动，逐渐控制了打板奴里。从 1860 年开始，德国传教士在荷印政府的授权下，在峇达人中传播基督教新教。在传教过程中，德国人很巧妙地将基督教中的教阶与峇达人的父系权威结合起来，"他们将教堂中的权威阶级授予了峇达人父系家族中的长者，除了改造他们的祖先崇拜之外，传教士很少破坏他们的习俗，一个多峇达人既可以是一个好的基督徒又可以是个好的峇达人"②。峇达人皈依基督教新教后，他们的子女也随之成为基督教徒，而且会被送往基督教会开办的学校，接受荷兰文教育，这样在峇达人中就形成了一个政治上倾向于荷兰政府的群体，严重威胁到峇达土王的统治利益。1877 年峇达人在新卡·芒加拉惹十二世（Si Singa Mangaraja Ⅻ）领导下，公开发表反对荷兰侵略和反对基督教活动的宣言，战争随即在 1878 年爆发，经过长达三十年的战争，直到 1907 年新卡·芒加拉惹十二世战死，战事才完全平息，荷兰实现了对峇达人居住地的统治权。

荷兰占领亚齐经过了艰难的亚齐战争。1871 年《苏门答腊新约》（Sumatra Treaty）签订，荷兰以割让非洲黄金海岸的殖民地给英国为条件，获得了英国不干涉荷兰对亚齐的任何行动。亚齐战争从 1873 年开始爆发，到 1903 年亚齐苏丹被荷兰当局逮捕告一段落，亚齐人的抵抗一直持续到 1913 年才最终宣告结束。

到 20 世纪20、30 年代，荷兰完成了对苏北的控制，在东印度国家组织法的指引下，苏北被划分为三个部分，即亚齐特别区（Atjeh en Onder-hoorigheden）、苏门答腊东海岸州（Oostkust van Sumatra）和打板奴里州（Tapanoeli）。

荷兰虽然完成了对苏北的占领，但是在统治中遗留了诸多问题，对苏北社会产生了深远影响。

---

① Tengku Luckman Sinar. *Sejarah Awal Kerajaan Melayu di Sumatera Timur*，dalam Rogayah A. Hamid，et al. Kesultanan Melayu. Kuala Lumpur：Dewan Bahasa dan Pustaka. 2006. p. 435.

② Edwin. M. Loeb，*Sumartra Its Hisory and People*，Wien：Institutes fur Volkerkunde der Universitat Wien，1935. p. 20.

对亚齐而言，荷兰并未深入亚齐基层中，造成了乌略巴朗势力的无限制膨胀。占领亚齐后，荷兰人在亚齐成立特别区，属于荷属东印度军事直辖区，首府设在古打拉夜，由荷兰巴达维亚东印度总督派遣军事知事官（Militair Gouverneur）直接统治，古打拉夜之外的其他地方仍由乌略巴朗实行自治，受到荷兰巴达维亚东印度总督的监督。据统计，乌略巴朗管辖的人口占亚齐总人口的80%以上。[①]

图2—1　荷治时期的苏北

对打板奴里而言，荷兰人在此无任何建树，也未能解决峇达人流入苏东平原而出现的打板奴里长期贫困状况。荷兰人在打板奴里设有理事官（Resident），除了实武牙（Sibolga）等少数城市因对外贸易有所发展外，打板奴里是苏北开发程度最低的州，在打板奴里的腹地，除一些教堂和学校外，其他各方面均比较原始落后。随着苏东的开

----

① 沈筱珊：《苏门答腊志》，《更生》1942年第3期，第64页。

放，大批峇达青壮年涌入苏东，留在打板奴里的妇孺老弱更无力改变本地的面貌。

对苏东而言，荷兰人进行大力开发，但是在管理社会上实行分而治之的政策，造成了各族之间的隔阂。荷兰在棉兰成立苏门答腊督办省，管辖整个苏岛。东海岸州设有知事官（Gouverneur），主要管理各大种植园，同时仍保存有日里苏丹、亚沙汉苏丹、锡亚克苏丹等34个土邦国，拥有对苏东土地的所有权和对土著的有限司法权。在华侨华人社会中设立甲必丹制，甲必丹、玛腰委派华人担任，掌握华侨民事权和部分司法权。华人与土著互不统属，生活区域与信仰习惯不同，双方除商业往来外，少有交集，随着华人在商业竞争中确立优势地位，这种隔绝的状态使土著对华人的误解不断加深，为后来的排华事件埋下了伏笔。

第二节　苏东的兴起

一　苏东种植园的出现及原因

以棉兰为中心的苏门答腊东海岸是苏北种植园经济最早兴起的地带，苏东种植园经济的兴起是几个方面共同作用的结果，第一是苏东具有适宜热带经济作物生长的自然环境；第二是苏东具有大量廉价的土地，第三是有国际市场的需求。

（一）从土壤、气候特征来看，苏门答腊东海岸具备了作物生长的充分条件

如前所述，发源于峇达高原流向马六甲海峡的河流流速缓慢，在经峇达高原时，携带火山灰的泥沙经过苏东平原，并形成厚厚的沉积层，使得从亚齐南部到苏东兰都一带的土壤形成了特殊的冲击火山土（Alluvial volcanic soil），这给烟叶、油棕树、橡胶树的生长带来了充分的钾、磷矿物元素。苏东种植的另一热带作物是茶，它对土壤的质量有特别的要求。茶树更适宜生长在较高纬度的苏东先达附近。先达土壤表土平均深度约9寸，足供茶根伸展，底土黏性较重，组织稍密，土壤风

化较浅，虽然容易干旱，幸而气候良好，降水量的丰沛弥补了土壤的不足。[1] 油棕榈适宜生长的土壤是冲积带有黏性的土壤，土壤底土需要可以保持一定的水分，以利于棕榈根部吸收，这些条件在日里地区也比较符合。

热带作物适宜在苏东生长，还在于有常年变化不大的气候条件。以棉兰为例，棉兰的气温常年维持在 25℃—27℃，在最冷的 12 月和 1 月，平均气温也在 25℃ 左右，5、6、7 月份最为炎热，平均气温在 27℃ 之下。棉兰降雨相对稳定在 2000 毫米左右，特别适合外包烟叶的连续生长。[2] 茶叶的种植对气候依赖要高于土壤的影响。苏东主要的种植中心在先达山地，先达茶区海拔 360 米，年平均气温为 22℃—23℃，气候条件优越，茶叶质量为全岛最优。[3]

（二）苏东有适宜发展大种植园经济的低廉土地

1862 年荷印政府与日里苏丹穆罕默德·奥·拉斯德·巴尔加沙·阿蓝沙签署了开发苏东土地的政治协约（Akte Van Verb And）。种植园主最初对土地的承租是免费的，到后来才有象征性的收费。按照 1870 年《租让土地法令》的规定，外国投资者可以从国家方面或从土地所有者方面租用土地，每公顷的地租为 0.5 荷兰盾，第五年以后增加为 3 荷兰盾。为吸引外国人投资，荷印政府规定可以对地租进行减租，[4] 政治协约有效期为 75 年。1937 年 8 月 22 日期满后，苏丹阿马鲁汀·奥·沙尼·巴尔加沙·阿蓝沙（Amaluddin Sultan Al Sani Perkasa Alamsyah）与荷兰政府另订为期 35 年的新约。[5]

（三）烟草种植园的发展也是国际市场需求旺盛刺激的结果

19 世纪后期以美国为首的新兴资本主义国家快速崛起。这些国家迫切需要质量优良、价格适宜的农产品为其工业提供原材料，日里种植园

---

① [英] 威廉·H. 乌克斯：《茶叶全书》，中国茶叶研究社译，中国茶叶研究社 1949 年版，第 187—188 页。

② [坦] 布·卡·阿克赫斯特：《烟草——栽培加工与化学》，訾天镇等译，上海交通大学出版社 1990 年版，第 221 页。

③ 李倬、贺龄萱编著：《茶与气象》，气象出版社 2005 年版，第 176—177 页。

④ [英] 威廉·H. 乌克斯：《茶叶全书》，中国茶叶研究社译，中国茶叶研究社 1949 年版，第 187 页。

⑤ 《百年沧桑记日里》，《新中华报》1954 年元月 1 日元旦特刊，第 6 张。

的发展恰逢其时。1881 年美国的雪茄生产商成为日里烟叶的最大主顾。
从 1883 年以来,美国每年至少进口价值 200 万美元的日里烟叶。在 1889
至 1890 年,美国输入接近 9735000 磅的日里烟叶,价值超过 900 万美元。
1920 年美国进口日里烟叶达到峰值 9823000 磅,价值 17616066 美元。占
据了世界对日里烟叶消费的首位①(按照 1933 年汇率,1 美元约等于 2 荷
兰盾)。

苏东种植园作物获得成功后,引起了欧美投资者的竞相效仿。1871
年日里共有园丘 12 座,种植作物以烟草为主,包括肉豆蔻、椰树、咖啡
等。1872 年,12 座园丘共采烟叶 6409 包,价值 100 万盾,到 1884 年,
共有园丘 44 座,产品价值 2755 万盾,1900 年增加至 3800 万盾。② 在日
里公司兴起后,苏东棉兰出现了日里爪哇烟草公司、阿林斯堡烟草公司、
希尼巴烟草公司,日里火车公司、火水山油业公司等,日里农园区域也
逐渐扩大。1897 年荷印政府将苏东划为一州,并规定棉兰为苏东州的行
政中心,烟草种植公司达到了 129 个。③ 日里由普通村落地带一跃成为欣
欣向荣的繁华都市区。

二 苏东在荷属东印度的地位

烟草种植园的开发使苏东逐渐成为荷属东印度热带经济作物的输出
基地。进入 20 世纪,日里的烟草种植园仍占据了苏东出口商品的最重
要位置。1927 年烟草出口值达到峰值 9000 万盾,1928 年出口量有
2100 万千克,1929 年种植面积 2 万公顷,受到 1930 年世界经济危机的
影响,出口量迅速回落,1933 年仅为 2000 万盾,出口量下降到 900 万
千克,面积减少到 1.1 万公顷。④ 经济危机过后,烟草种植仍有所回
升,到第二次世界大战前夕,棉兰约有 50 个烟草种植园,土地面积共
有 25 万公顷,其中每年用于种植的约 1.5 万公顷,年产量达 1500 万
千克。⑤

---

① James W. Gould, *Americans in Sumatia*, The Hague Martinus Nijhoff, 1961. p. 28.
② 《百年沧桑记日里》,《新中华报》1954 年元月 1 日元旦特刊,第 6 张。
③ 《苏东经济剪影》,《苏门答腊民报》1949 年元月 1 日新年增刊,第 11 版。
④ 费振东:《苏岛东海岸经济概况》,《汉口商业月刊》1935 年第 2 卷第 2 期。
⑤ 〔苏〕安季波夫:《印度尼西亚经济地理区》,福建人民出版社 1978 年版,第 71 页。

烟草种植在苏北的开发中起到了先决的作用，支撑苏北成为荷属东印度输出基地的商品不仅有烟草，还包括了橡胶和棕油等经济作物。在苏北的发展中，橡胶与烟草占据了同样重要的地位。胶树从1907年引入苏北，种植区集中在苏东以兰都为中心的地带，以及亚齐的滨海种植园和打板奴里沿海山地。其中以苏东的规模最大且最有组织性。由于橡胶栽培的成功，苏北的开发面积由日里一隅向苏东的东南部、亚齐的沿海平原和打板奴里州进一步扩展。

在苏北的输出品中，棕油的输出额仅次于烟草和橡胶。油棕榈原产于非洲，1910年由比利时资本家投资在苏东种植。种植的范围主要在苏东的棉兰、先达、丁宜、奇沙兰地区和亚齐的南部。苏北棕油的产量占印尼总产量的第一位，在苏东，棕油完全由园丘生产，民间没有涉及。苏东棕油起步在20年代初，发展却十分迅猛。1920年出口量仅有335155千克，到1931年达到峰值56742698千克，在30年代经济危机期间，棕油的出口量也迅速下降，但是它的价格反而上涨，使得苏东棕油的出口值比较稳定。

亚齐的棕油生产地主要集中在东部的瓜拉新邦附近。距离瓜拉新邦只有7千米之远的双溪里不（Sungalliput），是齐东区最闻名的农园，由S. F. C种植公司经营，以盛产棕油和橡胶闻名印尼。该处棕油厂规模全亚齐第一，"二战"前有2000多名工人，每天约产30吨至35吨的棕油。双溪里不有一条通往海口亚以布（Air Puih）的铁路，双溪里不所出产的棕油由此运出，亚以布建有750吨的储存棕油的仓库。"二战"前，每星期至少一二艘加卑音的船来到亚以布将瓜拉新邦双溪里不所产的棕油及橡胶运往欧洲。[①] 1933年在亚齐冷沙出口的棕油有907771千克。[②]

至1937年第一次政治协约满期时，苏东的园丘共达272座，工人22万人，[③] 经营部门包括橡胶、烟叶、棕油、咖啡、茶、可可、椰、树脂、松节油、甘密、麻丝等。在"二战"前，苏东的种植园面积估计约有100

---

① 《双溪里不素描》，《民主日报》1954年元月13日，第3版。
② 费振东：《苏岛东海岸经济概况》，《汉口商业月刊》1935年第2卷第2期。
③ 《百年沧桑记日里》，《新中华报》1954年元月1日元旦特刊，第6张。

万公顷,其中种植作物的面积约有 40 万公顷,整个苏岛种植园约 140 万
公顷,约占苏岛的 80%,约占印尼外领的 70%,① 占全印尼种植园面积
的 50% 以上。② 亚齐种植园有 17 所,集中在亚齐东部和西部的平原地带,
种植的作物有油棕、辣椒和橡胶。种植园劳工约 11000 余人。打板奴里种
植园有 52 所,集中在中打板奴里和南打板奴里的山地,生产物主要是橡
胶、椰子、咖啡等。

表 2—3　　　　　　　　　1938 年苏北的种植园数量及劳工

地区	种植园数量	人数（自由工人 + 契约工人）
苏东	272	216094 + 4570
亚齐	17	11075 + 118
打板奴里（西海岸）	52	17432 + 4767

材料来源:［苏联］O. И. 沙波斯拉也娃:《印度尼西亚工人阶级的形成》,《史学译丛》
1957 年第 6 期。

　　就各国商人对苏北的投资而言,欧美资本家的资本几乎全部集中在
苏东地区。苏东的投资国中,荷兰商人在"二战"前占据了主导的地
位。1912 年,苏东的投资总额有 20600 万盾,其中荷兰资本有 10900
万盾。③ 1929 年各国总资本达到 64224.9 万盾,荷兰资本高达 35130.1
万盾,占据一半以上的份额。在苏北三地中,亚齐和打板奴里商业的重
要性远不如苏东,苏东的贸易总额也起到了支配的作用,约占苏北
90% 的份额。

　　烟草、橡胶、棕油、茶叶、麻、椰、咖啡等作物的出口推动了苏东
在荷属东印度地位的提高,1921 年时苏东的贸易总额约占全国的
9.4%,到 1929 年大萧条爆发前稳步上升到 13.3%。危机爆发后,虽
然苏东的贸易和全国的贸易大幅度下挫,但是苏东的比例仍在继续增
加,从 1930 年的 14.5% 提高到 1935 年的 17.7%。特别需要说明的是,

---

　　① 任美锷:《东南亚地理》,中国青年出版社 1954 年版,第 187 页。
　　② ［苏联］安季波夫:《印度尼西亚经济地理区》,福建人民出版社 1978 年版,第 75 页。
　　③ ［英］D. G. E. 霍尔:《东南亚史》,中山大学东南亚历史研究所译,商务印书馆 1982
年版,第 898 页。

荷属东印度的贸易以出超为主，苏东的出口贸易在全国出口额中占据了更高的比例。1921 年出口份额约占全国的 11.3%，1929 年提升至15.4%，1936 年已经高达 22.2%。这样，从 1863 年苏东开始种植烟草到 1936 年第一次政治协约期满前夕，经过 70 年的开发，苏东已经发展成荷属东印度举足轻重的出口贸易基地。以棉兰为中心的苏东成为吸引华侨的热土。

表 2—4　　　　　　**1928—1936 年苏北各地进出口贸易额比较**　　（单位：千盾）

时间	亚齐		苏东		打板奴里	
	出口	进口	出口	进口	出口	进口
1928	15100	11600	242861	114389	41000	27800
1929	12167	13327	229206	124159	4067	9489
1930	9600	11000	193590	105039	27000	21100
1931	5768	6940	127909	62872		
1932	3600	4700	98793	41451	13000	9400
1933	3000	3400	86138	36039	11000	8200
1934	3800	2700	105034	36942	11200	7700
1935	4666		97002	32350	4764	
1936	5903		115963	34000	5661	

注：打板奴里的数据除 1929 年、1935 年、1936 年外，其他各年份包括了苏岛西岸的进出口额。

材料来源：1.《亚齐视察报告》，《外交部公报》1934 年第 7 卷第 8 号。

2.《苏东十四年来进出口货统计》，《外交部公报》1935 年第 8 卷第 6 期。

3.《苏岛各属去前两年出口货值比较》，《苏华商业月报》1937 年第 4 卷第 5 期。

4.《苏东经济及人口之概况》，《外交部公告》1931 年第 4 卷第 8 期。

5. 鲁葆如：《荷印华侨经济志》，南洋出版社 1941 年版，第 136 页。

表 2—5　　　　　　**1921—1938 年苏东与印尼全国进出口贸易额比较**　（单位：千盾）

年份	出口	进口	苏东总额	全国出口	全国进口	全国总额
1921	140640	89510	230150	1195909	1244409	2440318
1922	127932	61445	189377	1148895	782782	1931677
1923	189626	58347	247973	1378140	653639	2031779

续表

年份	出口	进口	苏东总额	全国出口	全国进口	全国总额
1924	217446	62566	280012	1557308	703386	2260694
1925	316248	77257	393505	1813348	862585	2675933
1926	277453	90387	367840	1598656	923989	2522645
1927	300838	102600	403438	1656219	927084	2583303
1928	242861	114389	357250	1589881	1030217	2620098
1929	229206	124159	353365	1487801	1165973	2653774
1930	193590	105039	298629	1167040	889355	2056395
1931	127909	62872	190781	763569	595060	1358629
1932	98793	41451	140244	551745	393673	945418
1933	86138	36039	122177	474706	329672	804378
1934	105034	36942	141976	493474	291284	784758
1935	97002	32350	129352	452521	277832	730353
1936	115963	34000	149963	522364	282267	804631
1937	207000	53000	260000	948989	452014	1401003
1938	141000	54000	195000	657391	179185	836576

材料来源:1. 《苏东十四年来进出口货统计》,《外交部公报》1935 年第 8 卷第 6 期。

2. 《苏门答腊东海岸去年经济概况》,外交部情报司编《国外情报选编》经济第 70 号,外交部情报司 1936 年版,第 41 页。

3. 自修周刊社编:《南洋贸易指南》,自修周刊社 1940 年版,第 130—131 页。

4. 汪丰平:《荷印资源与对外贸易》,《时与潮》1940 年第 7 卷第 3 期。

5. 《苏岛各属去前两年出口货值比较》,《苏华商业月报》1937 年第 4 卷第 5 期。

6. 鲁葆如:《荷印华侨经济志》,南洋出版社 1941 年版,第 280 页。

三 "二战"前种植园劳工族群的变化及原因

随着欧美种植园在苏东与日俱增,劳工不足成为制约种植园发展的瓶颈,在此背景下,吸引华人充当劳工成为解决困境的主要办法。19 世纪的苏岛地广人稀,当时峇达人尚未处于荷印政府直接管理之下,鉴于此,种植园主只好从苏岛以外的地区招募工人。在 19 世纪后期的大巽他群岛,劳动力密集的地区一是印尼爪哇岛,二是马来半岛。印尼爪哇岛地狭人多,距离苏门答腊较近,越过巽他海峡即可到达苏岛,荷兰人也一直试图通过移民解决爪哇岛人口稠密的状况,但是，种植烟草劳动量较大，工序繁多，中间需要施肥、育苗、整地、移栽、田间管理、收获、调制等程序，爪哇人天性不善劳作，无法胜任烟草的种植工作，欧美种植园主只好把目光投向马来半岛。当时在马来半岛的槟榔屿和新加坡有大批来自中国闽粤地区的华侨。这些华侨主要以破产的农民和小手工业者为主，他们具有良好的农业生产经验，以出卖劳力为生，工作效率又比较高，华侨自然成为种植园主特别青睐的劳工人选。①

19 世纪 70 年代初，荷兰人已经开始在槟榔屿、新加坡招募华工。在 1870 年苏门答腊东海岸的种植园中，大约有 4000 名劳工，其中爪哇工人有 150 名，其余均为华人。② 1876 年槟榔屿的警察厅长普朗克特（Plunket）说："现在槟榔屿有许多失业者，他们在当地均为获得赴苏门答腊的日里、西尔丹等地充苦力而奔走。"③ 1883 年在苏门答腊东海岸的华工至少有 21000 人，其中绝大多数来自海峡殖民地。④ 据统计，在 1888 年中国本土劳工未到达日里之前，每年约有 3000 名以上的华工从新马地区来到日里。

日里种植园主在马来半岛的招募活动并没有持续成为获取华工的主要方式。进入 19 世纪 80 年代，随着马六甲海峡航线的繁忙和新加坡作为英属马来亚商业中心的确立，槟榔屿和新加坡的工作机会迅猛增加，日里逐渐丧失了对马来半岛华侨的吸引力。日里公司等垦殖公司设在棉兰，棉兰在当时还是一个不知名的村落地带。它的四周是一片烟园和一些小村落，也是"咸巴兰北叻和苏甲必灵族赌徒和斗鸡者啸聚的所在"⑤。

吸引力的匮乏，再加上招募成本的不断上涨，迫使日里种植协会⑥只

---

① 据当时的估计，一个华工的工作能力约是爪哇工人的三倍。见石楚耀译《荷属东印度之华侨》，《南洋研究》1937 年第 7 卷第 3 期。

② ［英］巴素：《东南亚之华侨》，郭湘章译，"国立"编译馆 1966 年版，第 745 页。

③ 石楚耀译：《荷属东印度之华侨》，《南洋研究》1937 年第 7 卷第 3 期。

④ ［荷］杨·布雷曼：《契约华工与种植园制：荷属东印度日里地区种植园政治剖析》，李明欢译，鹭江出版社 1992 年版，第 60 页。

⑤ 《棉兰史话》，《民主日报》1952 年 9 月 26 日，第 3 版。

⑥ 日里种植协会（Association of Deli Planters，简写为 DPV）成立于 1879 年，是日里烟草种植园主为了专门解决劳工短缺问题成立的组织。

好从 1888 年起,直接由中国的广州、雷州、惠州、潮汕一带招募华工。在招工中介商的游说之下,当地民众应募者接踵而至。据统计从 1888 年到 1933 年之间,经荷兰人设在香港的招工局招募到日里的华工至少有 305257 人,由该局资助回国的华工也有 124028 人。在 1912 年至 1920 年之间,潮州籍占 36%,海陆丰人(属潮州系)占 41%,福建籍占 8%,客籍占 4%,其余分属于其他各地。① 由于潮汕语系在华工中占据了近80% 的比例,使得潮汕文化开始在日里地区流行起来。20 年代初改良棉兰华工陋习中有这样的一个故事:"每届烟叶落仓时,大工头亦有订演潮音剧之习惯,历年如是。近闻各种种植公司方面,以大工头此举常引起华工方面钱债案等之纠纷,于各该公司颇多不利,故自今春起,除厉行禁止公开类似赌博之行外,明年则更取缔大工头订演潮音剧之权……"② 经过大批移民,到 1900 年苏东日里地区土著为 306035 人,中国人则有103768 人。③

表 2—6　　　　　　　**1888—1908 年从汕头迁往日里的华工人数**

年份	人数	年份	人数
1888	1152	1897	4435
1889	5176	1898	5105
1890	6666	1899	7561
1891	5351	1900	6922
1892	2160	1901	5556
1893	5152	1902	7181
1894	5607	1903	6825
1895	8163	1904	5918
1896	6661	1905	7775
1906	8539	1908	9462
1907	10820		

材料来源:石楚耀译:《荷属东印度之华侨》,《南洋研究》1937 年第 7 卷第 3 期。

① 鲁葆如:《荷印华侨经济志》,南洋出版社 1941 年版,第 268 页。
② 《日里棉兰改良华工陋习》,《时事月报》1921 年第 4 卷第 1—6 期。
③ 石楚耀译:《荷属东印度之华侨》,《南洋研究》1937 年第 7 卷第 3 期。

在 1900 年之前，苏东种植园的劳工以华工为主，华工的数量一直处于增长的状况，但是从 1900 年以后，华工的数目开始出现下降的趋势，爪哇工人逐渐取代华工和其他工人，占据了劳工数量的绝对优势。

发生这种变化的主要原因，其一是中国劳工价格成本较高。据估计，1910 年一名华工所需费用约 95 荷兰盾，[①] 按照当时烟园契约工每日工资 0.4 盾计算，招募一名华工需要支付约 8 个月的工资。[②] 烟草种植园主和工人签订的契约一般是三年，如果劳工工作期间没有出现重大事故并且身体良好，在契约期满后，种植园主仍期望能与劳工续订契约，以便节约用工成本。不过由于华工具有浓厚的乡土意识和积累资本的传统，他们多数在有一定的积蓄后不再留任，所以"一到契约满期不转他业即归还本国"，相比较而言，爪哇劳工不仅乡土意识非常淡薄，而且不尚积蓄，一旦有所收入便用于生活消费，以至于"移往外领后，常永住不迁"[③]。

其二是 1900 年以后种植作物的格局发生了变化。日里最初以种植烟草闻名于世，在 20 世纪之前日里的种植园种植的都是烟草和咖啡作物，这些种植园所雇用的劳工多数是华侨。但是在 19 世纪 90 年代，国际市场上烟叶和咖啡需求不旺，促使许多种植园开始改种橡胶树，适值国际市场上橡胶价格暴涨，胶园开始在苏东大量开辟。

新出现的胶园在工资结算方式上发生了变化，促进了雇用的劳工群体由华工变为爪哇工人。在烟草种植园，华工的工资按照工作量进行日结，这对种植园主和华工而言都有好处，华工通过辛勤劳作可以换取更多报酬，种植园主则能得到更高的烟草收获量。但是爪哇工人则不然，他们不愿意因为额外的收入而付出更多的劳动。在橡胶园中，橡胶树需要长年生长才能产胶，在橡胶树的生长前期根本无法做到工资日结的方式，只有在橡胶收获期，工资日结才对种植园有利，

---

① 石楚耀译：《荷属东印度之华侨》，《南洋研究》1937 年第 7 卷第 3 期。

② 0.4 荷兰盾是指 1914 年调整后的男劳力的日薪，从《猪仔华工访问录》中也可以得到印证。

③ 谷川编：《荷属东印度群岛之现势》，《南洋研究》1937 年第 3 卷第 3 号。

所以种植园主更愿意雇用可以长期留在胶园中的爪哇工人进行橡胶树的打理培育。

从1917年到1919年每年有4万名以上的爪哇劳工来到苏岛东海岸,与此同时,华工迅速萎缩。在胶园快速增加的同时,烟草价格受到世界经济危机的影响,在"一战"前后出现了价格暴跌,20年代后期烟叶市场逐渐回暖,但是不久1930年经济危机爆发,日里各烟园出现了严重的亏损,烟叶产量锐减,苏岛的华侨失业工人因此被大批遣返回国,据日里种植园主会议记录:"1932年并无新招收种烟华工……此间烟园所雇华工,在先系契约工人,嗣解除契约,改为散雇,以致随时可以遣散,不受任何拘束云。"①

其三是荷兰政府移民政策的倾斜。与苏岛邻近的爪哇本岛是印尼人口增长最快的地方。1860年爪哇和马都拉的印尼人口为12514000人,1880年升至19541000人,1900年达到28386000人,1920年增加到34429000人,1930年更增长到40891000人,② 荷印政府一直期望把爪哇和马都拉过剩的人口迁移到苏东日里地区:"日里光辉而稳定的前景取决于能否成功地将那些被抛荒的烟田改造为稻田,从而形成一批当地的永久性居民,而爪哇人是最恰当的人选。"③ 在荷兰殖民者的这种认识下,爪哇人被源源不断招募到苏东种植园中,从1907年开始爪哇工人正式超过了华工,占据了当年苏东招募劳工人数的首位。

总之,因用工成本考虑、种植作物的变化和荷印政府政策的调整,到"二战"前,爪哇人已经成功取代华侨和其他外侨工人,在种植园劳工中居于主导局面。华侨已经由种植园中的多数成为微不足道的部分。除一部分华侨回国外,大部分华侨转而从事商品零售业,由苏东日里一隅向苏东和亚齐、打板奴里的要冲扩散,他们在满足民众日常需求,收购农民农作物方面发挥了无可替代的作用。

---

① 《棉兰种烟华工多被遣送回籍》,《华侨周报》1933年第43期。

② 华侨问题研究会编:《印度尼西亚华侨问题资料》,联合书店1951年版,第12—13页。

③ 〔荷〕杨·布雷曼:《契约华工与种植园制:荷属东印度日里地区种植园政治剖析》,李明欢译,鹭江出版社1992年版,第66页。

表 2—7 苏东劳工数目变化情况（1881—1939）

年份	华工	爪哇工人	其他工人	契约工	自由工
1881	15500	1887	5703	23090	—
1883	21136	1771	2815	25732	—
1884	26620	3217	2835	32672	—
1886	31732	4452	10754	46938	—
1887	33526	6186	10083	49795	—
1888	44790	9503	14205	68498	—
1890	53806	14847	12299	80952	—
1891	54715	16850	13413	84978	—
1892	39963	10347	8908	59218	—
1893	41061	11179	9277	61517	—
1894	42876	13443	11043	67362	—
1895	48204	15908	10961	75073	—
1896	48548	17605	9757	75910	—
1897	49407	19291	10147	78845	—
1898	50362	23022	10427	83811	—
1899	56000	32000	6000	94000	—
1900	59038	30484	9223	98745	—
1901	54489	29457	9235	93181	—
1902	55287	34596	9983	99866	—
1906	53105	33802	3260	—	—
1907	49663	51665	—	—	—
1910	46619	58518	2993	—	—
1912	53617	118517	—	176717	—
1913	53970	129798	6825	183897	6696
1914	46389	132214	6929	177157	8375
1915	44328	131716	5198	172869	8373
1916	43689	150392	4052	190792	7341
1917	40097	174211	6929	217102	4135
1918	32209	198670	2534	228553	4860
1919	28316	216280	2204	239307	7493

续表

年份	华工	爪哇工人	其他工人	契约工	自由工
1920	25298	222387	2777	238336	12126
1921	29068	189230	2565	208343	12550
1922	27567	159785	1969	179812	9509
1923	28786	154213	1947	176212	8734
1924	29068	171179	2880	175730	27397
1925	27234	192696	1460	196080	25310
1926	28513	217957	1856	223219	25107
1927	29177	236906	2766	239270	29579
1928	30313	251358	2014	250558	33127
1929	26819	272718	3166	261619	41084
1930	22814	260272	2764	236850	49000
1931	18484	205530	1681	137636	88059
1932	13823	150925	3089	27338	140499
1933	12803	148766	3156	11699	153026
1934	12551	143811	3689	6059	153992
1935	12116	170273	4239	7137	179491
1936	11520	177717	5046	6394	187889
1937	10516	211830	2715	9733	215328
1938	9604	206483	4677	4670	216094
1939	8598	214448		—	—

注:1899 年的数量为估值,1906—1910 年的其他劳工人数仅指印度劳工人数。

材料来源:1.[荷]杨·布雷曼:《契约华工与种植园制:荷属东印度日里地区种植园政治剖析》,李明欢译,鹭江出版社 1992 年版,第 63 页。

2. 奥田彧:《东印度农业经济研究》,转引自温广益、蔡仁龙、刘爱华等编《印度尼西亚华侨史》,海洋出版社 1985 年版,第 287 页。

3. Marieke Van Klaveren, Death among Coolies: Mortality of Chinese and Javanese Labourers on Sumatra in the Early Years of Recruitment, 1882 – 1909. *Itinerario*. Volume 21, Issue 01, March 1997, p. 113.

4. Verslag Arbeidsinspetic 1910 – 1938, see Vincent J. H. Houben, J. Thomas Lindblad and others, *Coolie Labour in Colonial Indonesia*, Harrassowitz Verlag, Wiesbaden, 1999, pp. 72 – 75.

5. 曹庸译:《棉兰史话》,《苏门答腊民报》1950 年 9 月 14 日,第 3 版。

第三节 "二战"前苏北的社会特征及 对华人的影响

通过上述的叙述，可以总结出"二战"前苏北是这样的一个社会：在外来人口大量进入后，苏北的社会面貌产生了具有典型印尼社会的性质，即整个社会呈现出以马来语系民族为主的多元混合特质。在以下几个方面表现明显。

（一）使用马来语的爪哇人和苏北土著民在苏北占据数量的优势

苏东开发后，外来人涌入苏东日里地区，苏东成为苏北外来人口最多的地方。1880 年外侨接近苏东总人口的四分之一，1890 年达到 29.8% 的峰值，1900 年也约占总数的 27.3%，可是随着时间的推移，进入 20 世纪以后，外侨的比例迅速下降。1905 年外侨比重降为 20.6%，1915 年的比例约为 18.2%，1920 年低至 12.9%，1930 年也不过 13.2%。外来人口比重的下降是由于爪哇人的移民造成的。爪哇工人在 1883 年有 1771 人，不足华侨的 1/10，1900 年已经达到 30484 人，约占华侨的 3/5。进入 20 世纪，随着苏东种植园的扩展和作物结构的改变，爪哇工人人数迅速增加，1907 年首次超过华侨的人口，1912 年突破 10 万人，增加至 118517 人，1920 年跃升到 222387 人，20 年代初的经济危机一度使得爪哇人数量有所下降，20 年代中后期经济的繁荣再度刺激了爪哇工人的增加，1928 年突破了 30 万人。

表 2—8 　　　　　1880—1930 年苏东各族人口统计

年份	欧人	印尼人	华侨	其他东方人	总计	印尼人比例
1880	523	90000	25700	2533	118756	75.8%
1890	1528	191000	75325	4236	272089	70.2%
1900	2070	306035	103768	9208	421081	72.7%
1905	2667	450941	99236	15572	568016	79.4%
1915	5200	681000	132000	14320	832520	81.8%
1920	7882	1042930	134750	11992	1197554	87.1%
1930	11079	1470395	192822	18904	1693200	86.8%

材料来源：姚冠颂：《苏北华侨劳动界的过去与现在》，《生活报十周年纪念特刊》1955 年版，第 86 页。

与爪哇人增加相伴随的是印尼社会雏形的初步出现。爪哇人和苏北的主要土著亚齐人和峇达人,都属于马来语的不同分支,虽在文字上有所差异,但是他们都可以相互交流。在爪哇人大规模到来之前,亚齐人偏居一角,峇达人经济地位落后,并没有统合苏北社会的能力。爪哇人移居苏东之后,因种植园经济与欧洲人和华侨及其他东方人产生交集,基于可交流的语言、伊斯兰教文化和被殖民历史,与亚齐人和峇达人具有相通的情感。由此,苏北具备了印尼民族主义兴起的条件。"在荷兰统治时代,被放逐到西伊里安、第古尔集中营的政治犯中,有许多是从苏岛东海岸来的。"[①]

（二）苏北在社会上呈现出发展不平衡性的共存

苏东因地理条件适宜,种植园经济从19世纪70年代迅速发展,外国对苏北的投资也几乎都集中在苏东一带,苏东的进出口贸易占据苏北90%的份额。因棉兰、先达、亚沙汉、直名丁宜、峇眼亚比、民礼、冷吉、奇沙兰、兰都、思思、火水山等一系列城市集中在9万多平方公里的区域,苏东在20、30年代成为苏岛都市化和商业化最发达的区域。稍次于苏东的是亚齐区,亚齐发展集中在亚齐沿海平原,特别是从瓜拉新邦到古打拉夜的交通线上。在这条交通线上从南到北分布有瓜拉新邦、冷沙、怡里、班德拉务、鹿树昆、司马委、美仑、司吉利、大亚齐以及沙璜的系列城市。这些城市以大亚齐和靠近苏东的瓜拉新邦、冷沙商业氛围相对活跃。亚齐的西海岸除了港口城市美拉务和打峇段外,发展都相对沉寂。亚齐中部的高原地带仍处于非常原始的状态。发展程度最低的是打板奴里州,除实武牙、巴东实林泮、打鲁栋因出口土产到新马地区,商业氛围稍有起色外,内陆高原腹地虽然土地肥沃,峇达人数也超过100万,但是因交通不便,除了分布有一些教堂和教会开办的学校外,其他基本上没有进展。

（三）多元混合最显著的表现是各民族的杂居

外来人大量到达之前,苏北的土著民族主要有峇达人和亚齐人,峇达人主要分布在打板奴里高原和苏东的加罗、西米垄坤一带,因居住地

---

① 印尼情报部编:《现在的印尼》,《苏门答腊民报》1954年9月9日,第3版。

的不同出现多峇人、加罗人、峇峇人、安哥拉人、曼特宁人等不同称呼。
亚齐人集中在苏岛北部，高原和平原的亚齐人在经济生活和文化上有细
微的差异。两大民族之外，苏北还有少数的咖约人、阿拉斯人、米南加
保人和马来人。咖约人和阿拉斯人生活在亚齐高原和打板奴里高原的中
间区域，米南加保人在苏北沿西海岸居住，在美拉务有一定的聚居规模。
马来人则分布在苏东海岸线沼泽地带和各岛屿上。19 世纪 70 年代之后，
由于荷兰人鼓励种植园发展的政策，苏东出现了大量的爪哇人、华侨和
少量的欧洲人、印度人、阿拉伯人、巴基斯坦人，除此，荷印政府驻苏
东的军队大部分来自安汶、爪哇岛及其他岛屿，他们在苏东定居，相继
形成了以爪哇、班达（Bandjar）、曼特宁（Mandaing）等命名的村落。因
此在苏东几乎可看到印尼所有的民族和世界各国人，外来移民很快在一
些地方占据了重要的比重。1930 年的人口统计，苏东爪哇人约占总人口
数的 44%，约占全苏岛人口的 13%。峇达人在苏东约 120 万，约占苏岛
人数的 14%，华侨在苏东约 20 万，占全苏东的 12%，[1] 20 世纪 20 年代
苏东的西米垄坤县，峇达人约占 30%，北打板奴里峇达人约占 20%，爪
哇人约占 20%，南打板奴里峇达人约占 15%，其余华人约占 15%。[2]

（四）多元社会中，各族之间有比较明确的职业分工和社会分层

苏北社会的最上层是各大种植园园主、殖民政府中的高级官员、苏
丹王族和亚齐的乌略巴朗。大种植园园主、殖民政府中的高级官员基本
由欧美资本家所垄断。苏丹王族中以日里苏丹最有势力，苏丹享有种植
园土地的所有权，依据与荷印政府的政治协议，苏丹马穆·奥·拉斯
德·巴尔加沙·阿蓝沙在位期间（Sultan Mamun Al Rashid Perkasa Alam-
syah，1873—1924 年在位），苏丹每年土地租金收入约达 123000 盾。乌略
巴朗因经营胡椒贸易而兴起，在荷印政府的支持下，对大亚齐之外的各
县享有自治特权。

第二层是城埠中实力雄厚的进出口商、政府中的高级职员、教会的
主要神职人员和大种植园中的中上层管理人员。他们大部分由荷兰人或

---

① 任美锷：《东南亚地理》，中国青年出版社 1954 年版，第 183—184 页。

② R. W. Liddle, *Suku Simalungun, An Ethnic Group in Search of Representation*, Indonesia,
No. 3（Apr.，1967），p. 5.

其他西方人担任,也有少量的华侨进出口商与荷印政府关系密切,在进出口许可制的政策下,获取高额利润。少数华侨也有在政府中担任高级职员,华侨中的甲必丹和玛腰被赋予管理华侨民事和部分司法的权力,他们也属于此阶层。

第三层是各城埠中的政府低级公务员、小商人、种植园中的普通管理人员等。他们大多是峇达人、亚齐人和华侨。苏东开发后,一部分峇达人接受了教会学校的基础教育,信仰基督教新教并且能够使用荷兰语与荷兰人交流,受到荷兰人的欢迎,他们被招募到政府机关担任底层公务员或在教会学校充当教师,成为峇达人中受到尊敬的白领阶层。亚齐人和华侨的商人多是从事土产品收购和洋杂货零售的商人,亚齐人势力主要集中在大亚齐,华侨商人活动则遍布亚齐和苏东。在种植园中充当管理人员的有很多是来自南打板奴里的米南加保人(Minangabau)和印度人、阿拉伯人。

社会的底层是商店中的雇员、种植园中的劳工、学校教师和苏北腹地的农民。农民以峇达人和亚齐人为主,峇达人主要以耕种稻谷、木薯为生,苏北内陆高原因覆盖火山灰而土地异常肥沃,在苏东没有发展种植园之前,峇达人就在打板奴里高原和苏东加罗、西米垄坤山地以种植稻谷为生,亚齐人则在沿海平原种植胡椒、水稻、槟榔,在高原饲养牛羊等家畜,他们都具有丰富的农业生产经验,在与华侨的农业竞争中处于优势。华侨中也有小部分是以耕种为生的农民,他们主要生活在棉兰与民礼之间的农村中,这些华侨通常只会讲闽南话和潮州话,生产水稻、红毛丹、木薯、饲养猪鸡鸭,供应城市中的需求。在 1900 年之前,种植园中的劳工以华工为主,到 1900 年以后随着胶园的扩张,爪哇工人占据了主导地位,他们也是华侨商人零售业的主要顾客。一小部分爪哇人还有在城埠中当服务员或非熟练工。

在发展过程中,苏北特殊的环境与历史对华侨社会的影响明显,苏北三地中,尤其以苏东的影响最为显著。

首先,苏北的经济结构单一,受世界市场波动影响较大。在地理条件和世界市场需求的作用下,苏北的出口货物除石油外,几乎全部是农产品,农产品又主要集中在烟草、橡胶、棕油、茶叶、咖啡等几种热带经济作物上,它们的出口总额占苏北总输出额的 70% 以上。农产品属于初级产品，在世界范围之内存在着广泛的竞争对手。当欧美等国需求量增大时，苏北的输出品价格高涨，输出量和输出额也随之上涨；在苏北出现不稳定的事件或世界经济陷入萧条期间，苏北港口输出受限，苏北农产品销售就会停滞，从而使苏北经济低迷不振。

以橡胶为例，"一战"结束后，世界市场的橡胶价格暴跌，苏东橡胶出口大幅度回落，苏东陷入了经济衰退的危机之中。橡胶业的低迷进而影响到苏东的消费市场，"近来商店日形败落倒闭者，亦时有所闻也，查1921年中西商店倒闭者共148家，华商86，洋商32，日商6，杂商20，土商4。棉兰居72，外埠居76，查是年之多，为从来所未有也"[1]。20年代中后期，世界经济出现了短暂的繁荣，苏北各埠一派生机勃勃的景象，以出口树胶闻名的直名丁宜甚至经济发展成为苏北之冠。1930年世界经济进入大萧条时期，胶价"最高时每担售价250盾，最低时售13.4盾"[2]，苏东各种植园纷纷缩小规模，解雇工人，"从前每园口有一千数百人者，多被解雇，每园只剩二三十人不等。且每日工资二钫半，仅足糊口而已"，连带商业也异常不振，"棉兰大伯公街即打金街，从前非有数千盾'饮茶银'（小租），不能租得一店，现今多是空店，无人过问，满贴吉屋招租，价甚便宜，其他便不堪问矣"[3]。

其次，苏北生活必需品不能自给，必须仰仗外地。荷治时期，苏北是苏岛上经济作物面积超过粮食作物面积的地区。在苏东，能够满足基本需求的只有鱼类，能够通过沿海渔场峇眼亚比、巴格拉湾等埠获得，大米、牲畜、玉米、木薯，一部分可以由亚齐和打板奴里得到供给，大部分需要从爪哇和暹罗、越南南部输入。而各种生活必需品则全靠从槟榔屿和新加坡进口而得。苏北的亚齐与打板奴里一直是农产品相对富裕的地方，两地所产的米粮、牲畜、蔬菜、水果基本能够自给自足，并可有部分剩余供应苏东市场。然而，亚齐尤其是打板奴里外国投资匮乏，工业生产能力低下，各种生活必需品都不能生产，只能通过沿海港口进口或从苏东流入。

① 《荷属东印度时事》，《南洋时事汇刊》1922年第1卷第3、4号。
② 邱致中：《南洋概况》，正中书局1937年版，第78页。
③ 《苏东商况异常不振》，《南洋情报》1933年第1卷第7期。

　　以大米为例,20 世纪 20、30 年代苏北每年进口米的数量在 15 万吨左右,1930 年受经济危机影响,国际米价暴跌,爪哇米价也随之下降,荷印政府为保护爪哇人生产大米的积极性,维持米价的稳定,特出台了大米输入许可制度,通过输入商领取输入准字的方式,限制和禁止输入外国大米。在此制度保护下,外国米数量连年下降,爪哇米日益在苏东市场占据重要位置。1940—1941 年间,苏东每年需要进口至少 11 万吨大米,其中 7 万多吨来自爪哇和海外产米国,来自亚齐的约有 4 万吨。①

　　再次,苏北自然环境限制苏北的发展。在苏东蓬勃兴起的各种因素中,从上游而下的河流泥沙为苏东的农业发展提供了必不可少的肥料,然而这些携带丰富有机物的泥沙也给河流入海口附近带来了严重的淤积现象,淤积的泥沙为红树林的快速生长提供了充足的养料,从而形成了沿海低地厚密的红树林沼泽地带。② 在雨季来临之际,沼泽地被雨水淹没,受到红树林的阻碍,积水不容易排入海中,反而容易回灌到苏东沿海平原的城埠之中,威胁到民众的生命财产和生产生活。19 世纪 80 年代,荷印政府把苏东的行政中心由老武汉迁往棉兰就是与之关系密切。棉兰以北的勿拉湾是苏岛第一大港口,勿拉湾旧码头吃水仅有 7 米,涨潮时才达到 8 米水深。20 世纪 30 年代勿拉湾进行扩建,新修建的码头吃水 12 米,可以停泊 2 万吨以下的船只。③ 从"一战"到 1942 年苏岛被日军占领前夕,勿拉湾进出的船舶吨位增加了 4 倍,但是在日军占领期间,港口清淤不及时,进出口船舶吨位不及 100 万吨。④

　　泥沙的淤积仅是阻碍苏北与外界交往的一个自然因素,通过定期的排淤工程可以清理泥沙带来的隐患。对苏北发展产生更难以克服的困境是良港的缺乏,而造成这一问题的根本因素在于马六甲海峡和印度洋的海潮作用。马六甲海峡的深水航道偏向于马来亚一方,在苏门答腊一方

---

　　① Karl J. Pelzer, The Agrarian Conflict in East Sumatra, *Pacific Affairs*, Vol. 30, No. 2 (Jun. , 1957) , p. 154.

　　② 苏东的沿海地带多数气候潮湿的沼泽,总面积超过 15 万平方公里,是东南亚最大的沼泽,而且常被海潮淹没。

　　③ 《介绍苏北首府——棉兰》,《苏门答腊民报》1954 年 9 月 9 日,第 3 版。

　　④ [英] E. H. G. 道比:《东南亚》,赵松乔等译,生活·读书·新知三联书店 1958 年版,第 186 页。

海水较浅，最深处不过 200 米。而且在马六甲风浪的冲击下，苏岛向海水延伸的区域形成了一片冲积层，冲积层给大船进出港带来了困难。"二战"前，亚齐出口棕油最多的产地在瓜拉新邦附近的双溪里不，从双溪里不出产的棕油必须经过港口亚以布（Air Puih）运往欧洲，但是它的海港吃水较浅，只能进入 200 吨左右的轮船。[①] 峇眼亚比是印尼最著名的渔场，1930 年各种渔产品输出超过 4000 万千克。然而它的海港平时水深仅为 3 米，[②] 仅容得下华侨木船和汽船自由通过。良港最匮乏的是苏北西海岸，因印度洋高达 5—6 米的拍岸海浪的影响，西海岸良港难觅地址，因尼亚斯岛对海浪的阻碍，实武牙才有可能成为苏岛西部次于巴东的第二大港口。

　　最后，苏北各民族之间存在较大的文化差异，这种差异阻碍了他们之间的融合。从峇达人和亚齐人来看，土著居民内部有不同的差异。峇达人以生活的地域划分，分为五大分支。南打板奴里的峇达人、曼特宁人和安哥拉人早在 19 世纪已经受到伊斯兰教虔诚派影响，与其他峇达人差异很大，荷印时代与荷兰人关系密切，他们甚至并不认同是峇达人。中部以多峇湖为中心的多峇峇达人和峇峇人或戴利人保留较浓厚的原始信仰，经济地位低下。北部的加罗峇达人和西米垄坤人深受西方影响，在基督教传入后，有 8 万名峇达人皈依基督教新教。亚齐人信奉伊斯兰教，有山地人和平原人之分，在长期的抗荷斗争中产生了强烈的民族认同感和鲜明的排外性，他们集中于亚齐一隅，并不热衷于民族间融合，他们中孕育的独立倾向是苏北社会的一个不安定因素。一旦外在环境改变或亚齐族感受到被压迫的状态，随时都可能爆发冲突。

　　从外来人来看，欧美人人数稀少，但是经济地位和社会地位高，苏北仅是他们发财的乐园，不存在与其他民族融合的必要。其他亚洲人人数过少，社会地位也不高，没有话语权。华侨地位却颇为尴尬，一方面作为外侨，他们处于中间商的地位，主要通过收购土产品和销售新、马工业制成品生活，经济地位较高。他们人数虽然多于欧亚其他外侨，可是在峇达人、亚齐人和爪哇人面前，仍处于绝对的少数，在苏北广大的

---

　　① 《双溪里不素描》，《民主日报》1954 年元月 13 日，第 3 版。
　　② 《峇眼亚比社会近况》，《新中华报》1947 年 8 月 28 日，第 4 版。

腹地,缺少赖以支持其经济维持的华侨农民,不足以摆脱爪哇人和峇达人而独立生存,也缺乏强有力的官方背景保护其生命财产的安全。另一方面,从融合角度看,华侨与亚齐人、爪哇人和峇达人在文化信仰上隔膜很深,融合困难重重。华侨重视祖先崇拜,通过祭祀活动起到凝聚力量和确立社会地位的作用,其他民族只见华侨祭祀祖宗牌位的表象而不知其内核,对华侨有很深的偏见,特别是最早受到伊斯兰文化影响、信仰虔诚伊斯兰教的亚齐人,尤其排斥华侨。峇达人如前所述,深受外来文化影响而有不同的派别。进入城市的峇达人从事零售业,华侨在商业上日渐受到他们竞争的威胁。爪哇人属于伊斯兰教名义派的信徒,人数众多但经济地位较低,与华侨的经济来往密切,是华侨商业上的主要顾客,华侨又需要提防人数众多的爪哇人对自身财富的嫉妒。

第 三 章

苏北华人分布的变动与
商业网络的形成

苏北是印尼华人聚居密度最高的地区，他们主要生活在苏北的主要城市中。"二战"后，苏北华人大部分选择了中国国籍，他们的生存空间从苏北主要大城市扩大到主要村镇，商业网络沿着苏北三大交通干线铺展开来。他们的商业网络面向新、马，以收购土产品、销售日常用品为主。由于商业活动主要集中在市镇，并受到交通条件的限制，在动乱期间，华人的人身安全及财产特别容易受到不法侵害且难以幸免。

第一节 "二战"前苏北华侨的生存状态

一 苏东华侨的数量、分布和职业

苏东是苏岛经济最发达的区域，也是华侨聚集最为密集的地方。1880 年华侨有 25700 人，占苏东总人口的 21.6%，1890 年华侨达 75325 人，占 27.8%，1900 年为 103768 人，比例达 24.6%，此后华侨比例虽然有所下降，但常年也维持在 11% 左右。苏东华侨以福建人最多，占华侨总数的 34.6%，潮州人和广府人紧跟其后，分别占 18.9% 和 18.2%，客家人 7.8%。闽南语在苏东华侨社会中广泛流行。华侨以新客为主，1930年的调查显示苏东新客占华侨总数的 64.5%，高于华侨新客在苏岛57.8% 和全印尼 36.5% 的比例。[1]

---

① 傅无闷总编辑：《南洋年鉴》，第二篇《荷属东印度》，南洋商报出版部 1939 年版，第139—140 页。

表3—1　　　　　　　　1930年苏东华侨籍贯及数目

籍贯	侨生	新客	总计
福建	30722	35750	66643
潮州	10000	26236	36363
广府	10540	24462	35089
客属	5568	9468	15099
其他	10711	28495	39628
总数	67541	124411	192822

材料来源：鲁葆如：《荷印华侨经济志》，南洋出版社1941年版，第277页。

　　苏东的商业由闽粤籍华商垄断。1930年苏东闽籍商家共有1516家，粤籍商家有1722家，其他各省共有104家。闽籍中以南安人实力最雄厚，有365家，粤籍中台山人位列第一，共251家，梅县人其次，有161家，潮州人第三，达157家。

　　华商在洋杂货批发业和零售业上优势最明显。1930年，全苏东经营糖米杂货的商家共有988家，除了头盘商有四五十家外，其他均为二盘商和三盘商，属于小本经营。经营咖啡和旅馆业的仅次于糖米杂货店，有361家，他们所销售的原料取自荷兰、澳洲、瑞士、丹麦等地。金业有160家，他们的销售对象主要是爪哇工人和峇达人，运营好坏与土产价格高低息息相关。布匹化妆品店有147家，其中规模较大的进口商在棉兰有34家，在苏东其他城埠有14家。其他重要的华侨商业还有裁缝业、渔业、药材业，这些几乎被华侨垄断，峇达人很少经营。因此中国药材在苏东市场中占有重要的地位，药材中有36%取自中国。①

　　苏东南部华侨商业上的对手是米南加保人，苏东北部西米垄坤商业上的对手是峇达人，时人观察到："土人对于苏岛这一部分的

────────

　① 《荷印苏东华侨商业现状》，《侨务月报》1936年第3期。

经济发展日益感兴趣，并且已能向内地发展的华侨做剧烈的竞争。"①

华侨在交通运输也有一定优势，苏东的内河航运以及从棉兰到勿拉湾公路的运输业大多数是华侨商人经营。在工业方面，华侨多开办肥皂厂、椰油厂、汽水厂、砖瓦厂、修理厂、树胶厂等。

华侨也经营农业，集中在城市的近郊。在丹南、民礼的勿拉冷、马达山附近都有一定规模的华侨以耕种土产为生，但是华侨的农业没有深入苏东远离城市的地方，峇达人熟练的农业经验和家庭生产活动使得华侨在农业生产中没有优势。1930 年观察者发现："华侨主要在高原经营的这门农业，不免有减退之势，种植包菜及黄芽菜，过去完全操于华侨掌握中的，如今大部移于峇达人的手中……华侨在山地种植小麦，最初亦颇成功，可惜以后因与澳洲小麦竞争剧烈，以致又遭失败。"②

20 世纪前期苏北的华侨主要集中在棉兰。棉兰市区以火车闸为界线，大体上可分为东西两个区域，西区的大伯公街与旧宝码街一带是棉兰最初的华人区。东区以接近女皇街的一段为始，至靠近火车闸的力士戏院止的客家街，以及朝着同方向的雷珍兰、张榕轩、甲必丹三条街，又横叉着的广东街、上海街、汕头街，两旁则以沿火车路的北京街与女皇街作外围，形成了华人统称的新街区。在 20、30 年代成为华侨主要的聚居区。

棉兰华侨的职业主要集中在工商业，在米粮、杂货、咖啡、旅馆、脚车、裁缝、木业、布业、金业中势力最强。1934 年中华商会统计棉兰市华侨职业分布情况，调查结果显示华侨商店共有 1064 家，米粮食杂货店最多，有 207 家；其次为各种工厂和手工业共 183 家，各种工厂和手工业中以木业最强，与木业有关的作坊或工厂有 58 家；再次为咖啡茶室和旅馆，共 127 家，其后分别是汽车脚踏车机件及修理店 81 家，裁缝革履店共 79 家，布匹化妆品店 57 家，金银店 34 家。③ 华侨经营工商业者非

①　鲁葆如：《荷印华侨经济志》，南洋出版社 1941 年版，第 279 页。
②　同上书，第 280—281 页。
③　驻棉兰领事馆：《棉兰华侨工商业统计》，《外交部公报》1934 年第 7 卷第 8 号。

闽即粤,大体上而言,商界闽籍居多,而工界全属于粤籍。

华侨在先达占有重要的地位。他们大部分经营洋杂货店和土产品的收购,华侨经营的工业集中在板业和碾米业,因此这里华侨的经济地位较高。因交通的关系,华侨从新、马输入的日常货品,除了销售给当地峇达人外,还有一部分运至打板奴里销售。西米垄坤区属于峇达人的传统聚集区,先达华侨在商业上日益受到来自峇达人的竞争,这在战后表现得更加突出。

亚沙汉(Tandjoeng Balai)华侨大都经营出入口商贸和洋杂货店。华侨商店集中在杨章成街、港边街、火车站街、福克街,这些也是亚沙汉的商业中心区。华侨的住宅区主要在印度街,在礼拜堂街、打铁街、雷珍兰街等处也有华人居住。

峇眼亚比(Bagansi Ap Api)在"二战"之前属于苏东管辖,是18世纪70年代由福建同安一带的居民南来而建立的渔业村庄。除了同安人外,也有福建晋江人、南安人和金门人。闽侨占华侨总数的90%,粤侨占10%。[1] 闽侨以捕鱼、经营土产及运输业为主,粤侨中,广府人多经营金饰店、客家人多开设洋货店、裁缝店及从事其他手工业。峇眼亚比华侨的家族会特别兴盛,其中尤其以洪、许、陈姓人口最多。"二战"前,峇眼亚比的社会以福建同安话为通用语言,不仅新客和侨生使用同安话作为交际语言,许多印尼人也会讲同安方言,荷兰殖民官员为了解当地情况,在工作中也配有同安话的翻译人员。

经过一个多世纪的发展,峇眼亚比成为荷属东印度最著名的渔场,与挪威的贝根(Bergen)、荷兰的埃姆登(Ymutden)比肩齐名。渔业是华人主要收入来源之一,全埠华侨经济直接间接皆以渔业或航运业为基础,商业完全由华侨商人掌握,亚沙汉与峇眼亚比之间的航运也由华商垄断。华侨商业多数是鱼寮、洋杂货店、米粮店和咖啡店,因为进口的货物多由新加坡和马来亚直接输入,路途较近,所以许多物品比棉兰便宜,华侨商场的生意受到渔产收获的多寡和进出口贸易影响很大。

---

① 驻棉兰领事馆:《棉兰领馆属下峇眼亚比华侨概况》,《外交部公报》1935年第8卷第2期。

表 3—2　　　　　　　　**1930 年苏东华侨比例超过 30% 的城埠**

城埠	华侨人数	男女比例	全市人口	华侨占全市人口的比例
峇眼亚比	11998	1417∶1000	15321	78.3%
亚沙汉	3162		6823	46.3%
民礼	3860	1697∶1000	9176	42.1%
棉兰	27287	1689∶1000	76584	35.6%
直名丁宜	4844	1947∶1000	14026	34.5%
先达	4964	1895∶1000	15328	32.4%

材料来源：1. 鲁葆如：《荷印华侨经济志》，南洋出版社 1941 年版，第 246、277—281 页。

2. 傅无闷总编辑：《南洋年鉴》，第二篇《荷属东印度》，南洋商报出版部 1939 年版，第 22 页。

二　亚齐和打板奴里华侨的数量、分布和职业

"二战"前，苏北分为亚齐、打板奴里、苏东三个部分，亚齐分为五县，即大亚齐县（Got Atjeh）、阿拉斯县（Alaslanden）、西海岸亚齐县（Westkustvn Atjeh）、北海岸亚齐县（Noordkust Stjeh）和亚齐东海岸县（Ooskust vau Stjeh）。沿海平原一带，修建有从大亚齐到棉兰的铁路、公路线，全长 600 多公里。亚齐华侨也是沿着铁路线分布于大亚齐、司吉利（Sigli）、美仑（Birenen）、司马委（Seumawee）、怡里（Idi）、冷沙（Langsa）、瓜拉新邦（Kwala Simpang）各城埠之中，在亚齐内陆高原少有涉足。

亚齐华侨人数相比苏东明显偏少。1920 年调查亚齐全境华侨 13919 人，占全州人口的 1.85%，1930 年调查有 21795 人，占全州人口的 2.17%。1930 年的调查显示，亚齐的华侨中，以客籍人最多，占 40.8%，其次为广府人和福建人，分别占 27.7% 和 17%。潮州人较少，仅为总数的 4.5%，各埠华侨社会中也因此通行客家话。亚齐华侨以新客为主，占总数的 60%，侨生为 40%。客家人广泛涉足洋杂货店、木业和农业。广府人多从事打金、理发、木业行业，酱料咸杂铺多是由潮州人经营，海南人偏重开设咖啡店。福建人以椰干、槟榔、胡椒、米谷土产品业为主，在土产品批发业的竞争中占据优势。

湖北天门人多以牙科和销售跌打药膏、药丸谋生,江苏人和四川人一般在华校担任教师。

在亚齐各城埠中,华侨在大亚齐(或称古打拉夜)最为集中。1930 年荷印调查显示大亚齐居民有 10724 人,其中华侨有 3132 人。华侨主要居住在亚齐右岸的唐人巴刹中,在亚齐河左岸有印尼巴刹,小贩全部是亚齐人,这种情况在苏东比较少见。华侨除有三四家实力雄厚经营土产出口外,大部分经营洋杂货零售业和豢养家畜。埠中的商店约有 1000 多间,2/3 为华侨经营。[①] 大亚齐华侨以梅县、大埔、惠州籍居多,大埔人经营日用品百货,梅县人除日用品百货外,还经营亚弄店、咖啡店、打金店、鞋店、裁缝店、理发店,还有从事木业者。惠州人多数以种菜、养猪为主,也有经营百货和锯木枋厂。20世纪 30 年代,华侨从事泥水、木匠业的也比较多,占各行业的 30%。[②]

沙璜也是华人主要聚居的城市。1930 年沙璜人口共有 6855 人,华侨有 1488 人,占全埠人口的 21.7%。[③] 华侨之所以聚集沙璜主要因为这里是打板奴里与马来半岛贸易的必经关卡,根据 1936 年荷印航行条例规定,凡是未在沙璜处检查的船只,不准进入苏岛实武牙贸易。由于打板奴里与马来半岛的贸易实际上由华侨主导,出于贸易运作的便利他们逐渐在沙璜定居下来。华侨以客家人占多数,福建人、广府人和潮州人次之。由于华侨在沙璜开办南侨学校,华侨子弟很少进荷兰学校,他们除了能讲地道的客话外,国语也很擅长。

亚齐东部华人最多的城市是冷沙。据 1924 年出版的《国外游记汇刊》记载,冷沙"侨寓华人之丁壮,现计九百九十四名,连妇孺计之,约二千余人"[④]。20 世纪 30 年代,全埠华侨约有 1500 多人,大部分华侨商店经营橡胶、槟榔等土产的收购与洋杂货的买卖。橡胶业等土产的兴

---

① 郭建方:《我所知道的印尼苏岛古打拉夜埠华侨社会》,《汕头华侨史论丛》(第一辑),汕头华侨历史学会,1986 年,第 285—286 页。

② 《南洋荷属苏门答腊亚齐古打拉夜埠侨务概况》,《华侨周报》1932 年第 22 期。

③ 傅无闷总编辑:《南洋年鉴》,第二篇《荷属东印度》,南洋商报出版部 1939 年版,第22 页。

④ 姚祝萱:《国外游记汇刊》第 3 册,中华书局 1924 年版,第 38 页。

衰直接关系到冷沙华侨商场的好坏。冷沙市附近各村落内的亚齐人每天不断将其出产品如树胶、槟榔等运到埠中贩卖，华侨是他们的主要收购者。华侨从槟榔屿批发各种日用品百货，再将之销售给亚齐人和橡胶园中的爪哇工人。

亚齐其他城埠华人较少。司吉利地处亚齐北端，是北海岸亚齐县（Noordkust Stjeh）的县治。1930 年华侨有 1500 余人。美拉务是西海岸亚齐县的县治，位于西海岸的美拉务平原上，华侨聚居此地的时间晚于亚齐其他城埠，华侨社会的发展也相对滞后。20 世纪 30 年代，"除了一位高等华人甲必丹外，埠中也只有一间小学校……它不但没有新学制的课程，同时还是用方言教读的"[1]。此外，司马委，华侨人数约 1000余人；美仑华侨 700 人，瓜拉新邦华侨 1000 余人；怡里华侨 800多人。[2]

在苏北三地中，打板奴里州华侨人数最少。1920 年，全州人口有846489 人，华侨仅有 2904 人，1930 年全州共有 1041301 人，华侨 5704名，多数集中在实武牙中。华侨以闽籍最多，占华侨总数的 69.9%，广府人次之，占 19.7%，客家、潮州人较少。华侨以侨生为主，占总数的72%。华侨移居到打板奴里是随着荷兰农园的扩展而来。华侨多数经营商业，从事农业、手工业的很少。打板奴里的经济命脉操于出入口商之手，而经营出入口商的商店，多由闽南籍的华商垄断。从实武牙到尼亚斯岛的航业，也大半由拥有艟船的华商所掌握。

实武牙是全州的经济政治中心，是华侨最多的城市。1930 年实武牙人口总数为 10765 人，华侨有 1862 人。[3] 华侨多是经营入口贸易的洋杂货商和出口树胶、安息香、咖啡的商人。他们与峇达人关系比较融洽，因人数稀少且生活时间悠久，华侨基本上为峇达人所同化。据战后的报道，华侨"多数的男女青年连自己是何省何县也不知然而然，无怪他们连中国话也讲不起来了，何况再谈至小孩子！他们在学校里，在街头玩，

---

① 《美华社会简况》，《苏门答腊民报》1951 年 9 月 1 日，第 3 版。

② 《亚齐视察报告》，《外交部公报》1934 年第 7 卷第 8 号。

③ 傅无闷总编辑：《南洋年鉴》，第二篇《荷属东印度》，南洋商报出版部 1939 年版，第22 页。

甚至在家庭里口里都不时吐出咕噜噜土话来对白……学校所培植出来的学子都不会讲得一口好国语"①。

表3—3　　　　　　　　　　苏北三地华侨人数与总人口对比

年份		苏北			苏门答腊	印尼全国
		亚齐	苏东	打板奴里		
1860	华侨					221438
	总人口					
1865	华侨				40304	
	总人口					
1870	华侨				49812	259560
	总人口					
1880	华侨		25700		93772	343793
	总人口		118756			
1885	华侨					381752
	总人口					
1890	华侨		75325		167875	461089
	总人口		272089			
1895	华侨				150260	469534
	总人口					
1900	华侨		103768		197667	537316
	总人口		421081			
1905	华侨		99236		195192	563449
	总数	709841	568016	765238		
1915	华侨	12000	132000	2000	171600	
	总人口	814400	832520	712720	4986590	
1920	华侨	13919	134750	2904	304082	809647
	总人口	750284	1332034	846489	6297980	49350834
1927	华侨					
	总人口				6640712	52824569

①　《实武牙素描》,《苏岛时报》1954年12月11日,第6版。

续表

		苏北			苏门答腊	印尼全国
		亚齐	苏东	打板奴里		
1930	华侨	21795	192822	5704	448552	1232650
	总人口	1002900	1693200	1041301	8238570	60731025
1940	华侨					1431145
	总人口					70476000

材料来源：1.《荷属东印度华侨人口之统计》，《外交部公报》1933 年第 6 卷第 1 期。

2. 姚冠颂：《苏北华侨劳动界的过去与现在》，《生活报十周年纪念特刊》1955 年版，第 86 页。

3.《苏岛各地之华侨人数》，《外交部公报》1935 年第 8 卷第 7 期。

4.《苏门答腊全貌》，《国民新闻周刊》1942 年第 22 期。

5. 申凤章：《苏门答腊概况》，《南洋研究》1931 年第 6 期。

6. 姚寄鸿：《荷印华侨的繁殖》，《南洋学报》1941 年第 2 卷第 3 辑。

7.《苏门答腊之地理历史》，《南洋时事汇刊》1922 年第 1 卷第 3 期。

8. Cornelis Lekkerkerker, *Land en volk van Sumatra*, N. V. Boekhandel en Drukkerij voorheen E. J. BRILL. Leiden, 1916, p. 339.

第二节　"二战"后初期苏北华人的变动

一　苏北政治的变动

"二战"之前，苏门答腊分为亚齐特别区和苏门答腊省，苏门答腊东海岸和打板奴里都是苏门答腊省的一部分。"二战"结束后，苏门答腊进行了重新划分，打板奴里的变动最少，战前是苏门答腊省下的一州，战后则成为苏北省的一部分，面积没有改变，苏东和亚齐则经历了多次的变动。

苏东在"二战"前是苏岛面积最大的州，州界范围从贝斯当河（Besitang）流域一直到达甘巴河（Kampur）南岸，面积达 94583 平方公里，1930 年人口约为 1693200 名。日本投降后，1945 年 8 月以苏加诺、哈达（Mohammad Hatta）为首的印尼国民革命领导人在爪哇发布独立宣言，成立了印度尼西亚共和国，同年 10 月，苏东的民族主义者表示拥护独立宣言,成立了苏东共和政府,加入印度尼西亚共和国。

苏东共和政府成立后,1946 年 3 月,激进的印尼革命者以印尼社会革命的名义大肆捕杀苏东马来苏丹王室和贵族阶级,并乘机洗劫了华侨的商店。在此动荡不安之际,1947 年荷兰政府以恢复社会秩序的名义对印尼共和区发动了警卫行动(Police Actions),"此次行动,乃属于有限度之'警卫行动',任务在肃清共和区域之不良倾向,并结束一切纠纷"①。因为驻军较少,荷兰军队在苏东的军事行动仅发生在从勿拉湾港口到棉兰市区的占领区,目的是"占领东海岸产米的农园区域"②。短时间内,荷兰的军事行动取得了成效,荷军先后占领了民礼、冷吉、巴敢、新邦帝加、丁宜、先达等城埠,1947 年 8 月 17 日,苏东脱离了印度尼西亚共和国的管辖,成立了以曼梭(Dr. Mansur)为首的苏东特别区委员会(DIST),1948 年 1 月荷印《伦维尔协定》(Revnille Agreement)签订后,苏东邦于当年 3 月正式成立。苏东邦的管辖范围以荷兰在警卫行动中的占领区为限。西北以冷吉(TJ. Poera)为界,东南到亚沙汉的浮罗拉惹,南到不拉八(Prarat),西南到马达山(Berastagi)所属的帝加不拉牙(Tigapanah)。包括了棉兰、民礼、丁宜、亚沙汉、先达、奇沙兰等主要大城市,棉兰是苏东邦的首府。面积大约有 25000 平方公里,③ 人口总数有 1750700 人。④

与苏东邦同时存在的还有苏北省,它是印度尼西亚共和国所设立的。1946 年夏,荷兰军队在英印联军的支持下,从勿拉湾登陆,在棉兰建立荷印行政公署,而支持印度尼西亚共和国的苏东共和政府撤退到先达,控制范围包括丁宜、先达、奇沙兰、亚沙汉、马达山等地,警卫行动中,这些城埠先后被荷军占领,印尼军则活动在城埠之外的广大农村。1948 年经印度尼西亚共和国政府决议,苏岛正式被划分为三省,即苏北省、苏中省和苏南省。苏东被划分为两部分,原日里昔梨冷县、西米垄坤加罗县、亚沙汉县、冷吉县属于苏东,而望加丽县则划归苏中省。由于苏

---

① 《苏东邦运动史》,《苏门答腊民报》1948 年 3 月 15 日,第 2 版。
② 马树礼:《印尼独立运动史》,新闻天地社 1957 年版,第 231 页。
③ 《苏东邦成立经过与展望》,《新中华报》1948 年 3 月 15 日,第 2 版。
④ 《苏东各地人口统计》,《苏门答腊民报》1948 年 7 月 29 日,第 4 版。

东邦的存在，由印尼军方控制的苏东地区仅在交通不便的山地和农村。

1949 年荷印圆桌会议后，荷兰政府将政权移交给印尼，印度尼西亚共和国取代了印度尼西亚联合邦，成为印尼唯一的合法主权国家。印度尼西亚共和国的行政区划分为 11 个省，7 个军区，按照行政级别，省下依次为县（分州）、区、郡、村。苏门答腊仍分为苏北、苏中、苏南三省，苏北和苏中省共同属于第一军区。按照圆桌会议的规定，荷兰军队从苏东撤离，苏东邦在无荷军支持的情况下土崩瓦解，1950 年 8 月苏东邦发布通告，正式加入印度尼西亚共和国，成为苏北省的一部分。至此，苏东的面积共计 33905 平方公里。人口约有 225 万。[①]

合并苏东邦后的苏北省由三州组成，即亚齐、苏东和打板奴里州，[②]三者地位平等。苏东分为 6 个县，即冷吉县，县府：民礼。县级以下实打挖、冷吉、火水山、瓜拉、西里昔、邦加兰思思等地聚集华人较多。日里昔梨冷县，县府设在棉兰，[③] 县级以下有半路店、老武汉、勿拉湾、丹绒勿拉哇、巴敢、新邦帝加、南吧等。另外，丁宜市虽在日里昔梨冷县辖区内，但是级别与县平级。西米垄坤县，县府在先达，县下华人聚居较多的有三板头、西里勿拉湾。加罗县，县府设在甲文惹海（Kabanjahe），该县辖有马达山，为著名的避暑胜地，华人聚集较多，但是级别处于县之下。亚沙汉县，县府是亚沙汉，包括奇沙兰、峇都抛拉、巴格拉湾等城埠都在县之下。老武汉峇都县的县治在兰都不拉八（Rantau-prapat），其他地方如班年、亚益加奴班、莫罗堡、哥打槟榔、宁其里南马等地都属于县府以下城埠。

亚齐划分为 7 县，即大亚齐县（Great Atjeh），县府：古打拉夜；亚齐比里县，县府：司吉利；北亚齐县，县府：司马委；中亚齐县，县府：打京岸；东亚齐县，县府：冷沙；西亚齐县，县府：美拉务；南亚齐县，县府：打峇段。

---

① 《苏东工农概况》，《苏门答腊民报》1950 年 8 月 27 日，第 3 版。

② 按照 1950 年的行政区划，省下并无州的划分，省下设置行政联络官制，苏北省设置有苏东、亚齐、打板奴里行政联络官，以联络各县。后来各行政联络官相继被取消，苏北改分三州。

③ 棉兰即是苏北省府驻地也是日里昔梨冷县府驻地，同时也设置有市政府。日里昔梨冷原本计划将县府迁移到丹绒勿拉哇或巴敢，但是一直未能实现。

亚齐区的其他城埠还有沙璜、怡里、美伦、瓜拉新邦、鹿树昆、古打毡尼等都在县之下。打板奴里分为4县,即北打板奴里县,县府:打鲁栋;中打板奴里县,县府:实武牙;南打板奴里县,县府:巴东实淋泮;尼亚斯岛,县府:古农士多利。打板奴里州的其他城埠都在县之下,不过聚集的华人数量也少。1954年统计,苏北省的人口共约有517万。①

对于这种行政划分,亚齐和苏东并不满意。亚齐在印尼独立期间是印度尼西亚共和国的坚定支持地区。在推翻荷兰统治之后,亚齐人期望获得自治的地位,然而共和国的领导人并没有注意到亚齐人的这种需求,而把他们划归了"由基督化的峇达人主导的苏北省"之中,② 1953年亚齐陶乌美鲁集团以建立"伊斯兰国"为号召发动暴乱,经过数年的战争,印度尼西亚共和国被迫承认亚齐自治。

苏东的诉求是独立成一省,摆脱负担。苏东的经济地位远远高于亚齐和打板奴里,如果能够成为单独的一个省份,那么苏东就不必支付沉重的赋税来支援打板奴里的建设,并且可以获得更多的自治权改善建设资金不足的尴尬局面。以苏东首府棉兰为例,棉兰市厅的收入,除发给公务员的薪金外,已无供应建设之用。在1950年中期,苏东一直有从苏北分离出去独立成为一省的呼声。然而苏东的要求引起了打板奴里州的坚决反对,打板奴里方面认为如果苏东单独成为一省,那么会导致打板奴里州更加贫穷而无改变落后的希望。最终苏东成为一省的计划不了了之。

1957年印度尼西亚共和国中央政府颁布第一号法令(《关于地方政权法令》),把全国分为十七个省,一个特别区(日惹特别区)和一特别市(雅加达市),全印尼的省区都是一级自治区,县区都是二级自治区。苏东和打板奴里仍联合组成苏北省,亚齐则独自成省,苏北和亚齐的各县没有发生变动。这时候苏北和亚齐的关系颇为特殊,两者的行政级别平等相互独立,财政上却没有完全分离,"所谓划分仅系行政方面的划分,

---

① 以1954年苏北普选委员会报告的印尼人数目加上1952年侨生与外侨事务局公布的外侨与后裔数得出的总和。

② Anthony Reid, An Indonesian Frontier: *Acehnese & Other Histories of Sumatra*, Singapore, Singapore University Press, 2005, p. 341.

在催收私人的或是外侨税的或其他债款，仍旧由棉兰方面执行"①。截止到 1961 年的人口统计，苏北省人口有 5204049 名，其中亚齐人口 1389668 名。②

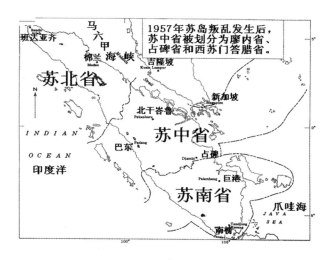

图 3—1 20 世纪 50 年代的苏北

二 苏北华人国籍的变动与估算

苏北开发于 19 世纪 60 年代，大部分华人从 19 世纪 80 年代之后进入苏北，"二战"后，生活在此地的华人多数是二代、三代的侨生，依据清政府和民国政府血统主义原则，他们仍被视为华侨，但是按照出生地主义原则，他们已是荷属印尼籍民。印度尼西亚共和国成立后，国籍选择问题成为侨生的首等大事，出于数据收集的完整性，本书选择三个时间点，对战后初期苏北华人国籍变动进行估算。

（一）1948 年苏东邦成立时：苏北华侨约 23 万，占全国 1/9 强

"二战"结束后，从印度尼西亚共和国成立一直到 1949 年荷印圆桌会议结束，印尼全国都没有进行系统的人口调查，华人的数字统计也是

① 《苏北和亚齐财政监督局只是行政上的划分》，《苏门答腊民报》1959 年 3 月 5 日，第 2 版。

② Republik Indonesia，Biro Pusat Statistik，*Sensus Penduduk 1961 Republik Indonesia*（Census of Population 1961，Republic of Indonesia），Djakarta：June，1962，p. 8 – 11.

无从谈起。1948年苏东邦成立后，有人估计苏东邦华侨约有30万人，[①]然而这个数字是不太确切的。荷印时期最后一次确切的人口统计是在1930年，当时的苏门答腊东海岸州，面积约是苏东邦的3.8倍，华侨不过192822人，经历日本的占领和战后两次警卫行动，在外来华侨没有大量涌入苏北的情况下，华侨人数不可能有如此飞跃性的增长。如果依照1930年苏东华侨占总人口的11.4%比例和1952年苏东华人占总人口近似11.7%的比率来计算，[②] 在1948年苏东邦成立时，估计苏东华侨在20万左右。依照截至1952年6月的统计，亚齐和打板奴里两地仅有30769名外侨及外侨后裔的事实来看，1948年苏北三地华侨的数量约为23万人。

据当时华社的普遍看法，全国约有华侨200万，苏北华侨约占全国的1/9强。

（二）1951年底脱籍申请期限结束时，苏北约有10万侨生脱离印尼籍

进入20世纪50年代，华人的人口统计面临着选择国籍的问题。依照圆桌会议的协定，1950年印尼政府草拟了有关选择国籍的法令，除荷兰侨生外，所有的印尼外侨根据出生地的原则选择国籍，华人侨生自然地都具有获得印尼籍的资格，不过在两年内他们可以向印尼司法机关申请脱离印尼籍，那些未成年的侨生可由其父母代办退籍申请，申请脱籍的最后的期限是1951年12月27日。根据1952年3月苏北外侨登记事务所的登记显示，在两年的脱籍申请期间，苏北省退出印尼籍的华人侨生总数达102422人。[③]

与苏北省华人侨生积极脱籍的场景相反的是，这时华人主动申请获得印尼公民证的场景则比较冷清。据1953年6月《苏门答腊民报》报道："全苏北加入为印尼籍之外侨，截至目前止，已登记得到印尼公民证者共有1742人，其中包括华侨1438名。"[④] 到1954年11月上旬，苏北省

---

① 《苏东邦成立经过与展望》，《新中华报》1948年3月15日，第2版。

② 11.7%是由1952年已登记的苏东外侨和外裔264412人×93%/1954年已登记苏东人口总数2088000人计算而得。

③ 《苏北省外侨事务局统计全省外侨退籍人数》，《苏门答腊民报》1952年3月18日，第4版。

④ 《入印尼籍外侨苏北共千余名》，《苏门答腊民报》1953年6月10日，第4版。

共有 6937 名外侨领得印尼公民证，其中华人占 5876 名。① 截至 1956 年 3 月底，"苏北非原住民得到公民证的共 12552 人，其中 10788 名为华人……华人得到公民证的有一半是在棉兰"②。

　　苏北申请获得印尼公民证的华人数量不多，其主要的原因在于华人群体中具有强烈的中国认同倾向。除此，他们对申请印尼公民证的手续并不了解也是一重要因素，华人认为办理公民证的手续烦琐并且价格偏高，就没有办理。一个例子是 1953 年 8 月外侨登记事务局长称："申请印尼公民证的手续极简单，手续费仅 4 盾，外传手续费需一二百盾，手续麻烦，都是不确实的。"③

图 3—2　1950 年《民主日报》报道苏北华人选择中国国籍态度

　　（三）1955 年万隆会议后，苏北华侨总数 19 万，加入印尼籍的华人为 8.5 万至 11.5 万

　　1955 年加入印尼籍的华人人数很可能在 8.5 万至 11.5 万人。8.5

————————

　　①《苏北省外侨领得印尼公民证计六千九百余名》，《苏岛时报》1954 年 11 月 19 日，第 4 版。

　　②《苏北非原住民得到公民证的共有一万二千余人》，《民主日报》1958 年 1 月 4 日，第 4 版。

　　③《已有二千余外侨申请印尼公民证》，《民主日报》1953 年 8 月 14 日，第 4 版。

万至 11.5 万人的数字是以苏北华人总数与华侨总数的差额而估计得出的。

为此,首先要知晓苏北省有多少华人。据棉兰市侨生与外侨事务局的统计,截至 1952 年 6 月,苏北大约有 295181 名外侨和外侨后裔。① 从 1955 年苏北华侨与其他外侨的数量统计来看,1955 年华侨约占外侨总数的 93%,② 如果依照这个比率来算,那么 1952 年,苏北省华人的数量为 274518 名。

其次要明确华人中有多少人是华侨。因为苏北省登记的华侨数目有 1954 年和 1955 年《苏岛时报》报道的数字,那么笔者就以这两组数字为基数进行估算。据《苏岛时报》1954 年 5 月底的刊载:"除亚齐东、齐西及齐中以外,全苏北省外侨一共约有 165511 人,其间华人占最多,153549 人"③,本材料中,《苏岛时报》所提及的华人数字其实是华侨的数目,一是报纸的信息源自印尼外侨监督局对外侨的统计,二是 153549 的数字与左派报纸《民主日报》1954 年 3 月所报道的"全苏北外侨人数分布如下:华侨十五万……"一致。因而,这个数字再加上 1952 年齐东、齐西、齐中三地华侨的数量约 6000 人(以 1952 年三地外侨及后裔总数 6353 名×93% 大致计算),就大约是 1954 年苏北省华侨的总数:159549 人。

据 1955 年 8 月《苏岛时报》的报道"全苏北省除亚齐区外,已登记之外侨共 180303 人,其中华侨占有 167688 名"④,该数字也与左派报纸《苏门答腊民报》1955 年 10 月的报道"今年苏北外侨已经登记的数字,除亚齐区外,总数共有十七万八千人"⑤ 大致相符合。若加上 1955 年全年古打拉夜移民厅统计的亚齐华侨总数 22325 人,⑥ 则 1955 年苏北省的华侨总数是 190013 人。

---

① 《苏北外侨人口统计》,《苏门答腊民报》1952 年 12 月 13 日,第 4 版。

② 由于 1953 年亚齐发生了暴乱,苏北省的人口统计没有涉及暴乱的齐东、齐中、齐西地区。1954 年登记的外侨数是 165511 人,华侨 153549 人;1955 年登记外侨数是 180303 人,华侨 167688 人。

③ 《全苏北省外侨统计》,《苏岛时报》1954 年 5 月 29 日,第 4 版。

④ 《苏北已登记外侨有十八万人》,《苏岛时报》1955 年 8 月 3 日,第 4 版。

⑤ 《苏北外侨登记数字十七万八千人》,《苏门答腊民报》1955 年 10 月 21 日,第 4 版。

⑥ 《亚齐外侨去年底统计华侨有二万二千余名》,《苏岛时报》1956 年 2 月 25 日,第 4 版。

由 274518 和 159549 的差额来看，苏北省的印尼籍华人则是 114969人。以 274518 与 190013 的差额计算，则苏北省的印尼籍华人是84505 人。

经过以上的计算，可以大致得出这样的情况，1955 年苏北省的华侨总数约是 190013 人。在 1954 年至 1955 年间所有的保留印尼籍的华人在8.5 万至 11.5 万人。这些数字与印尼全国的数字相比是非常突出的。根据印尼内政部外侨后裔事务部的公布资料，1954 年初，全印尼的华人总数约有 300 万人，加入印尼籍者约占 30%，即 90 万名。保有中国国籍的约有 200 万名。那么 50 年代中期，苏北的华人约占全国华人总数的9.2%。华侨约占全印尼华侨总数的 9.5%。

三　苏北华人农村带的出现及衰落原因

20 世纪苏东种植园作物发生改变后，苏东华工逐渐由爪哇工人代替，华人转而主要以经营零售业为生。由于峇达人的侵入和经济的危机，苏东的种植园经济逐渐崩溃，华人零售业也一片萧条，部分华人为生存的需求，开始耕种荒芜土地，逐渐形成了华人聚居的农村，20 世纪 40、50 年代苏东出现了三大华人农村带，它们分别是：（1）民礼—棉兰、勿拉湾—巴敢的区域带；（2）包括南吧在内的直名丁宜为中心的区域；（3）奇沙兰—亚沙汉周边区域包括属于老武汉峇都的部分沿海区。

（一）民礼—棉兰、勿拉湾—巴敢区域，华农共约 22000 名

表 3—4　　　　　　民礼—棉兰、勿拉湾—巴敢区域华农情况

时间	地域	华人数/总人口	生计
1951 年	老武汉镇及附属	8059/45000	耕种、养殖、零售
战后	巴敢郊区	1000	种植水稻
1947 年	日里大种植园	1000	耕种
1947 年	颂牙及双勾文林	1600	种菜
1947 年	峇冬贵	1000	种菜
1953 年	丹绒乌拉哇	538 户	耕种
1947 年	打伦庚那斯	400	耕种
1947 年	双溪乌鲁	300—400	种植水稻

续表

时间	地域	华人数/总人口	生计
50 年代	班德拉务	不详	耕种、养猪、捕鱼
1952 年	网眼	300 至 400	捕鱼
1947 年	网眼小港嘴	500	耕种
50 年代	甘光士打满 Kampung Setaman	30 多户	不详
50 年代	峇东答腊农园 Patangterap	240 户	不详
1947 年	昔里西	近千	种菜、经商
40、50 年代	勿拉冷	360 户,2000 至 3000 余名	耕种菜园、栽培红毛丹和峇厘柚
50 年代初	丹南	400 至 500 户,2000 多人	种植稻米
1947 年	丹容斯拉末及附近	400	种菜
1952 年	浮罗甘拜海岛	130 多人/400	捕鱼
50 年代	甘光巴力	1000/3000	饲养牲畜、种植蔬菜和捕鱼
1959 年	瓜拉昔拉坡	200/1000	养鸭、捕鱼
1952 年	南风岭	130 户	不详
1948 年	跑马埔	800	不详

材料来源:1947—1960 年的《苏门答腊民报》《新中华报》《民主日报》《苏岛时报》和《华侨日报》。

(二)包括南吧在内的直名丁宜为中心的区域,华农约 8300 名

表 3—5　　　　　　　　　直名丁宜区域华农情况

时间	地域	华人数	生计
1947 年	峇里巴东农园	1000	耕种
1947 年	沐连、巴野仁义	不详	耕种
1947 年	南吧及附近	2500	耕种、零售
1951 年	万挽	459 家,人口 2888 人	生产蔗糖、蛋、鸡鸭猪、蔬菜,零售
1947 年	新邦罗洛附近	80 余家,人数近千名	出产蔬菜、鸡鸭猪、蛋类、谷类
1947 年	英加坡拉	千余	种菜耕种

材料来源:1947—1960 年的《苏门答腊民报》《新中华报》《民主日报》《苏岛时报》和《华侨日报》。

（三）奇沙兰—亚沙汉周边区域包括属于老武汉沓都的部分沿海，华农约7200名

表3—6　　　　　　　奇沙兰—亚沙汉周边区域华农情况

时间	地域	华人数/总人口	生计
1947年	亚奕尤满	178户，2500人	种植水稻、水产、饲养牲畜
1947年	亚沙汉新邦暗八	120余户，400余名	种植
1959年	白沙坡	112户，800多名	捕鱼
1959年	丹绒黎弄	100余户，1700人	航运、捕鱼、种菜
1947年	奇沙兰属葫芦满利、瓜拉卑亚沙、登约安、葫芦卑沙、兴罗、苏罗横岸	1000—1500	零售、耕种
1947年	大觉	1800/3000	渔业、副业、饲养牲畜、经商
1947年	万叻浮罗	700	耕种

材料来源：1947—1960年的《苏门答腊民报》《新中华报》《民主日报》《苏岛时报》和《华侨日报》。

在日军占领苏岛后，三大华人农村带得到了扩大和发展的机会。原因首先是部分华人为躲避战争，逃亡到城市的边缘，开荒种田，扩大成村落；其次是，日本人出于掠夺欧洲人财产和以战养战的目的，将部分土地分配给沓达人和华人，种植园土地被稻田蚕食。

"二战"后，华人农村带面临三大发展问题，由于其中的问题得不到解决，在夹缝中存在的苏北华人农村也逐渐由繁盛走向衰落。"二战"后，华人农村衰落的原因有三点：

第一，独立战争的直接冲击。

"二战"结束后，印尼苏北政局风云动荡，荷兰占领军、印尼民军、共和国政府军先后登场。1947年警卫行动爆发后，印尼方为抵抗荷兰占领军的进攻，对统辖区实行焦土政策。焦土政策之下，华人店铺、房屋、财产被付之一炬，华人被强制要求仅仅携带有限的生活物品，在固定地点集中，多数华人农村被殃及，华人流离失所。如距先达市一公里有名

为"马里辖"的菜园，该处有华侨农民约 500 余名。1947 年荷军进攻先
达时，该地被印尼方实行焦土政策，农园被焚毁，华人几经辗转，流落
棉兰、先达等城市。① 除焦土政策外，荷印战争中广大农村中的印尼不法
匪徒对华人农民也具有致命威胁。如在颂牙等地的印尼民军牛头军对华
人强行勒索，华人对其驻地噤若寒蝉。

图 3—3　《苏门答腊民报》载警卫行动期间华人农村的惨状

总之，在独立战争的破坏下，不少华人农村被摧毁，华人被害或被
迫流落城市，无所依靠。

第二，无土地所有权的束缚。

苏东在土地使用和归属上具有特殊性。荷兰殖民者完成对苏东的控
制后，仍保留了苏东土邦国的存在。按照 1862 年荷兰与土邦达成的政治
协约和 1870 年租让土地法，土邦国的土地归苏丹所有，使用权归荷兰殖
民政府所有，荷兰殖民政府再将土地转租给种植园主。华人所耕种的土
地，绝大多数来源于种植园荒废土地，本质上仍属于苏丹所有，"二战"
期间日方并未将土地的所有权转交给华人，印尼独立战争期间华人也没
有从政府手中获得合法手续。印尼独立后，印尼政府推动了收回无主土
地的运动，华人农村受到冲击而萎缩。

---

① 《先达各属华侨损失调查》，《苏门答腊民报》1947 年 10 月 18 日，第 4 版。

第三，华人与峇达人存在竞争，华人农民仍处于绝对少数。

农村主要集中在苏东平原，在亚齐及苏北内陆几乎空白。在苏东平原除了华人农民外，还存在人数众多的峇达农民，他们是 20 世纪以来陆续从高原地带迁徙而来的。20 世纪 50 年代，华人数量在 4 万人左右，而峇达农民至少在 25 万以上。华人在与峇达人的竞争中，人数上处于绝对的下风。

华人农村没有突破苏东平原的限制，在打板奴里山地和加罗县、西米奎坤县，华人农民受到当地人的敌视，难以立足。马达山本有数百名华人农户种植包菜等，后来逐渐被当地人排挤。一个例子清楚地表现了当时华人生存的困境。在 1956 年发生一起严重的华侨农户菜园被摧毁事件：

> 马达山一带歹徒，近来甚形猖狂……马达山附近富打牙隆华侨菜园又被彼辈光顾，歹徒人数约有五六十名，其中部份持有枪械，到达后，先将该处各看守菜园者集中于一处，由两名歹徒持枪监视，余者纷纷走入各家园内，将所种包菜用刀割掉，任意糟蹋，"工作"至十一时半，始行逸去……被歹徒强割毁之包菜为数共有四十万株……单是本钱，全部约需卅五万盾，如依时价卖出，约值六十万盾……该批歹徒临走时曾留下传单于园地内，传单内容大意是恫吓"印尼人不得与华人工作"，"华人不得在马达山耕作"。①

华人农村带的出现是苏北华人不同于爪哇华人发展的新模式，表现了外岛华人在政局变动和生存环境恶化下，具备优良的适应能力。华人种植水稻、木薯，培育蔬菜、水果，饲养牲畜、家禽，提供鱼类、柴木，与其他印尼人合作互助，为苏北城市带来了丰富的农产品，体现了印尼多民族间的融合与发展，但是它的发展过程中也存在一些难以解决的政局动乱、无土地所有权、民族排挤问题，最终在印尼强制同化政策的推动下，逐渐消亡。

---

① 《马达山歹徒又一恶作剧》，《苏门答腊民报》1956 年 3 月 3 日，第 4 版。

第三节　"二战"后初期苏北华人
商业网络的形成

　　"二战"后，苏北华人生存空间从主要大城市扩张到苏北主要村镇，商业网络沿着勿拉湾—棉兰—思思—古打拉夜线、勿拉湾—棉兰—直名丁宜—兰都不拉八线、勿拉湾—棉兰—诗里加冷—实武牙线、勿拉湾—棉兰—直名丁宜—先达—实武牙线铺展开来。华人主要经营洋杂货店，收购土产品，销往新、马，再运来日用品销售，苏北出现了凡是交通干线村镇，皆有华人定居点与洋杂货商铺的局面。

一　苏东海岸线华人的扩张

（一）棉兰：苏北华人聚居之首

　　根据1948年至1959年棉兰市中文报纸报道的华人数量的信息，可以把棉兰华人的规模划分为三个时期进行考量。

　　第一个时期1950年底，华人配给总数近7万，约占全市人口27%。

　　在这个时期内棉兰市人口和华侨人数都有记载，但都比较模糊。第一次明确地记载有华人数字的是1950年底的配给统计，统计中把棉兰市民分为三组，全市总配给人数201192名，外侨及后裔人数80838名，其中华人配给的总数是68468人。本材料中提及棉兰市总人口为25万，但是没有解释25万的出处。这个数字可能是包括军警及其家属在内的数字。大致可知此时华人占全市人口的27.4%。

　　第二个时期是1952年至1954年，华人约10万人，其中华侨74919人，华裔约2.5万人，华人占全市人口的27.5%。

　　这次登记目的与印尼全国的大选有关，没有含有特别地歧视排斥外侨之意。1952年亲共报纸《民主日报》根据棉兰市政厅居民登记的消息报道，全市人口有363828名，原住民106281人，外侨83294名，其中华侨74919人，但是这份报道遗漏了华裔的数字，因为外侨与原住民人数相加之后并不等于全市人口的总数。该年《苏岛时报》登载"全市人口……其中印尼籍二十五万（包括政府人员），华籍十万人"，由于《苏岛时报》标榜中立，当时仍持有双重国籍观念，所以它所说的华籍应该是华人的数字，

由此可以得出这样的事实，1952 年棉兰华人约 10 万人，其中华侨 74919
人，华裔约 2.5 万人，华侨约占华人总数的 74.9%，华人占全市人口的
27.5%。相比较 1936 年华侨占全市人口 35.6% 的比例已经明显下降。

根据该时期内的记载，还可以知晓此时平均每户华侨的规模。1953
年 7 月登记的华侨总户口有 13026 户，1953 年底华侨登记人数达 77999
人，以此可推算出，棉兰市华侨每户人口约 6 人。

第三个时期是 1955 年至 1959 年，华人 97090 名，占全市人口的
21.6%，华侨约 74600 人，华裔 22490 人。

根据 1957 年棉兰市政厅登记的数字来看，全市人口登记 321880 人，
加上军警及其眷属约 40 万人，外侨及后裔登记 92295 人，其中外侨
73379 人，华人共 82142 人，华人占外侨及后裔的 89.0%，华人占全市人
口的 20.5%。华人中华侨 64234 人，华裔 17908 人，华侨占华人总数的
78.2%。1958 年底登记全市人口 360149 名，加上军警及其眷属约 45 万
人，外侨及后裔总数 115905 人，华人 97090 名，华人占外侨及后裔的
83.8%，华人占全市人口的 21.6%。华人中华侨约 74600 人，华裔 22490
人，华侨约占华人总数的 76.8%。

1958 年的外侨登记工作基本完成。所登记的数字也最可能是棉兰市
外侨的真实数字，一个例子是，1958 年元月时苏北省税务局副局长在谈
到外侨税征收情况时，提及 "本区已呈报登记的外侨居民，也约达总数
的九十九巴仙"[1]，而棉兰市 1957 年底时登记的外侨共 82936 人，占 1958
年底 83350 人的 99.5%，符合他说的情况。

表 3—7　　　　　1950—1958 年棉兰市外侨及后裔与全市人口对比

序号	时间	外侨及后裔				全市人口	信息来源
		总数	华侨	华裔	华人		
1	1950.12	80838			68468	25 万，全市配给数 201192	配给统计
2	1951.10	外侨 8 万	7 万			30 万	《苏门答腊民报》报道

---

① 《苏北外侨税收到一千二百万盾》，《苏门答腊民报》1958 年 2 月 2 日，第 4 版。

续表

序号	时间	外侨及后裔				全市人口	信息来源
		总数	华侨	华裔	华人		
3	1952	113828			10 万	302820，不包括国家人员	《苏岛时报》报道
4	1952.11	外侨 83294	74919			363820	棉兰市政厅居民登记
5	1953.7	外侨 15022 户	13026 户				警方消息棉兰市登记
6	1953.12	外侨 88695	77999			40 万	棉兰外侨人口登记
7	1953.11	108728				360617	棉兰市政厅统计
8	1954	83746	73000			40 万	官方消息
9	1954	88098					司法部外侨检查事务局统计
10	1957.7	外侨 73379，总数 92295	64234	17908	82142	321880，加上军警及其眷属约 40 万	棉兰市政厅登记局
11	1957.12	外侨 82936			76454	338553	棉兰市厅人口登记处
12	1958.12	外侨 83350，总数 115905	约 74600	22490	约 97090	360149 加上军警及其眷属约 45 万	《苏门答腊民报》特稿

材料来源：1.《小统计 棉兰人口廿五万 日需米粮五十吨》，《民主日报》1951 年元月 16 日，第 4 版。

2.《情报部长莫诺都奴表示 非新中国国籍华侨即为无国籍民不能受第三国使节保护》，《苏门答腊民报》1951 年 10 月 31 日，第 4 版。

3.《本市人口达三十余万 印尼廿五万华人十万》，《苏岛时报》1952 年 10 月 21 日，第 4 版。

4.《棉市人口》，《民主日报》1952 年 11 月 5 日，第 4 版。

5.《棉市已登记外侨一万五千户》，《民主日报》1953 年 7 月 14 日，第 4 版。

6.《棉兰外侨人数》，《民主日报》1954 年 2 月 10 日，第 4 版。

7.《棉市居民约卅六万余人》，《苏岛时报》1954 年 11 月 19 日，第 4 版。

8.《本市人口达四十万》，《苏岛时报》1954 年 1 月 30 日，第 4 版。

9.《耳闻目见记棉兰》，《民主日报》1956 年元月 1 日新年增刊，第 6 版。

10.《调换居民登记册者 棉市外侨占大多数》，《苏岛时报》1957 年 7 月 17 日，第 4 版。

11.《棉兰居民有廿三种民族 华人七万多人》，《苏门答腊民报》1958 年元月 17 日，第 2 版。

12.《棉兰市民统计》，《苏门答腊民报》1959 年 4 月 26 日，第 4 版。

（二）冷吉—日里昔梨冷—亚沙汉—老武汉峇都沿线的苏东平原带：
华人村镇星罗棋布

苏东平原带包括冷吉县、日里昔梨冷县、亚沙汉县、老武汉峇都县，
是苏东州开发最早、经济最为发达的地区，日里昔梨冷县为昔日烟园之
地，华人聚居最多；冷吉县在"二战"前繁华一时，警卫行动后，华人
商业相对沉寂，原本约有 7000 余名华人的火水山埠被焦土焚毁，元气大
伤而一蹶不振。亚沙汉县、老武汉峇都县以胶园为主，华人商业视胶园
好坏而起伏。"二战"后，华人以棉兰为中心，沿着棉兰—民礼—火水
山、棉兰—直名丁宜—亚沙汉—兰都不拉八、棉兰—勿拉湾交通干线，
密集分布。

1. 棉兰—民礼—火水山沿线

（1）民礼市（Bindjei）

民礼市距离棉兰有 24 千米，汽车火车皆可通行。民礼是冷吉县的县
治所在，也是冷吉县最为发达、市区面积最大的县级城市 。20 世纪 50
年代初，华侨人数保持 5000 人的规模，1958 年 6 月时登记有 5915 人。

民礼市的华人大都以经营商业为主，印尼人方面大都耕种农业，也
有少部分经营商业。20 世纪 50 年代后期，民礼市内有华人商店主要分布
于大街、孟加丹街的两侧和新老市场内。新老市场内以华人小商摊位为
主，新市场内，华人主要贩卖蔬菜、水果、洋杂货，老市场中，华人贩
卖的多是各种肉类。1956 年民礼商店店铺约有 300 余家，大部分为华人
所有，各类店铺之中，以金店和洋杂货店居多。工厂方面华侨在此经营
米较（碾米）业的有 3 家，烟厂则有 2 座，出产之香烟多倾销印尼各地
小埠之中。20 世纪 40、50 年代，民礼市从事木业的华人为数不少，他们
多前往周边各种植园和各处农村之中，为印华农民和工人修整屋宇，制
作家私器具，每日所获报酬，约有 15 盾至 30 盾不等。

民礼的土产丰富，土产方面有番椒、马达糖、米粮、豆类等，它的
四周围绕着几十座种植园，每到爪哇工人的发粮日，也是华人商场市面
活跃的时期。发粮日后，从各种植园而来的工人都汇集到民礼的大街、
孟加丹街和新老市场内，购买日常用品，华人生意兴隆忙碌。这种情况
和亚沙汉县产胶区类似。

（2）火水山（Pangkalan Brandan）

火水山位于峇峇兰河河畔，是苏北的一个产油区，交通极为方便，距离棉兰82千米，处于棉兰和古打拉夜交通干线上，从峇峇兰河入海可达苏东沿海各埠和新、马地区。"二战"前火水山是苏东六大繁荣市区之一，华侨约有6000名。1947年警卫行动爆发后，火水山全市被印尼共和民军焚毁，华侨财产损失殆尽，全市6000多名华侨被迫集中于亚齐各地，沦为难民。据1948年棉兰的火水山难民委员会统计显示，火水山难侨约1700余家，财产损失高达640997206.36盾。①

荷印停战协定签订后，回迁火水山的人口日益增加，1953年火水山埠中华侨总数约有2200人，华侨当中大部分是洋杂货店商人、渔民、小手工业者和从事畜牧业的农民，火水山市区生机也随之逐渐有所恢复，不过仍旧没有恢复到战前繁荣的程度。

（3）冷吉（Tanjong Pura）

冷吉埠是棉兰至亚齐交通沿线上的一个小市镇，因附近有冷吉河（S. Langkat）而得名。从棉兰经过民礼、实打挖沿路北上即可到达，距离棉兰约有60千米，距离冷吉县首府民礼约37千米。1947年华侨约有3000名，华人的店铺和房屋分布于大街两侧，沿着冷吉河的流向而建造。

除上述三埠外，该沿线华人数量较多的村镇有：瓜拉、昔里西、勿拉冷、丹南等埠。

表3—8　　　50年代棉兰—民礼—火水山沿线华人村镇情况

城埠：级别	与民礼距离	50年代华人数	农、商业发展情况
瓜拉（Kuala）小市镇	21千米	1000至2000人，商店、住宅200余间	杂货店者较多，其次是金铺店、洋货店、饮食店
昔里西（Selesai）小市镇	11千米	近千人	农业、商店有40至50家
颂牙（Soenggal）小城镇	距离棉兰9千米	100余户，人数600余	务农、小手工业

① 《火水山全市被焦土后难侨财产损失统计》，《苏门答腊民报》1948年9月29日，第1版。

续表

城埠：级别	与民礼距离	50 年代华人数	农、商业发展情况
勿拉冷（Belarang）农村	5 千米	360 户，总数有 2000 至 3000 名	饲猪牛、羊、鸡、鸭为业，或者栽培红毛丹和峇厘柚
丹南（Tannam）农村	2 千米	400 至 500 户，总数有 2000 多人	种植米谷
实打挖（Stabat）小城埠	20 千米	商店有 100 多家	洋杂货、咖啡、打金店、照相馆
邦加兰思思（Pangkalam susu）通商口岸	距火水山 10 千米	千人左右	杂货店、烧炭、火柴业、锯板厂、捕鱼及渔产品加工、汽车运输业

材料来源：1947—1960 年的《苏门答腊民报》《新中华报》《民主日报》《苏岛时报》和《华侨日报》。

2. 棉兰—勿拉湾沿线

（1）老武汉（Labuhan）

这是距离棉兰市 17 千米的市镇，市区离勿拉湾海面有 8 千米路程，市内有小港直通海面。该地开埠于 1844 年，根据老武汉埠中的寿山宫门石碑碑文所云："寿山宫观音佛祖，窃我唐人到幼里至今卅年有矣……清光绪十四年立"[1]，老武汉又是苏东最早开发之地，因此，可推算华人来到苏东的时间约在 1860 年前后。

根据 1951 年官方的调查，1951 年老武汉和附属各农村人口共有 45000 人，其中华侨总数为 8059 名，市区计有华侨 293 户 1426 人，[2] 华侨约占总人数的 17.9%。1958 年初，老武汉左派的领导机构华侨总会根据驻军指定的日期进行了一次华人人口调查，此次登记范围分市区、老武汉甘光、王厝口、双溪峇地、南吧樟、甘光勿刹、吧也巴西、卓仑桥、甘光吡叻、羔弄邦、甘光宜码，统计户口达 1077 户，有家属者计 780 户，人口共 3176 名，内分中国籍、华裔印尼公民及双重国籍。考虑到当时华人分化成左右两派的事实，老武汉华侨总会的这次调查很可能主要针对

---

① 《华侨到日里已有百余年》，《华侨日报》1959 年 7 月 14 日，第 3 版。

② 《老武汉的商业情况及华侨分布区域》，《苏门答腊民报》1953 年 8 月 28 日，第 2 版。

亲共产党华人群体的调查。此时老武汉全区居民已达到 7 万多人。

表3—9　　　　　　　　　1958 年老武汉华侨总会调查华人情况

华人类别	总户口	有家属户口	人数
中国籍	836	590	2436
华裔印尼公民	83	69	292
双重国籍	158	121	448

材料来源:《老武汉华总调查所属户口人数达 3176 人》,《苏门答腊民报》1958 年 3 月 27 日,第 4 版。

老武汉出产鱼虾及柴木,居民多靠捕鱼为生,捕获的鱼虾多运销棉兰市,柴木厂多建筑在火车道道旁,以利便用火车直接运往棉兰。20 世纪 50 年代该地的华人多是农民,约占华人总数的 70%,商人和店员次之,渔民最少仅有 5% 左右。老武汉规模较大的工业,如板厂、米较、油较、戏院、炭窑、灰窑等,均由华人经营。华人中海陆丰籍约占全数的一半,闽籍次之,其余各籍不相上下。

华农耕种的土地不属于华人所有,也非租用而来,而是"二战"期间因种植园停产由日军分配而得。因此,"二战"后印尼政府随时具有收归的权力。这种情况在苏东其他地方也是一样。在双坑峇地、甘光勿刹、巴惹巴西、卓仑桥,华人几乎全部是农民。华农每日将鸡、鸭、猪、蛋类及其他农产物如椰干、椰油、番薯、青菜等运到老武汉,再从老武汉供给到棉兰市。

(2)勿拉湾(Belawan)

与棉兰相距 24 千米,是苏北最大的港口,输出品包括橡胶、烟草、棕油、茶叶、椰干、咖啡、槟榔等土产,输入品则是来自新加坡和马来亚的布匹、纺织品、皮革制品、各类食品、饮料、肥料、电器等生活物品,从荷印时期以来,进出口额一直约占苏北总额的 90%,在 20 世纪 50 年代中期,货物的出入口占全印尼的第三位,[①] 因而享有"苏岛生命之锁"的声誉。

---

① 沙里洪:《印尼风光》,上海书局 1955 年版,第 56 页。

它的商业街主要有大街和锡街，1953 年大小商店约有 200 多间，华人约占 90%，多数开设洋杂货店、咖啡店、旅店与金店。商场生意的兴衰全视码头工人收入的好坏而决定。1952 年根据官方的非正式统计，勿拉湾区人口约为 3 万，其中华侨约有 2500 人，根据 1953 年的登记情况，勿拉湾外侨共 549 户，其中华侨 508 户。[①] 1959 年 9 月勿拉湾划入棉兰市区时，当时的居民约有 38000 人，华侨有 3000 多名。[②]

3. 棉兰—直名丁宜—亚沙汉—兰都不拉八沿线

（1）巴敢（Lubuk Pakam）

巴敢位于棉兰东部，与棉兰市相距约 28 千米，铁路、公路四通八达，是苏东交通的重要枢纽，在 20 世纪 50 年代，巴敢是日里昔梨冷县最大的市镇。

"二战"前巴敢外围是欧美资本家垦殖的烟草园，所雇用契约工人多为华人。日军南进期间，因外来粮食断绝，日本侵略者鼓励垦荒种稻，巴敢附近的烟草园大量被开发成稻田，华侨多分配得种植园土地，纷纷由劳工转业成为种植水稻的农民。

"二战"后，这些农民继续生产稻米供应巴敢市民需求。华人中除了农民外，其他多数是从事收购土产并经营零售业的小商人。自 1950 年荷方移交政权后，从苏西移来数千印尼人，在巴敢垦荒种植，生产豆类作物，华侨也逐渐从棉兰等地回迁巴敢。截至 1953 年的登记显示，华侨有 600 户，华侨商店住宅约有 200 多间，1957 年，全埠的人口大约有 8000 余人，其中华侨约占有 1/3。华人在巴敢主要以收购土产、零售杂货和提供其他日常生活服务为生。

巴敢是华侨聚居较早的城埠，在巴敢郊外有大伯公庙、观音堂、三王爷庙等，每年农历二月初二伯公诞辰，定演潮剧庆祝，华侨主持该项庆祝事宜的理事由陈、朱、余、伍四族承办。

（2）直名丁宜（Tebing Tinggi，简称丁宜）

直名丁宜是日里昔梨冷县域内除棉兰市外最大的城市，它位于棉

---

① 《棉市已登记外侨一万五千户》，《民主日报》1953 年 7 月 14 日，第 4 版。

② 《勿拉湾的蚌》，《苏门答腊民报》1959 年 9 月 21 日，第 4 版。

兰东南部,距离棉兰约有 80 千米,是棉兰通往先达、亚沙汉以及苏西的必经之地,自荷印时代以来,一直是苏东的主要城市。它虽在日里昔梨冷县域之内,但是并不由该县管辖,行政上与日里昔梨冷县平级。

20 世纪 50 年代,丁宜是苏东华人超过万人的大城市。据 1956 年丁宜市的市情统计,当时丁宜有"各式房屋 2643 间,居民 23000 人,内华人占 48 巴仙"[①],华人约有 11000 余名。

(3)亚沙汉市(丹绒峇徕,Tanjungbalai)

位于苏北东部的三角洲地带,"二战"前,亚沙汉是苏东仅次于勿拉湾的物资转运港口,华商在亚沙汉的物资交换中发挥主导地位。依靠西罗河和亚沙汉河宽阔的河道,华商每年把苏北内陆山地的棕榈油、树胶汇集到亚沙汉,通过海运输出到新、马,再将新、马各类日常用品、粮食通过亚沙汉运销到内陆山地和峇眼亚比各埠。

"二战"结束后,亚沙汉商场陷入了长期的不景气之中。在警卫行动时,荷兰海军封锁马六甲海峡,出入新加坡—亚沙汉—槟榔屿一线的华侨船只受到监视,因物资交流不畅,亚沙汉的华侨商业受到严重打击。进入 50 年代,因为河水泥沙淤积缘故,亚沙汉河三角洲到处出现沙滩,轮船通航十分不便。久之,往来岛际进行贸易的只能使用小型电船。

截至 1957 年底的统计显示,全市人口有 11000 余人,[②] 其中印尼人有 5884 人,华人 5162 人。[③] 本地印尼人大都以耕种打鱼为业,也有部分开办商店或是工人,华人除一部分从事商业及行业外,大部分从事手工业生产。华人在亚沙汉的工业方面仍占据优势,在 20 世纪 40、50 年代,亚沙汉市商店有 300 余家,华侨商店约占其中的 3/4,以商业中心区的杨章成街、港边街、火车站街、福克街最为集中。杨章成街华侨商店有 100 家左右,港边街 40 家,火车站街有 50 家,福克街有 50 家。

---

① 《九十年来之登宜市》,《新中华报》1956 年 1 月 12 日,第 4 版。

② 11000 余人是指市区范围内的人口总数,包括郊区在内,亚沙汉市人口在 2 万以上。又据 1961 年的调查可知当时亚沙汉市已经有 2.9 万人。

③ 《亚沙汉一年中见闻录》,《新中华报》1958 年元月 1 日元旦特刊,第 2 张第 1 版。

其他散布于礼拜堂街、亚沙汉街、打铁街、雷珍兰街等处。20 世纪 50 年代初，亚沙汉的椰油、树胶、肥皂、白灰、咖啡、饼干、冰雪、板木、机器修理和造船等行业有 30 余家，其中华侨经营的占 2/3。1951 年，亚沙汉 230 家盐、渔业中，印尼人只占 12 家，其余都是由华人经营。

（4）奇沙兰（Kisaran）

奇沙兰是由直名丁宜前往亚沙汉市交通沿线上的一个重要城市，距离亚沙汉市有 21 千米。奇沙兰周围布满美荷等国的大种植园，出产树胶、棕榈油等。

1959 年奇沙兰市面面积约 24 平方千米，以华人与城市人口比例来说，在苏北各埠中奇沙兰市华人的比例最高，为 60% 至 70%。1955 年奇沙兰埠人口 10000 余名，其中华人就占了 6000 余名。华人在奇沙兰绝大部分从事商业活动，奇沙兰各行商业大部分操于华人手里，不过由于商场上华人没有雄厚的经济地位，只是普通的中间商而已，商场的好坏受到国际市场的左右。

（5）兰都不拉八（Rantauprapat）

兰都不拉八华人简称"兰都"，是老武汉峇都的县府所在地。此地距离棉兰 288 千米。它是棉兰铁路的终点，公路除通往棉兰一线外，另有由兰都向东可以直通班年、大觉海口，出海可达白沙坡，向东南方向由英佛分路向右可达苏中省。1957 年，兰都市全部人口约有 18000 人，其中华人有 4000 至 5000 人，华侨约有 3000 人。商店大小共有 200 余间，多是华人开设。大街一带是华人的集聚区，华人"屋宇栉比，商旅云集"，他们多是中间商，在兰都的周边附属小埠也有少数华人靠耕种为生。埠中华人多经营土产什货，洋货、布匹次之，开设金店和茶室的华人也为数不少。他们生意对象是附近村庄中的农民、园丘工人和附近各埠的华人三盘商。每日当地农村中的印尼人将所产蔬菜、番薯、烟草及其他土产运到兰都市场，换取生活所需要的日用品，老武汉峇都内地的华商则把内地所产橡胶运销到此地，再采购从新加坡经沿海的班年输入兰都的各种生活物资和日用品，回到本地销售。

表3—10   棉兰—直名丁宜—亚沙汉—兰都不拉八沿线城镇、农村一览

城埠:级别	位置	50年代华人数	农、商业发展情况
日里大(Deli tua);小镇	距离棉兰12千米	1000	商业依靠烟园收入而定
丹绒乌拉哇(Tanjung-morawa);农村	距离棉兰15千米	538家	耕种
牙冷(Galang);小镇	距离棉兰44千米	2500名,110间商店	开办杂货店
新邦帝加(Perbaun-gan);中等市镇	距离棉兰38千米	500余户	开办杂货店
网眼(Pantai Tjerimin)沿海小埠	距离棉兰48千米	300至400人	捕鱼
南吧(Sei Rampah);交通要道	距离丁宜约18千米	490余户	杂货店
沙浪武哇(Sialang-buah);海口小镇	距离南吧10千米	200至300余名	捕鱼、经营鱼寮
勿拉涯(Badagai);海口小埠	距离棉兰69千米	1000多人	经营鱼寮、零售业、少量农民
万挽(Sungei Banban);农村	距离南吧7千米	459家,人口2888人	从事耕种,少量杂货店
白沙坡(Simandulang);沿海小埠	距离亚沙汉32千米	112户,800多名	捕鱼、经营鱼寮
丹绒黎弄(Tandjung Leidong);海滨小埠	距离亚沙汉约有38千米	华侨有100多户,1700余名	半数航业,半数渔业、洋杂货店
峇都抛拉(Batu Bara,又名丹绒帝南,Tan-jungtiram);港口		鱼寮大小约27、8家,咖啡店20余家,其余杂货洋货店	多操鱼寮业
新邦罗洛(Simpang Lolok);小镇	距离峇都抛拉12千米	超过千名	货店计有金铺、咖啡店、脚车店裁缝、菜架店
英加坡拉埠(Indrapu-ra);交通要地	距丁宜约有29千米	商店有30余家,人口800到1000名	零售业
亚益加奴班(Aekkano-pan);交通要地		1000人左右,店铺80余间	收购树胶销售洋杂货

续表

城埠：级别	位置	50 年代华人数	农、商业发展情况
大觉（或大角，Sei Brombang）；沿海小埠	距离班年约有 12 千米	1800 人	捕鱼、家庭副业、饲养的鸡鸭、鱼寮
班年：（Paneh，拉务汉米力 Labuahanbilik）；中等市镇	距离兰都有 86 千米	华侨约有 1000 名，华侨商店大小统计约有 100 间	
宁其里南马（Negerilama）；小镇		200 至 300 人，商店共有 30 余间	杂货、洋货、金铺、布店、摄影、茶室
英佛（Sigambal）；种植园		470 余名，20 余家商店，9 家虾寮	杂货、鱼寮

材料来源：1947—1960 年的《苏门答腊民报》《新中华报》《民主日报》《苏岛时报》和《华侨日报》。

（三）西米垄坤—加罗苏东高原地带：以先达为中心，分布受峇达人遏制

苏东中部除东北部有一部分平原外，大部分由高地构成，包括西米垄坤县（Simalungun）、加罗两县，高地部分属于峇达人的传统居住区。以水稻、茶叶为大宗出产品。华人主要分布在西米垄坤先达周边华人在向山地的扩散中，受到了峇达人的遏制。50 年代华人深入直名丁宜—先达、棉兰—诗里加冷沿线，主要集中西米垄坤先达附近。

1. 先达中心区

（1）先达（Pematang Siantar）

先达是苏北第二大都市，是苏东与打板奴里及苏中一带的交通重镇。距离棉兰约有 120 千米，距离丁宜 49 千米。先达素以气候凉爽、建筑整齐、风景优美闻名，是苏北的旅游胜地。树胶、棕油、茶等占苏北出口主要的地位，此外稻米、豆类、咖啡等出产也不少。华人在先达集中在苏多摩街（又名大街）和独立街（又名榴莲街），华人在大街的商铺由山坡直抵山腰，在两条大街中间有一市场，是苏北省除棉兰之外最大的市场，也是华人小商铺经营的主要场所。

1949 年荷印圆桌会议后，先达市峇达人增加迅速，华人的数量保持相对稳定。1954 年先达总人口约 58000 人，华人约 14000 人。1957 年全

市居民有65000人,华人约有17000人。到1958年6月为止,先达全市人口登记共有94432人,其中印尼人79863人,华侨、印度人等外侨14569人。[①]

华人在先达市内经营的小工业遍布各种行业,其中以卷烟业、米较业、花生加工厂、木板厂等最多,其他如汽水、饼干等小型食品制造厂也为数不少。商业方面,在50年代初期,因为茶、锡等土产的国际价格良好,华人商场生机蓬勃,后来尤其是1954年底因为印尼政府实行布咯统制政策,导致华人使用的外汇短缺,周围胶、茶园纷纷停工,华人商场也颇受打击。

然而相比苏东冷吉县、老武汉峇都县、亚沙汉县等以橡胶为大宗出口的地区,50年代的禁运对先达的影响不及其他城市惨重。胶价下跌后,先达市场仍呈现活跃景象,这在苏东各地的商业中并不多见。居住在先达市周边山地的土著是峇达人,他们大多数信奉基督教新教和原始宗教,他们具有丰富的生产稻米、花生的经验。在禁运后,峇达农民仍能生产大量农产品运往先达出售,购买力并不低落,先达的峇达人也不忌讳猪肉,华人饮食店的生意也因有大量峇达人的顾客而好于苏东其他城市。另外由于先达处于苏东与打板奴里交通来往的中枢,在货物的销售对象上,先达华商的采购者除了当地民众外,还包括苏西一带的华人二盘商。

(2)西里勿拉湾(Selibelawan)

西里勿拉湾位于西米垄坤县中部,是先达与直名丁宜中间一个中等市镇。从西里勿拉湾南下至先达约有23千米,北上至直名丁宜约有30千米。该地是土产富庶的地方,出产物有树胶、玉蜀黍、稻米以及少量的水果。在20世纪40、50年代,华人大约有2000名,经营商业的店铺共有200余间,约有90%为华人所开。店铺以杂货店、洋货店、金店最为显著,照相馆、咖啡店、脚车店次之,多集中在大街上。商场生意的好坏由附近种植园爪哇工人的收入决定。西里勿拉湾有两座市场,一座是鱼肉市场,一座是菜市场,大部分小贩是峇达人,也有一部分华人在市场内以贩卖为生。

[①] 《先达市人口》,《民主日报》1958年11月29日,第4版。

（3）三板头（Perdagangan）

三板头是西米垄坤县东北部的一个中等城市，距离先达约有 40 千米，陆路交通发达，是先达通往奇沙兰、亚沙汉市及兰都的必经之地。铁路交通则多有不便，没有直接通往棉兰与先达的铁路。三板头是西米垄坤县内华人分布仅次于先达的聚集地。华人侨居三板头始于 1900 年前后，在 20 世纪 40、50 年代，华人有 2000 至 3000 人，华人商店有 100 到 200 间。以大街最为集中，有 40 至 50 家。华人多居住在靠近大街的两条后街之中。大街的金铺都是广府人所开设，咖啡店店主多数是福州人，经营杂货铺和收买土产的是潮州人和龙岩人，镶牙店则是湖北天门人。华人商业的好坏由附近胶园和棕榈园工人以及村落中村民的购买力决定。在三板头的墟市日和种植园的发薪日的第二天，是华人商场最为活跃的时刻。

除商业外，华人还经营一些手工业作坊，如米较厂、板木厂和胶厂，板木厂的树桐多从马央大森林开伐解锯后再运销各地。1951 年橡胶禁运后，华人生意一落千丈，冷淡异常。20 世纪 50 年代，峇达人在印尼政府扶植下，在板较、米较、运输事业上与华商出现了竞争。

离市区约有 3 千米，有一座华人称为猴子山的地方，华人在山顶修建有一座庙亭，是一些华人焚香祭拜的圣地。尤其是春节的前后，可说是最兴旺之期。

2. 加罗高原带

（1）甲文惹海（Kabon Djahe）

是加罗县的县府所在地，海拔在 1000—1500 米，气候凉爽，交通便利，是棉兰通往诗里加冷的必经之地。印尼人主要从事农业生产，生产的农产品由本埠华人收购运销棉兰等埠。华人大部分居住于城中，从事商业，极少部分华人居住于市郊，种植包菜、马铃薯。20 世纪 40、50 年代，甲文惹的华人约 800 人。

（2）马达山（Brastagi）

距离棉兰有 65 千米，海拔有 1400 米，常年气温在 21℃左右，是苏北著名的避暑胜地。1947 年，全埠华侨约有 1700 人。在郊区种植包菜的华侨农民有四五十户，其余都是以开杂货铺为生。荷印战争爆发时，在荷军未进驻马达山之前，华侨商店住户被印尼民军洗劫一空，华侨生活陷入绝境,荷印停战后,华侨商店无力供给社团经费,社会事业陷于停顿。

进入20世纪50年代,马达山社会治安恶化,马达山的华人数量并没有增长,中印尼民族之间关系颇为紧张。1957年统计显示华侨约有500多户,在市区有165间商店,人数约1600名,在郊区种植包菜的仅剩下10多户。

其他华人较多的城埠有璜汶(Bangun,1947年该处有店户30余间,华侨400余名。荷印战争中,璜汶被印尼军劫掠一空,并纵火焚毁,1952年时,华人开办商店总数不上15家,多是杂货店、次为金店、脚车店)、帝加勿拉打(Tigabalata,1947年有商店及民房100余间,华侨店铺和住宅占50余间,华侨有200多人)。

二 零星存在的打板奴里华人

打板奴里是对苏北高原内陆及西海岸地带的总称,从行政划分上可分为中、南、北打板奴里州。中打板奴里是打板奴里最重要的地区,土地肥沃,生产稻米、咖啡、文烟、椰干、甘密、丁香等各种产品,华人沿着苏东与打板奴里的交通主干线呈Y字形分布,人数约有8000名,在与峇达人的竞争中明显处于劣势。主要在实武牙、巴东实林泮、诗里加冷等处。

(一)实武牙(Sibolga)

实武牙是苏岛西海岸第二大商埠,打板奴里政治经济的中枢,中打板奴里县县治所在。实武牙是苏东和打板奴里交通主干线的终点,从实武牙到打鲁栋直上经过不拉八到先达约有212千米,到棉兰总共有340千米。

1948年时,华侨约有3000余人,以闽籍最多,粤籍次之,全市大小商店200余间,进入50年代,1954年统计实武牙华人约为4000名,华侨多经营出入口商及树胶商,其他亦有一部分经营洋货店、土产等,在各项行业中,树胶业是本埠华侨商业活动的基本行业。

(二)巴东实林泮(Padang Sidempuan)

巴东实林泮是南打板奴里县的县治所在地。战略位置关键,位于苏岛棉兰至武吉丁宜(Bukittinggi)和实武牙至武吉丁宜两大交通要道的交汇处。巴东实林泮距离实武牙有 88 公里，土地比较肥沃，盛产稻米，稻米除自足自给外，多数运到苏东一带。沿着峇东打鲁河流域（B. Batang-toru），更是全打板奴里胶产最多的地区。

20 世纪 50 年代，全县人口估计有 36 万人，华人约有 2000 名。在 20 世纪 50 年代，华人各个方面都无法与印尼人竞争，1954 年《苏门答腊民报》一位记者巡礼巴东实林泮时感慨：

> 这里不稍说是当地民族商人最好用武之地，从大小商店摊贩到公交汽车业，都由他们独占鳌头，少数华侨仅能够守住的不过是旅馆业、建筑业、脚车业的破碎残垒，华侨土产商人，自然不能像战前占有优越地位了。①

（三）诗里加冷（Sidikalang）

它是北打板奴里县西北部的一个重要城镇，处于棉兰陆路通往实武牙交通要道之上。距离加罗县府甲文惹海约 60 千米，距离打鲁栋约有 136 千米，与多峇湖相距 42 千米。

诗里加冷土著以多峇人占多数，峇峇人、加罗人次之。1953 年诗里加冷市区人口有 2600 左右，华人约有 1000 人，华人商店计有洋货店、咸鱼店、茶室、饭店等。② 商业经营的好坏围绕着输出土产的价格上下波动。

（四）古农士多利（Gunungsitoli）

苏门答腊岛西海岸的印度洋上，有一连串的大小岛屿自北而南排列，其中以尼亚斯岛的面积最大，人口也最多。古农士多利是尼亚斯岛的首府，距离实武牙约 80 千米。1955 年时，华人总数约有 800 多人，其中侨生居多，新客仅有十余家，该埠侨商多经营土产，出入口贸易及养猪。椰干的进出口贸易基本上由华人所掌控。

（五）打鲁栋（Tarutung）

打鲁栋是北打板奴里县的县治所在，距离实武牙约 60 千米。它位

---

① 《苏中之行》，《苏门答腊民报》1954 年 8 月 26 日，第 4 版。

② 戈韦佳：《诗里加冷一瞥》，《苏岛时报》1953 年 1 月 31 日，第 4 版。

于打板奴里高原的平原之上,四面环山,平均海拔约为950米,气候凉爽,与苏东的马达山、亚齐的打京岸并称为苏门答腊北部三大避暑胜地。

打鲁栋的经济命脉全操于峇达人手中。20世纪50年代,打鲁栋商店约有200间,其中华人商店只有30余间,以开办饮食店、照相馆居多。峇达人则操纵了土产的生产、收购、输出的各个环节,以及运输业、皮革业、机器业等行业。

根据1953年的调查所知,华人计有568名,① 以客籍最多。

除此之外,华人分布的城埠还有邦古鲁兰(Panguruan)、西禾郎西禾(Siborongborng)、峇厘崖(Balige)、卜社(Porsea)。

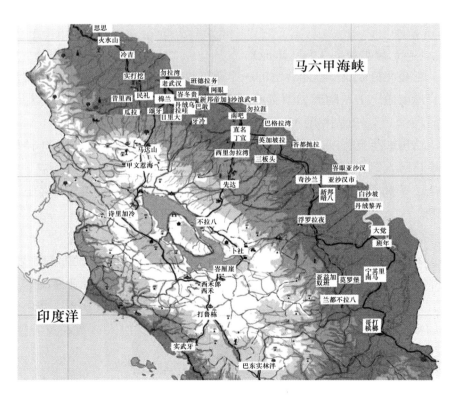

图3—4　苏东打板奴里华人聚居的主要城埠、村镇分布

---

① 《打鲁栋素描》,《新中华报》1953年8月13日,第2版。

三　亚齐华人的萎缩与聚迁

（一）大亚齐、亚齐比里、北亚齐县的华人：发展势头萎缩

大亚齐县和相邻的亚齐比里、北亚齐县位于亚齐的西北部，是亚齐文明的发源地和军事、政治中心地带，也是支持1953年亚齐反叛力量的中心区域，"陶乌美鲁集团前此在大亚齐、比里、北亚齐此数处居民几占亚齐总人口四分之三"①，华人在此三地分布不多，呈线状分布，因而将三地作为同一地域讨论。

三地地理毗邻，生产粮食、椰干、槟榔、牛羊毛皮等，与新、马隔海相望，"二战"前，海陆交通设施完善，华人生存条件良好。"二战"后，受到叛乱活动的严重破坏，三地对外的交往线被毁，华人商业受到牵连，三地华人约有1万名，仍分布在古打拉夜、司吉利、司马委、美仑等沿线城市，发展势头萎缩。

1. 古打拉夜（Banda Aceh）

古打拉夜又称大亚齐，是大亚齐县的县府所在，在1957年之前，古打拉夜是亚齐州的州治，亚齐成为一省后，古打拉夜成为亚齐的省政府驻地。它位于苏岛北端，扼守马六甲海峡与印度洋要冲。从古达拉夜修建有通往棉兰的公路和铁路，全长约有587千米。是亚齐与苏东交往的陆路生命线。

根据《苏岛时报》报道的1954年大亚齐县外侨登记的显示，到1954年8月底，古打拉夜包括周边乡村在内，已登记的外侨共有4056名，其中华侨有3967名。②

华人聚居于亚齐河右岸市场附近，多经营洋杂货店、制油工业、豢养家畜业、佣工或家庭手工业。由古打拉夜输出的土产，以椰干为大宗，在20世纪50年代中期，亚齐实施易货贸易条例时，古打拉夜的华人商业曾一度获得繁荣。1959年亚齐政府规定从当年的9月起椰干输出业务不准许外侨商家经营，结果导致以椰干输出为业的华人商家全部转营他业。

---

① 《安打拉记者亚齐归来　谈哥打拉夜之行感观》，《苏岛时报》1953年12月20日，第4版。

② 《大亚齐已登记之外侨》，《苏岛时报》1954年8月21日，第4版。

华人豢养家畜是在大亚齐市郊的实对区和甲板鲁亚一带,1959年6月,受到古打拉夜市政府的命令,被迫迁移到古农拉夜港口。

2. 沙璜(Sabang)

沙璜在"二战"前是国际上著名的自由港口,为各国通行马六甲海峡的船只提供煤、水、电、油等物资,也是亚齐各城市中华侨比重最多的城埠之一。

"二战"期间,沙璜基础设施受到破坏,人数大量减少。1954年沙璜全市人口有2000多人,外侨有754名,其中华侨有733名,全市店铺60余间,华商占80%。华人多半经营与椰干有关的商业。在20世纪50年代初,由于印尼政府各部门大都采取自供自给组织消费合作社,华人的商业活动比较低落。①

3. 司吉利(Sigli)

司吉利地处亚齐北端,距离古打拉夜约有110千米,是亚齐比里的县治所在,为一重要的产米区。土产方面以槟榔、牛皮、羊皮为大宗。居民以亚齐族为主,1953年亚齐事变时,华人约1500名,以客籍人多,语言也以客家话最为普遍。20世纪50年代中期时,华人以零售商为主,土产批发商只有一两家,从事土产收购的华人则是福建籍。

4. 司马委(Lhokseumawe)

司马委是北亚齐县的县府所在地,距离古打拉夜约有275千米。它是亚齐北段的重要海滨港口。1953年亚齐事变时,司马委华人数约有2000人,②华人中尤以客家人居多,华人经营的店铺包括杂货店、水果店、布店、脚车店等,尤其以经营椰干和槟榔生意的为数不少。事变后,中亚齐物产输出受阻,亚齐印尼政府禁止亚齐与马来亚以物物交换进行贸易后,华人的生意更是备受打击。

5. 美仑(Bireun)

美仑是北亚齐县县以下最大的市镇,向东距离棉兰有390千米,西往古打拉夜有218千米,它是齐中高原打京岸的土产转运站,齐中高原的所有农产品必须通过此地运销各地,在美仑集散的大宗农产品有稻

① 《沙璜岛概况》,《苏门答腊民报》1952年3月20日,第4版。
② 《司马委全市居民其中由军方保护》,《苏门答腊民报》1953年9月29日,第4版。

米、豆类、棉花、椰子、鱼虾等。1953 年亚齐事变后，美仑市内华人约有 2000 人，1959 年《苏门答腊民报》记者前往亚齐调查时，在美仑居住的华人有 2500 名，[①] 华人商店将近 100 家，他们大部分属于零售商兼营土产收购，由于美仑是齐中高原土产的集散地，华人商场因而比较繁荣。

6. 鹿树昆（Lhoksukon）

鹿树昆是棉兰至大亚齐交通干线上的一个县级以下的市镇，它位于司马委的东南部，距离司马委约有 30 千米。与班端拉务同是北亚齐县椰干和槟榔的生产地。50 年代鹿树昆华人有 1000 多人，1953 年 6 月经鹿树昆警署登记显示，前往登记的华侨共有 200 余户。[②]

除上述城埠外，华人聚居的小埠还有文那路（Meureudu），华人有 100 多人，以销售咖啡杂货为生，商铺约有 20 家，商业氛围不旺。板端拉务（Pantonlabu），20 世纪 50 年代，埠中华人有 200 多名，华人多以洋杂货和收购土产为业。

（二）东亚齐县的华人：亚齐叛乱后，亚齐华人迅速聚迁于此

东亚齐位于亚齐东部，与苏东接壤，生产椰子、民胶等，因与苏东和马来西亚频繁的贸易往来，东亚齐是亚齐境内经济最为活跃的地区。东亚齐县社会治安和官方对华人态度都比较良好，在 1953 年亚齐暴乱后，据统计出的数字显示，东亚齐县超过大亚齐县，成为亚齐华人聚集最多的地方，也是华人增加的唯一县域。

表 3—11　　　1952 年与 1955 年苏北部分地区外侨数量变化对比

苏北各地区	1952 年外侨及后裔数	1955 年初外侨人数
日里昔梨冷	70000	25177
冷吉、加罗	冷吉：26986，加罗：2471	18383
亚沙汉、老武汉峇都	亚沙汉：25147，老武汉峇都：11196	22859
北打板奴里	1897	1093

---

① 《亚齐纪行（二）》，《苏门答腊民报》1959 年 8 月 14 日，第 4 版。

② 《鹿杵昆外侨登记定期结束》，《民主日报》1953 年 6 月 30 日，第 3 版。

续表

苏北各地区	1952 年外侨及后裔数	1955 年初外侨人数
南打板奴里	2310	2185
大亚齐	6584	4954
东亚齐	3374	8533
中亚齐	1734	1331

材料来源: 1. 《苏北外侨人口统计》,《苏门答腊民报》1952 年 12 月 13 日,第 4 版。

2. 《据警局方面所透露消息已经登记之苏北外侨有九万多人》,《华侨日报》1955 年 2 月 16 日,第 4 版。

1. 冷沙（Langsa）

冷沙是齐东县的县府所在地,是亚齐第二大繁荣的城市,它是亚齐和苏东两地来往必经之地,距离棉兰约有 165 千米,距离古打拉夜有 422 千米。

从瓜拉新邦继续赶赴冷沙,沿途的胶林是齐东区最大的民胶生产地。瓜拉冷沙是齐东区对外的吐纳港口,出口以民间树胶为最大宗,怡里一带所产的椰子,也须通过冷沙输出新、马。

1948 年火水山被焦土后,来到冷沙的华侨难民共有 7000 余人,其中 2000 余名被转往亚齐各埠或寄宿与亲友处,5000 余名由张赞成负责的华侨公会安顿于 13 处难民所,后来这批难民大部分前往马来亚各地,余下 100 余名由华侨公会分给土地自由耕种或另作安置。

1955 年冷沙市区华人有 500 多户口,3500 多人,[1] 约有 80% 的华人活动与树胶、槟榔土产买卖有关。1949 年以后,由于树胶市场活跃,冷沙的海口成为齐属通航的要港,冷沙与槟榔屿之间的岛际航海业,是苏岛最为繁忙的交通线之一,它们大半由拥有艟船的华商所掌握,1951 年印尼参加禁运后,胶价惨跌,尤在印尼政府外汇改制后,亚齐与马来西亚以物物交换进行贸易的方式被禁止,华人出入口商无法经营,土产输出滞销,华人商场因而冷淡。

冷沙附近有 5 个小镇和农园,分别是浮双、兰东半影、勃叻、峇眼

---

[1]　《冷沙华侨社会概况》,《苏门答腊民报》1955 年 3 月 20 日,第 4 版。

和亚罗洛，1955年时，共住着600多名华人。他们以种菜、养猪、制椰油为生。

2. 瓜拉新邦（Kuala Simpang）

瓜拉新邦位于亚齐齐东与苏东交界之处，是齐东最繁荣、亚齐县级以下最大的市镇。距离东亚齐首府冷沙32千米，距离棉兰130千米。瓜拉新邦海陆交通方便。瓜拉新邦出产以树胶、木材、藤、土油最多，其次是咖啡、槟榔，是印尼各族聚居的典型城镇。此处的住民有亚齐人、爪哇人、马来人、华人、印度人、巴基斯坦人等。亚齐人多住在市区周边的村落中，生产咖啡、槟榔、蔬菜等农产品，爪哇人是种植园工人，马来人则是以渔业为主，华人多集中于新邦市区内，主要是出入口商和二盘商，他们以开设洋杂货店、自由脚车店、咖啡店、金店、布庄以及收购土产为生，也有一些分散在市郊各小村落或种植园内从事农业。另外还有少量的其他东方人和欧洲人。亚齐人、爪哇人和马来人占据主导地位，他们的消费水平决定着华人商业收入的好坏。

亚齐暴乱后，据1953年所载瓜拉新邦："人口共48740人，其中华人占3352名，印度与巴基士坦人共77名，欧洲人18名，日本人1名，其余为印尼人。"[①] 当时，瓜拉新邦的商铺有300多间，其中由华人经营的商铺约有160间，因为该地生产木材，华人中也有开办板较厂者，1955年时，单由华人经营的板较达10间，板较大都运销棉兰。

官方对华人态度相对较好。1948年时，《苏门答腊民报》记者在荷印停战后，巡礼瓜拉新邦时发现当地治安良好，"华印民族均能合作，从来未曾有抢劫或其他意外不幸之事件发生。军人也都有纪律，当警察长为亚齐人，政治部长为爪哇人均很开明，对待华侨都很好"[②]。1959年印尼政府出台取缔县府以下地区外侨小商的政策时，瓜拉新邦一些民众和官员"同样感觉有问题，他们认为华侨在当地，长久以来都是好相处，奉公守法，对地区的物资交流确有帮助"[③]。

---

① 《从火水山到亚齐》，《新中华报》1953年7月21日，第4版。
② 《由火水山至冷沙沿途各埠之巡礼（二）》，《苏门答腊民报》1948年3月17日，第2版。
③ 《亚齐纪行（一）》，《苏门答腊民报》1959年8月13日，第4版。

3. 怡里 (Idi)

怡里位于东亚齐县的北部,距离齐东的首府冷沙约有 73 千米,距离北亚齐首府司马委约有 90 千米。怡里物产丰富,生产椰干、槟榔等。20 世纪 50 年代中期,每月输往冷沙、司马委直达槟城的椰干产量居苏岛第二位。

当地土人多是亚齐人,大多数是居住在乡村的农民。20 世纪 50 年代中期,华人约有 1000 名,以客家人为主,与亚齐人交往密切。亚齐话和客家话在华人中普遍使用,"久居这里的华侨,不论大小,都能说一口流利的亚齐话,这里不论是福建人、海丰人都能说客家话的,甚至在家庭中都说客话,所有如果想住亚齐的人,最要紧的要能说客话"①。华人大都经营土产洋货店、咖啡店,商店有 60 家左右,也有一部分华人从事农业、渔业。

除上述城埠外,华人在双溪里不(Sungalliput)也有分布,双溪里不是齐东县最著名的生产棕油和树胶的农园,其棕油厂规模居全亚齐第一。1953 年时,华人有 100 多名,多以经商为业,商店有 20 多间,开设有金铺、钟表店、洋杂货店、咖啡店等。

(三) 中亚齐、西南亚齐的华人:零星存在

中亚齐、西南亚齐交通不便,与亚齐北部沿海的城市距离较远,是苏岛人口密度最疏的未开发地带。华人偶至,20 世纪 50 年代华人 3000 人,分布在打京岸、美拉务几处。

1. 打京岸 (Takengon)

打京岸是亚齐中部的一个高原地带,濒临亚齐最大的高山湖泊劳特瓦尔湖(Danau Laut Tawar),是苏岛闻名的旅游胜地,又被称为"第二马达山"。打京岸是亚齐物产丰富之地,出产的主要物品有大粒咖啡、茶叶、松脂、松香、烟丝、蔗糖等,这些物品大多经美仑而运销到槟榔屿。

20 世纪 50 年代初,打京岸市区华人以客家人最多,总人数 1000 人左右,大部分以经营日用品店、洋杂店、布匹店为主,一部分华人还在打京岸市区的对岸耕种稻田,华人将该地称为"河背"。20 世纪 50 年代,印尼当局宣布取消物物交换的贸易制度,此地的物产不能运往美

---

① 《怡里剪影》,《民主日报》1950 年 8 月 28 日,第 4 版。

仓、司马委，进而输出马来亚，以致售价暴跌，华人的商业经济受到
限制。

2. 美拉务（Meulaboh）

美拉务是西南亚齐的中心城市，是西亚齐县治所在。位于亚齐西海
岸的中间位置，距离古打拉夜约241千米。在西南亚齐各埠中，美拉务交
通最为便利。从美拉务由海路可通往大亚齐的沙璜海港，苏东的勿拉湾
和打板奴里的实武牙。从陆路，美拉务是古打拉夜到齐南交通的中心点。
美拉务地处平原地带，土产以树胶为大宗，其次是椰干、槟榔、胡椒、
葱茅油以及少数的丁香、咖啡等。

美拉务华人在20世纪50年代中期有1500—1600名，与亚齐各地一
样，以客籍占多数，其次是广府人、福建人，潮州人、海南人、湖北人
占少数。多数开办零售店和收购土产，土产商大多是福建人。侨生占1/
3，华人交往中通用客家话。

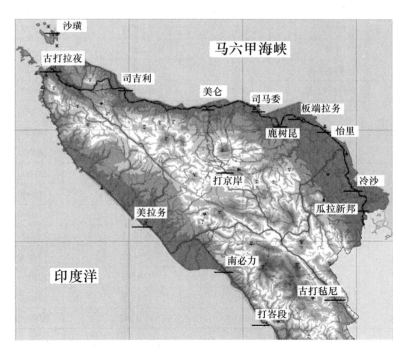

图3—5 亚齐华人聚居的主要城埠

除此之外,华人深入的地方还有古打毡尼(Kutatjane)、南必力(Blangpidie)。华人约在 1900 年前后来到古打毡尼,是该市镇的创建者,他们以开办杂货店为生,同时收购阿拉斯人生产的米谷和咖啡。1951 年华人有 300 余人。南必力生产米谷,20 世纪中期华人人数 300—800 人,多数为零售商。

表 3—12　　　　20 世纪 50 年代苏北外侨及后裔与原住民、总人口数量比较

州	县	1952 年外侨及后裔(侨生与外侨事务局消息)	1954 年印尼原住民人口(苏北省普选委员会报告)	1954 年总人口(苏北情报局消息)
苏东	日里昔梨冷	70000	612357	917000
	西米垄坤	33840	374651	431000
	棉兰市	94753	217302	
	冷吉	26986	248868	254000
	亚沙汉	25147	360897	213000
	加罗	2471	120013	115000
	老武汉峇都	11196	180234	158000
打板奴里	中打板奴里	6279	112768	126000
	北打板奴里	1897	651677	662000
	南打板奴里	2310	403963	386000
	岭士岛	1956	261469	240000
亚齐	大亚齐	6584	147183	121000
	齐北	3174	319758	314000
	齐南	464	157319	146000
	亚齐比里	1752	未统计	220000
	齐东	3374	176092	139000
	齐中	1734	150173	108000
	齐西	1245	161218	144000
总数		295162	4655942	4694000

注:据文中所称,棉兰市的外侨和后裔人数占全部总数的 32.1%。
材料来源:1.《苏北外侨人口统计》,《苏门答腊民报》1952 年 12 月 13 日,第 4 版。
2.《苏北省原住民人口统计》,《苏门答腊民报》1954 年 10 月 24 日,第 3 版。
3.《苏北人口统计》,《新中华报》1954 年 3 月 31 日,第 5 版。

华人在南亚齐几乎绝迹，仅在南亚齐首府打峇段（Tapatuan）稍有三四十户聚居。

第四节　"二战"后华人商业网络形成的影响

由苏门答腊北部华人分布、职业情况，可以发现20世纪40、50年代，经过长期的经营，华人已经在苏北建立了一个沿着苏北的水陆交通干线向纵深展开的华人商业网络，它的影响表现在以下几个方面。

（一）华人虽然在苏北仍处于绝对的少数，但是主要生活在市镇上，既有一定的独立性，又容易受到排斥攻击

以1952年和1954年统计的数字来看，从整体而言，苏北华人有274518人，当时苏北总人口约517万，华人约占苏北人口总数的5.3%。在各州中，苏东华人约有245873人，亚齐17044人，打板奴里11571人，分别占各州总人数2360195、1330000、1441448的10.4%、1.3%和0.8%。与"二战"前华侨与总人数的比例基本相当，华人是人口中的绝对少数。尤其是在亚齐和打板奴里州，华人数量过于稀少，被同化是必然的趋势。

然而，华人在苏北重要城埠中具有相当可观的聚居规模。包括亚齐在内，苏北有七大城市：棉兰、先达、民礼、古打拉夜、实武牙、亚沙汉和丁宜。在七大城市中，华人比例最高是在丁宜，几乎与印尼人分庭抗礼。最低的是古打拉夜和实武牙，华人约占10%，也远高于华人在亚齐和打板奴里州的比例。以七大城市平均而论，华人约占总人口的20%，这是在印尼全国都并不多见的。

分开居住使得华人保持一定的独立性，但是又容易受到爪哇人、亚齐人和峇达人的排斥，因为聚居，一旦受到攻击，损失特别严重，在警卫行动中，华人受损严重原因其中之一即在于此。

（二）华人与其他印尼人各有分工，生活关系密切

苏北各族之间分工呈现这样的规律性：华人在市镇上居住，以商业活动为主，经营着商业、小手工业、文化业和服务业等，市镇的商店多

数为华人所有。亚齐人主要在亚齐境内的乡村从事土产品的生产，而峇达人可分为进入苏东平原的部分和留在苏北高山内陆的部分。进入平原者一部分成为政府职员，一部分在城市成为小贩或从事服务业，另一部分在市郊以耕种为生。留在苏北内陆的人，仍以生产粮食为主业。爪哇人在种植园中从事体力劳动。

除了从事商业外，华人在苏东都市周围聚居务农，虽然没有深入山地内陆，却已在苏东平原形成一定规模的华人农村。从上述论述中，勿拉湾—棉兰—民礼是华人聚居人数最多的都市区，它的周边区域也是华人最大的农村带。包括冷吉县、日里昔梨冷县、亚沙汉县和老武汉峇都县在内的苏东平原是华人聚居的主要城市带，也是华人三大农村地带。这三大农村地带的华人农民在 38000 名左右，占据当时苏北华人总数的 13.8% 以上的比例。除这些农民之外，其他华人都是商人、职员和手工业者，他们是苏北华人社会的主体。

（三）华人居住的主要城埠沿着水陆交通线分布，华人活动受到交通制约影响明显

苏北三地有三条陆路交通主干线，第一条是从古打拉夜沿着北部海岸线到达棉兰、勿拉湾，再经过直名丁宜分别至先达、亚沙汉、兰都的铁路线和公路线，这是苏北最早建成的一条通道，也是苏北物资人员交流的主动脉。华人村镇主要生活在这条干线上及周边 10 千米内。

第二条是勿拉湾、棉兰至实武牙、巴东实林泮公路线，一路由勿拉湾、棉兰向东南至直名丁宜经过先达到不拉八环绕多峇湖东南部，最终到实武牙、巴东实林泮，一路由勿拉湾、棉兰直下马达山经诗里加冷在西禾郎西禾与上一路汇合，再到实武牙和巴东实林泮。这条干线是苏东与打板奴里州以及联系苏东与苏西海岸的主干线，不过由于需要穿越打板奴里山地，中间道路崎岖。越往内陆不便之地，华人越稀少，渐至绝迹。

第三条是从直名丁宜至亚沙汉、奇沙兰经过兰都、哥打槟榔再至苏西的公路线。这是苏东与苏中交往的主干线，苏中的粮食运输到兰都不拉八等地即是经由此路。华人也分布均匀。这三条陆路主干线涵盖了华人绝大多数的村镇，华人未能突破三条主干线的限制，一旦交通条件恶化，华人的生计及生命财产堪忧。

　　总体上而言，在 20 世纪40、50 年代的苏北，华人自东而西，从北到南呈不均衡分布，绝大多数集中在苏东平原地带。在都市区域占据了人口一定的比例。便利的交通路线即是华人商业活动的网络，也是他们分布的迁移通道，也限制了他们的发展。在苏东都市的周边已经有一定规模的华人农村存在，但是华人在亚齐以及苏东和打板奴里州的山地受到排斥，发展艰难。华人的商业活动不得不依靠马来人、爪哇人、峇达人的生产和消费而生存，无法离开他们而独自生存。也由于华人主要集中在城市及交通干线的特点，以商业活动为主的华人在时局动荡时期，更容易受到心存歹意的不法之徒侵害而难以幸免。

　　注：本章节所出现的数字，凡是城埠之间的公里数均是由笔者根据地球卫星，沿交通线路测量而得，并以报纸资料中的记载作为参考。

第 四 章

"二战"后初期苏北城市化下
华人事业的发展

　　"二战"后，在苏北城市化背景之下，峇达人涌入苏东平原，华人从苏东向棉兰等大城市集聚。峇达人在冲击华人零售业的同时，也给华人的工商业发展带来机遇与挑战。华人的社团数量在"二战"后也呈现飞跃性增长，社团的慈善功能强化，凸显了华社由外侨社会向华人社会转变的时代特征。华校扩建校舍和开办夜校使得华文教育遍及华人每家每户，因解决经费的短缺，舞龙舞狮和游艺募捐活动骤兴一时，在强亿华族文化特质的同时，也使印尼他族产生了误解，成为攻击华人奢侈浪费的借口。

第一节　苏北城市化下工商业的发展

一　苏北城市化的状况

　　"二战"后苏北的城市经历了人口增加、城市面积扩展的城市化时期。苏北的城市化，首先以棉兰市最为显著。1909 年之前，棉兰以村为单位，当时的村共有 4 个：北帝沙上区、北帝沙下区、格沙湾、双溪冷雅。后来北帝沙上下两区合并成为一村。1930 年棉兰市区包括 3 个村，面积 1583 公顷，人口约为 7.7 万人。

　　"二战"结束后，特别是在两次警卫行动期间（1947—1948 年），因躲避战火，包括华人在内的大批民众从周边村镇进入棉兰市区，棉兰市的人口急剧上升。到 1952 年 11 月，因人口增加，棉兰的村庄被分成 4

区,即棉兰区、东棉兰区、西棉兰区、新棉兰区。1953 年 5 月 30 日,棉兰市政府又确定了棉兰四区属下的各村数为 31 个。1958 年棉兰再次被划分成为 58 个村。① 每村居民最少的 1500 人,最多的有 27000 余人。② 至 1958 年底,棉兰市区面积已达 5130 公顷,人口增至 40 万名以上。③

棉兰市从 1955 年 3 月市政厅开始第二次人口登记以来,至 1958 年底止,4 年来市区人口共增加 115239 人。据《民主日报》记载各年份的人口如下:

表 4—1   1955—1958 年棉兰市登记人口数

年份	人数
1955	245569
1956	303261
1957	338553
1958	360808

材料来源:《棉市人口不断激增》,《民主日报》1959 年元月 7 日,第 3 版。

上表中登记的人口并没有包括政府公务员及驻军,住于宿舍的军人和住宿在旅店的房客约有 9 万名,截至 1959 年,估计已登记及未登记者全部约 45 万名。

山城先达城市的扩大主要发生在 20 世纪 50 年代。"二战"前,先达以气候凉爽、建筑整齐、风景优美闻名,它的旧市区只有两条大街,即苏多摩街(又名大街)和独立街(又名榴莲街),市区面积 900 公顷,战后从打板奴里迁往先达的峇达人日见增加,原为冷静的先达市区一跃而为车水马龙、人口稠密的繁荣商埠。1954 年先达市区面积增加为 1250 公顷,1957 年初扩大为 1300 公顷。由于先达市市区范围日益扩大,1957 年先达市晋升为大先达市。在此背景下,从 50 年代初到 50 年代末,先达的华人商店增加了 100 多间,住屋增多了 300 多间。

---

① 《棉兰历任市长》,《苏门答腊民报》1959 年 5 月 4 日,第 4 版。

② 《棉市辖属村区增至五十八个》,《民主日报》1959 年 4 月 4 日,第 4 版。

③ 《棉市长哈夷母达西里退休移交职权 新任市长日内将指委》,《苏门答腊民报》1958 年 7 月 8 日,第 4 版。

在勿拉湾,城市化的进程也非常明显。峇达人进入勿拉湾后,人口的剧增引发了严重的屋荒,根据官方的非正式统计,1952 年全区人口约为 3 万,其中华侨占 2500 人,[①] 为了妥善地安顿这么多的人口,市政府尽量在市区左边兴建房屋,并且还特别允许一大群流浪之家在旧勿拉湾上区开辟新村——甘光峇路。

日里昔梨冷县的另一大城市丁宜也在 20 世纪 50 年代出现了市区扩张的趋势。1951 年丁宜市政府当局开始草拟扩大丁宜城市范围的计划,在市政府的主导下,到 1956 年丁宜市区广阔各 4 公里半,有各式房屋 2643 间,居民 23000 人,其中华人占 48%。[②]

冷吉属首邑的民礼,也是城市化进程中的一个重要城市。1930 年人口仅有 12000 人,但根据 1950 年的人口统计,则已增至 2.5 万人,(包括民礼及四周的乡村)。民礼市区范围仍与战前面积相等,有 327 公顷,为解决人口增加引起的城市空间不足问题,1950 年民礼市政府在民礼火车站北部与南部的地方规划新民礼市区的范围,到 1957 年,扩大之民礼市区约为旧市区的 4 倍,面积约有 1500 公顷,民礼市原有 7 个村,1957 年增至 19 个村,新市区市民约为 50000 人。[③]

不唯城市如此,在苏东的乡村也涌入了大量的居民。苏东丁宜附近 18 公里的万叻吉利巴,原住民为海岸线马来人,1959 年《民主日报》的一篇报道称此地:"近来前来好多打板奴里人,他们大部分在郊外种田,华印民族感情也很融洽。"[④]

20 世纪 40、50 年代苏北的城市化是不均衡的。从 1950 年至 1961 年的十余年间,苏北三地人口都有所增加,然而苏东的人口增长速度远远超过了亚齐和打板奴里,也超过了苏门答腊岛的平均水平。在短短的十余年间,苏东的人口比重从 1950 年占苏北人口总数的 42.3%,上升到 1961 年的 50.3%。与苏东城市化相反的是打板奴里的相对贫穷。打板奴里是苏岛物产富饶之地,境内大部分地区处于尚未开发的处女地。"二

①　《勿拉湾一年》,《苏门答腊民报》1953 年元月 1 日新年增刊,第 9 版。
②　《九十年来之登宜市》,《新中华报》1956 年 1 月 12 日,第 4 版。
③　《民礼市区将予扩大》,《民主日报》1957 年 4 月 20 日,第 4 版。
④　《万叻吉利巴素描》,《民主日报》1959 年 8 月 10 日,第 3 版。

战"后,打板奴里却在苏东城市化的对比之下更为落后和荒凉。1954 年苏北农业部部长多平谈到打板奴里时称:"政府资助勿里野地方的纺织工业甚为不够……目前该区仅有一艘渔船,且又缺乏各种应用工具,亦有加以整顿的必要","在实武牙和峇鲁士之间的公路,已经全部毁坏,迄今汽车尚未能通行。在中打板奴里区,灌溉农田的水利已成为当前急务,因无水灌溉田则无工可做。而该地居民至今已忍受了四年的旱荒"①。

打板奴里荒凉和不景气的现象是由多种原因造成的,其一是在城市化过程中,该地没有得到充分的资金支持,印尼中央政府有限的资金主要投向了苏东各大城市。1952 年实武牙市政厅得到中央政府的拨款仅为42 万盾,② 同比,1952 年棉兰已经计划用在建筑比林岸路巴刹大厦,市厅办事处和新市场盖亚答屋就要花费近 100 万盾,丁宜市所获得的城市建设拨款几乎是印尼中央政府拨给实武牙经费的两倍。面对几乎没有复苏可能的打板奴里,时人感慨:"这是印尼最落后的一个区域……在南打板奴里的建设工作是很不够的。"③

在城市化中,苏东地区各县人口的增加不一。苏东 6 县中日里雪梨冷县是人口增长最为明显的地区,1930 年人口有 536000 名,1948 年增加到 749800 人,至 1954 年人口又急剧增加了 15 万人,总数超过 90 万。西米垄坤县在战前人口增长明显,战后则稳中有升。其他苏东各县人口变化不大,峇达人的传统势力范围——苏东的加罗县,人口甚至有所减少。

在苏北的城市化进程中,华人向城市的集中方式与峇达人略有不同。峇达人在战后从山地前往城市,从打板奴里进入苏东,而华人则是从苏东的其他地方聚集到苏东的大城市之中。20 世纪中期棉兰巴刹南美的成长便是华人向城市集中的一个时代缩影。巴刹南美居民多是由火水山、网眼、思思等地华侨难民迁居而来,1947 年,荷兰采取警卫行动时,苏东数地的华侨不得不逃难来棉,暂栖身于刘亚煜区的难民所中。为了生存,一部分难民设法在新市场周围的空地建起亚

---

① 《多平部长昨招待记者谈打板奴里情况》,《苏门答腊民报》1954 年 6 月 6 日,第 4 版。
② 《实武牙进行扩大市区年内建立一百间房屋》,《苏门答腊民报》1952 年 4 月 6 日,第4 版。
③ [印尼] M. 加尼:《访问南打板奴里》,《苏门答腊民报》1953 年 4 月 29 日,第 3 版。

答屋做小买卖。不久,华人又搬迁至榴莲街与小货车站附近,在面积约有 3 平方公里的荒地建造房屋,到 1948 年 3 月完工,巴刹南美诞生。

图4—1   1950 年《苏门答腊民报》报道的华人应对巴刹南美搬迁事宜

巴刹南美建立后,逐渐成为华人聚居的村落。到 1950 年 10 月,巴刹南美人口共有 1871 人,其中包括 60 名印尼人,8 名印度人,户口有 227 户,是来自 66 个地方的难民。[①] 20 世纪 50 年代中期,棉兰各区如峇厘街、上海街、养中街、张榕轩街等处的华人小贩被市政府下令集中于巴刹南美内经营,巴刹南美继续扩大,人口骤增到 3000 人以上,[②] 成为棉兰市内华人最为集中的区域。

总体而言,"二战"后苏北的城市化可以说是在人口增加的背景下,苏北民众由落后的打板奴里向苏东聚集,特别是向苏东的日里昔梨冷县集中,人口向着苏北主要城市的集中,城市化呈现出明显的不平衡性。而华人的城市化则是受到战后战争的影响被迫集中到大城市,成为苏北城市化大潮中的一股细流。

---

① 《二千人生聚小天地——巴刹南美(一)》,《苏门答腊民报》1951 年元月 5 日,第 4 版。

② 《本市巴刹南美的建立》,《苏门答腊民报》1952 年 8 月 21 日,第 6 版。

表4—2 　　　　　　　　　　　1930—1961 年苏北人口变化情况

	苏东	亚齐	打板奴里	苏北	苏门答腊岛
面积（平方公里）	31700	55400	39100	126200	473800
1930 年人口（万人）	167.3	100.3	104.1		825.5
1930 年密度（每平方公里）	52	18	27		17
1950 年人口（万人）	187.4	125.4	130.3	443.1	1032.0
1950 年密度（每平方公里）	59	33	22		21
1961 年人口（万人）	331.7	162.9	164.8	659.4	1573.9
1961 年密度（每平方公里）	105	42	29		33

表4—3 　　　　　　　1920—1961 年苏北主要城市人口增加的情况 　　　（单位：万人）

城市	1920 年人口	1930 年人口	1950 年人口	1961 年人口
棉兰	4.52	7.7	25	47.9
先达	0.55	1.5	4	11.5
亚沙汉	0.79	1.5	2.0	2.9
民礼	0.62	1.2	2.5	4.5
古打拉夜	0.94	1.1	2.5	4.0
实武牙	0.58	1.1	2.5	3.9
丁宜	0.82	1.4	2.0	2.6

注：本表中的苏北以苏北省的面积为标准，忽略了苏东的区域变化情况。

材料来源：1. ［苏联］Б·Ｎ·安季波夫：《印度尼西亚经济地理区》，福建人民出版社 1978 年版，第 71 页。

2. 自修周刊社编：《南洋贸易指南》，自修周刊社 1940 年版，第 87—88 页。

3. William A. Whitington, The Major Geographic Regions of Sumatra, Indonesia, *Annals of the Association of American Geographers*, Vol. 57, No. 3（Sep. , 1967）, p. 538.

4. A. Cabaton, Java, *Sumatra and the other islands of the Dutch East Indies*, New York, C. Scriber's sons, 1914, pp. 291 - 295.

表4—4 　　　　　　　　　1930—1954 年苏东各县人口的增减

	1930 年	1948 年	1954 年
日里昔梨冷	536000	749800	917000
西米垄坤	285000	426200	431000

续表

	1930 年	1948 年	1954 年
亚沙汉	200200	211900	213000
加罗	86500	134800	115000
冷吉	254900	228000	254000
老武汉峇都	—	—	158000

材料来源:1.《苏东各地人口统计》,《苏门答腊民报》1948 年 7 月 29 日,第 4 版。

2.《苏北人口统计》,《新中华报》1954 年 3 月 31 日,第 5 版。

二 苏北城市化之因

苏北的城市化主要是打板奴里峇达人向苏东的流动造成的。19 世纪 60 年代种植园制度开始在苏东地区推广,根据 1862 年荷印政府与日里苏丹达成的政治协议,种植园所使用土地有 75 年的使用权限。到 1937 年政治协议期满后,荷印政府又和当时的日里苏丹签订了新的协议,将土地使用权限延长 75 年。在政治协定的保障之下,苏北肥沃的土地逐渐被欧美资本家投资的种植园占据。种植园经济兴起后,苏东成为印尼的输出基地和苏北发展最快的地区,然而对于当地土著而言,种植园占据大片的土地,压缩了他们的生存空间。

截至 1950 年,在苏东的所有土地类型中,种植园土地面积远远大于印尼个人所持有的民间农业土地。苏东土地总面积 3031000 公顷,其中 888000 公顷为种植园租借地,种植园土地占全苏东土地的 30% 左右。民间农业土地面积 252000 公顷,仅占苏东土地面积的 8%。更有甚者,民间农业土地用于生产粮食的仅有 19200 公顷,占苏东土地的 6%。苏东农业总人口计 150 万,由 30 万户组成,每户平均 0.8 亩土地,其中水田仅 0.3 亩。[①] 大量的土地被种植园占据,导致了苏东每年平均必须输入 15 万吨左右白米才能满足居民需求。

种植园种植土地广阔其实与经济作物的生产特性有关。以烟园为例,为了得到优质烟叶,种植园主在收获烟叶之后,土地必须被休耕 8 年,这样无形中种植园就会储积大片土地用于更替。为了维持和土著人的关系,

---

① 《一年来苏东农运与土地问题》,《苏门答腊民报》1952 年元月 1 日新年增刊,第 10 版。

种植园主和苏丹签订的协议规定，在烟叶生产的休耕期，土地可以被分配给农民用来耕种，不过附加的条件是："农民不可以只借用一次而且不可在该地上种植硬性的植物"，因为烟园的土地一旦被农民灌溉种植水稻，将不再适合烟叶的生产。1932年荷印政府将苏东的农民划分为三类，一是世代居住者，可分配6000平方米的土地；二是从其他地方移民者，可获得土地4000平方米；三是寡妇和孤儿，可获得土地2000平方米。[1] 然而这种规定仅仅是理论上的规定，实际上苏东的农民很难达到这种标准。

峇达人进入城市是内部分化的结果。外来移民没有大量进入苏东之前，峇达人广泛分布在苏东山地及打板奴里腹地。随着外来文明在打板奴里的深入，峇达人的生活发生了分化。一部分受到基督教开办的教会学校教育的峇达人离开学校后，进入苏东，成为底层公务员和教师等，他们的生活日趋现代化。而那些没有接受教育的峇达人，仍生活在传统的山地村落中，以耕种为生。虽然生活在城市和传统乡村的峇达人生活方式不同，然而他们之间在文化习俗上仍保持联系。生活在传统乡村的峇达人受到生活在城市中的峇达人的影响，对城市的生活方式充满了期待。从"二战"前，受到城市文明吸引的峇达人就开始向苏东移民，这种移民在战后的40、50年代达到了高峰。

"二战"前，打板奴里的峇达人不被允许随意进入苏东平原地区。一方面对于伊斯兰化的马来人而言，峇达人是异教徒和基督徒，两者的宗教信仰和生活习惯相冲突，两者之间格格不入。另一方面，也是最主要的原因是苏东海岸线的苏丹和荷印政府达成政治协议，提供给欧美资本家以大片种植园，而这为苏丹们带来了高额的租金，峇达人的到来则会破坏种植园的运作，进而影响到苏丹的财富收入。"二战"前峇达人所进入的区域主要是地势较高的西米垄坤县。由于峇达人在农业生产上富有经验，能够为西米垄坤县的种植园工人提供粮食，进而增加了西米垄坤苏丹的财富和特权，西米垄坤的苏丹相对欢迎峇达人的到来，在西米垄坤县，每个峇达家庭可获得1公顷的土地，这些土地可被继承，但不可被买卖和变更户主，除非有苏丹和荷印政府的特许。

---

① Police Division, Military Administration Headquarters, Translated by Shiraishi Saya, *Consideration concerning order in Sumatra*, Indonesia, No. 21 (Apr., 1976), pp. 130 – 131.

　　日本统治时期，苏东苏丹在战争期间丧失了统治的权威，峇达人被限制进入苏东平原地带的规定被打破。日本侵入苏东后，欧美所开办的种植园生产处于停滞状态，迫于粮食的需求，日军允许峇达人进入苏东占领荒废的种植园。在 1942 年至 1945 年间，由日军分配给苏东农民厝于种植水稻的土地约有 40000 英亩。① 在苏东获得土地的事实更加刺激了居住在偏僻的打板奴里腹地的峇达人涌入苏东。苏东的城市化由此进入快速发展时期。

　　"二战"后，大量的峇达农民仍不愿回到原来的居住地，变成苏东种植园的长期占领者。随着印尼革命的到来，政治领导人基于获得苏北土著政治支持的期望，并不愿意过分刺激定居在苏东的农民以及那些来自打板奴里的军人。为了解决越来越严重的农民占用种植园土地的问题，苏东邦政府曾在 1948 年颁布了交还土地给大农园主的法令，该法令规定，"假使一块土地，在园主返回原处时，仍由'非法占领者'的农民耕种的，农民则可继续在该地实行耕种，但假如遇到不被耕种（即使该块土地曾经借给农民或曾耕种过），而以后由农民事前没得园主的准许即进行耕种，则被视为'非法占领者'"②。然而由于苏东邦政府无力推行，解决峇达人占用土地问题也不了了之。

　　1949 年荷印圆桌会议后，面对严重的经济形势，印尼政府颁布新的解决土地问题的纲领性文件，重点是照顾印尼籍农民。为实行这个总纲领，1950 年 7 月苏北政府在棉兰组织了"棉兰土地总委会"，相应地各县也成立土地委会，负责对境内农民占用土地问题进行调查，以备政府提出具体解决方案。在土地委员会的工作下，农民占用土地的解决方案很快出炉。1951 年 6 月，印尼内政部部长颁布了关于解决苏东烟园土地的决议，决议规定烟园必须将约 13 万公亩不用的土地退回政府，以便分配给农民。③

　　根据苏北政府的计划，分配给农民的土地将分为两种。一是对于真

---

① 《苏东工农概况》，《苏门答腊民报》1950 年 8 月 30 日，第 3 版。

② 《一年来苏东农运与土地问题》，《苏门答腊民报》1952 年元月 1 日新年增刊，第 10 版。

③ 《政府十三万公亩耕地即将分与农民种植》，《苏门答腊民报》1951 年 11 月 28 日，第 4 版。

正需要土地的人，分配其可以耕种的土地进行生产。二是分配给农民的土地其中一部分不适合农产品的耕种，这些土地将被用于出租，其面积应不及前者。农民对于土地只有使用权，在这五年中，如证实农民遵循农业局的条规，政府将可以给予农民土地的全权。

印尼政府实际上采取了保护峇达人占用苏东种植园土地的政策，为他们的非法占用土地提供了新的合法的依据。这一政令颁布之后，更刺激了峇达人从山地向平原移民，城市化的进程势不可当。到1957年，不少于115000公顷的种植园土地已被峇达人非法占用。[①] 1955年印尼土地部长一行抵达冷吉，与冷吉州长等人视察甘光沙姑达种植园，他们发现，自1952年来，该地已经容纳了379家农户，共1900人口，每户拥有土地一公顷半，农民生活很好，甘光内并已设有学校、小教堂和农民自己组织的合作社。[②] 根据克拉克·康宁汉（Clark E. Cunningham）访谈数据，在1950年至1956年之间，至少有25万多峇峇达人从苏北中部的峇里山山地进入平原。[③] 1930年棉兰的人口比例中，多峇峇达人低于5%，但是到了20世纪50年代后期，多峇峇达人的比重已经在10%至20%之间了。[④]

值得说明的是，苏北城市化过程中，峇达人流入的方向是从打板奴里以及苏东加罗、西米垄坤山区向苏东平原各地的流动，与苏东接壤的同为平原的亚齐区却没有获得峇达人的青睐。在亚齐与苏东冷吉交界的瓜拉新邦，20世纪50年代，居民以亚齐人和爪哇人为主，亚齐人在各村落中务农，爪哇人多数是橡胶种植园的劳工，此外还有少量的米南加保人，多是商人。马达山和多峇湖环近地区与之距离虽然很近，可是峇达人仍特别稀少，1958年《苏门答腊民报》的一位记者巡礼瓜拉新邦时写道："在我旅居新邦的几天内，除曾遇见有其他别处调来的警察是马达族

---

① Karl J. Pelzer, The Agrarian Conflict in East Sumatra, *Pacific Affairs*, Vol. 30, No. 2（Jun., 1957），pp. 152 – 154.

② 《土地部长视察苏东各地完毕》，《苏门答腊民报》1955年2月5日，第4版。

③ Clark E. Cunningham, *The postwar migration of the toba-bataks to east Sumatra*, Yale University Southeast Asia Studies Cultural Report Series, 1958. p. vii.

④ Edward M. Bruner, Batak Ethnic Associations in Three Indonesian Cities, *Southwestern Journal of Anthropplogy*, Vol, 28, No. 3（Autumn, 1972），p. 210.

人外,并未见有其他的马达族人。"①

三 苏北城市化对华人工商业的影响

苏北的城市化对于华人工商业深刻而复杂的影响,大体而言,可以分为两个方面去讨论。

(一) 进入城市的峇达人为生存之计,许多人从事门槛较低的商业,挤压了华人商业的生存空间

棉兰市新市场的扩建便是此例。20世纪50年代,棉兰市的正式巴刹共有6座,其中中央市场是东南亚规模最大最美丽的巴刹,也是棉兰华人零售商最集中最多的市场。

"二战"前在中央市场183间商店中,印尼籍租货者60间,华人110间,其余13间为其他外侨租用。"二战"后,打板奴里峇达人大量涌入棉兰,经营零售生意者也随即增加,他们迅速占用了中央市场内空余的摊位。新市场周围也成为他们摆摊的场所,峇达小贩甚至把货品堆在中央市场外的路中贩卖。1953年底,棉兰市政府在中央市场外围添建了500多个锌棚摊位,全部分配给印尼小贩,不过这对持续增多的峇达人小贩而言仍是杯水车薪。没有固定摊位的小贩们有增无减,中央市场管理者发现:"在路上摆卖的现象只克服了一个时候,以后又回归原样,甚至连各店铺门口都为打游击的小贩们占据了。"② 从1953年到1957年中央市场又新建100多间商店,摊位无一空虚。

拥有众多华人小商的中央市场始终被印尼民族主义者视为心腹之疾。为改变中央市场华人的优势地位,棉兰印尼商人协会于1957年呈文棉兰市长与地方议会,要求将中央市场的摊位以51%归印尼商人经营,49%则由外侨商经营之。他们认为印尼商人经济能获顺利进展后,则应该"次第更改之,即75巴仙印尼商人,25巴仙华侨商人"③。棉兰印尼商人协会之所以不完全剥夺华人的商业机会,在于华人早在日本占领苏北之前,已经获得摊位的所有权。虽然印尼已经获得独立,可以制定有利于

① 《瓜拉新邦之行》,《苏门答腊民报》1958年3月6日,第2版。
② 《东南亚最大的巴杀》,《苏门答腊民报》1958年6月30日,第4版。
③ 《棉兰市地方议会现正整理新巴杀新例》,《新中华报》1957年7月16日,第4版。

印尼民族商人的各项条例，不过这些在商业活动中处于历史合法地位的华商的主权，不能在一时之间全部被变更取消。

在棉兰印尼商人协会的催促之下，棉兰市制定了特别倾向于峇达商贩利益的政策。[1] 同时，棉兰市政府宣布，棉兰市内的房屋也开始进行调查，居住在棉兰市政府所有房屋的外侨与平民，将被勒令迁出，以供公务员居住。

与零售业相似命运的还有外侨输入商，经过苏北对外侨输入商的整顿，1951 年苏北外侨输入商由"150 家只剩下 60 家……此后苏东所得到的分配额量，印尼商家可获大部分，余者即分与外侨商家"[2]。为优先发展印尼民族商业，华侨商业的身份问题成为商业能否受到限制经营的关键因素。

在被允许经营的商业中，城市化背景下，由于各地发展的不均衡，华人的商业受各地消费能力影响较大。在苏北，华人充当了马来亚与苏北物资交流中间商的角色。如图4—2 所示。

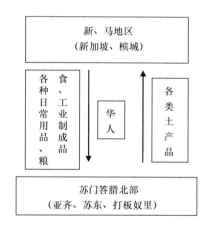

图4—2　华人在新、马与苏北物资交流中的作用

华人商业的好坏主要由印尼人的消费能力决定，印尼人的消费群主

---

① 《本棉市议会通过新市场个摊位租金均提供五十巴仙》，《苏门答腊民报》1958 年元月 10 日，第 4 版。

② 《整肃后苏东岛际输入商》，《苏门答腊民报》1951 年 5 月 21 日，第 4 版。

体有两类, 一类是生活在乡村的土著; 另一类是种植园的爪哇工人。土著的购买力和爪哇工人收入的高低都由苏北的农产品在国外市场需求状况决定。当国际市场对苏北农产品和经济作物需求旺盛, 印尼人的收入就相应高涨, 由于印尼人不尚储蓄, 其收入一般全部用于消费, 由此华人的商业也就会出现利好的局面。反之, 国际市场需求低迷, 华人商业也相应平淡低落。在苏东的一些地方, 峇达人的涌入一定程度上冲淡了这一固定的模式。

先达是苏北省第二大城市, 为苏东与打板奴里及苏中省一带的交通重镇, 20 世纪 50 年代初, 由于国际市场上对橡胶的禁运, 苏东各地商业平淡, 然而先达华人市场, 却因峇达人的比重高, 仍呈着活跃的风景, "这里的原住民——峇达民族的妇女们, 大都勤于耕种……民间购买力仍不是低落……同侨饮食店的顾客特别拥挤……这里的原住民(峇达人)多数不信奉回教, 大家都吃猪肉"[1]。与先达同是西米垄坤县的三板头也因城市化下人口的增加而商业繁荣一时:

> 每逢星期五, 便是本埠的墟市日, 这天附近各个乡村的农民及园丘的一部分工人, 都到埠中来集散。他们对自己所收成的农作物及一些手工品拿到市上去卖, 因而这天市上的土产非常便宜, 他们把带来的东西卖完了, 便买一些日用品带回去……这天的三埠便成沸腾的热闹市……商店也活跃起来……街道上熙往攘来的人非常多, 巴刹那边更是热闹, 喧嚣的人声, 汽车的行驶声及喇叭声好像合奏起一种不协和的音乐来……客车的生意更是好做, 几乎车车满座, 同时比平时多跑两三趟, 以图增加收入。这样热闹了大半天, 直到午后, 恢复平静, 生意人也停止了他们的买卖, 满心欣慰踏上归途。[2]

在人口流出的农村, 华人商业凋敝萧条。班年是苏东东部的一个沿海城埠, "二战"前老武汉峇都县及其附近的物资多由此转运到新、马, 班年也成为亚沙汉东南部最为发达的城市。"二战"前班年城内的零售

---

① 《先达——活跃的市场》,《苏门答腊民报》1952 年 7 月 10 日, 第 4 版。
② 《三板头一瞥》,《民主日报》1959 年 5 月 6 日, 第 3 版。

商、二盘商多是由华人充当。印尼独立革命期间，社会思想发生变迁，印尼农村中"村人之稍有智识者，为谋民族独立作爱国活动，智识较差之青年……群起响应，放弃农村，齐集于都市"，这些进入城市的印尼村民为求得生存，大量涌入菜市场，导致"鱼吧杀前、菜吧内全数为印尼零售商，货品虽贩自华商，但因民族观念与特殊地位，语言关系，吾侨之二盘商大受重击"，留守在传统农村的多数是老弱病残的弱势群体，他们"行动尚不能顾，焉能任粗重之农园工作，势不得不任其荒芜，遭受狗熊野兽之摧残，不数年已成为山芭，蔓草丛生，野猪成群，成为废墟，欲期恢复农村繁荣，非经过一段长时间，及相当资本，大量人力，不能为功。因是土产之生产，率虽未绝迹，最多亦只供市面厨房菜肴之配料而已"①，进入那些采购班年城内华人商品的三盘商也因生意无事可做而大量倒闭，华人商场一片惨淡。

（二）一些华人敏锐地捕捉到时代的变化，从商业部门中脱离出来，创办了一些新的行业部门

以苏东的屋荒现象为例，战后伴随着苏东的城市化，在棉兰、先达、民礼、丁宜、亚沙汉等大城市都出现了严重的屋荒现象，屋荒的出现又迫使政府和私人不得不兴建大批房屋以满足社会需要，由于当时的房屋多数是板木结构，板木成为需求旺盛的建筑材料。20世纪中期，板木业成为亚沙汉市最为蓬勃的部门，全市计有大小商家14个，其中华人的板木业约占一半左右，② 华人的板木原料树桐均由亚沙汉附近森林砍伐，各板木商家均向森林局讨取森林砍伐许可，并雇用印尼人开垦，人数在百人左右。华人经营有方而且规模宏大，每日出产量在10吨以上，在与其他印尼人企业竞争中处于优势地位，这样的情况在其他工业部门也是如此。据相关报道，1954年，全苏北省统计共有大小工厂3500家，其中约30%为印尼民族所有，其余皆由华侨及其他外侨所经营。③ 苏北中等企业如木器、白铁、汽水、肥皂厂等共有4187家，印尼占1512家，欧人61

① 徐雁声：《班年面面观》，《苏岛时报》1954年元月1日元旦增刊，第15版。
② 《亚沙汉的主要工业》，《苏岛时报》1954年元月1日元旦增刊，第14版。
③ 《全苏北大小工厂统计达三千五百家》，《苏门答腊民报》1955年1月14日，第4版。

家，华人、阿拉伯人及印度人共 2614 家。①

　　总之，在城市化背景之下，华人的零售商业因身份问题受到峇达商贩的冲击影响颇大，但是凭借着华人在商业中积累的信息敏感性和灵活有效的管理经验，苏北华人依旧在工业方面取得了竞争中的优势。

第二节　城市化背景下华人社团的发展

一　苏北各地社团发展的总况

　　笔者按照 1947—1960 年《苏门答腊民报》《新中华报》《民主日报》《苏岛时报》的刊载情况，统计了苏北 86 个城埠的 1096 所华人社团，②根据这 1096 所社团成立时间的清晰程度可分为三类：A 类是时间点清晰者，共有 604 所；B 类模糊可知是"二战"前后成立，共有 297 所；C 类是完全不清楚其成立时间状况，共有 195 所。从社团数量的增加情况可以看出，"二战"后是社团飞跃发展的时期。

　　20 世纪前半叶，苏北社团发展一波三折。考察成立时间明确的社团，可知，从晚期到世界经济大萧条前夕，苏北社团出现一个快速发展的时期，建立的社团从血缘、地缘性的同乡会、宗亲会向全国性的联合性组织过渡，华人的民族主义逐渐高涨。在经历 30 年代的经济大萧条和 40 年代的日本对苏岛的占领，华侨社会相对沉寂。从 1945年日本投降到 1958 年苏北右派社团被封闭前夕，苏北社团迎来发展的井喷时期，在世界政治局势和中国大陆巨变时期，苏北华人社会同

----

① 《苏北中等商共有 4187 家》，《新中华报》1954 年 4 月 9 日，第 2 版。
② 统计包括同乡社团、血缘团体、职业团体、中小学校、综合性社团、华人华侨政党性团体、文体娱乐类（包括童军团和学术研究会）团体、慈善公益类团体，不包括营利性公司组织、宗教会所、学生同学会、自治会、级联会、联合会。如：棉兰书局、中华基督教卫理公会、观音会、苏东中学同学会、青夜学生会、苏岛中华学生联合会未在统计之列。同一学校的董事会与学校、中学部、小学部、女学部，皆是按一个社团进行统计，学校和它的附属学校、夜校，总会和分会，社团主办的学校和该社团视为不同单位。如：南中董事部和南中学校统计为一单位，华英中学董事会、华英中学部、小学部、女学部统计为一单位。苏东中学、苏中附属一小、附属二小、附属三小、附属四小统计为五个团体，养中学校与养中夜学为两个单位。社团和它们组建的团体视为同一单位，如：大埔青年国术社与大埔青年国术社醒狮队，小商合作社和小商公会计为一单位。

步出现活跃状态。

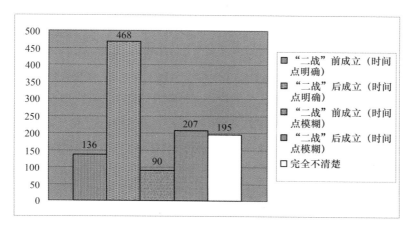

图4—3 "二战"前后苏北社团发展情况

材料来源：根据笔者对苏北五种中文报纸出现的社团名称统计而得。

上述1096所社团所分布的城市中，有10个城市的社团超过了20所，以1945年为分界时间，其具体情况见表4—5。

表4—5   **1870—1958年苏北社团分布最多的城市**

次序	城市	社团总数	成立时间		
			1945年前	1945年后	不清楚
1	棉兰	259	74	158	27
2	丁宜	61	8	42	11
3	先达	60	11	30	19
4	亚沙汉	51	12	27	12
5	民礼	36	11	21	4
6	奇沙兰	32	4	21	7
7	实武牙	31	11	12	8
8	兰都	30	3	23	4
9	冷沙	27	2	10	15
10	冷吉	20	5	13	2
11	巴敢	19	3	16	0

次序	城市	社团总数	成立时间		
			1945 年前	1945 年后	不清楚
12	古打拉夜	17	6	10	1
12	勿拉湾	17	1	13	3
12	新邦帝加	17	2	15	0
15	巴东实林泮	16	2	12	2
16	老武汉	15	2	9	4
17	丹绒乌拉哇	14	1	13	0
18	瓜拉新邦	13	2	10	1
18	火水山	13	5	6	2
18	司吉利	13	0	5	8

材料来源：根据笔者对苏北五种中文报纸出现的社团名称统计而得。

苏北社团保留了强烈的地域色彩。各籍华侨中，福建人的省域观念强于广东人，福建会馆遍布棉兰、冷沙、火水山、先达、老武汉、丁宜、实武牙，而广东会馆只存在于棉兰、实武牙、冷吉。省域之下以语言为标识的各籍华人中，广府人势力最强的是广州人和肇庆人，他们所创立的广肇同乡会，分布在棉兰、先达、古打拉夜、美仑、瓜拉新邦，湛江人所设的雷州会馆只在棉兰和民礼设立。海南人在棉兰、古打拉夜、火水山、奇沙兰、实武牙、先达、亚沙汉、峇都抛拉、民礼、勿拉湾、瓜拉新邦等地设立琼州会馆或琼崖会馆，客家人以惠州人和大埔人为主，惠州人在棉兰、火水山、冷吉、民礼、颂牙、巴敢都创立有惠州会馆或鹅城会馆（公所），大埔人势力则偏居棉兰一地，先后开办有大埔同乡会和大埔联谊会，组织大埔青年国术社，在棉兰有专门以大埔命名的街道。潮州人组建的韩江同乡会分布于棉兰、民礼、巴敢、先达、丁宜、冷吉、奇沙兰、三板头、颂牙、马达山、巴格拉湾、冷沙。福州人的集中地在棉兰和实武牙，两地都设有福州会馆，棉兰的福州公所成立于 1937 年，后来福州会馆因党派分歧而分为左右两派，在 50 年代冲突激烈，左右两派还分别创立榕侨幼儿园和三山中学。其他福建人中，龙岩人最具有商业联络意识，他们的同乡会设立于棉兰、丁宜、冷沙、先达、亚沙汉、实武牙。同安、金门、厦门人势力单薄,只在棉兰较为活跃,于 1921 年成立同安金厦公会。南安人崛起于"二战"后,其领袖人物薛两成、王振墙、辜芝德、周百梨、张尚树、张尚买、陈觉今等人,在棉兰涉足工商业、教育界、交通运输业,他们在棉兰组建的南安会馆和南安中小学分别成立于 1948 年和 1955 年。

苏北各籍华人对于社会事业习惯于各自为政,互不统属。在工商界,广府人、闽南人和客家人都有独立的商业团体,为各自的商业活动提供服务。福建人的商业组织行商同业社出现最早,成立于 1920 年,是以闽南人占据主导优势的商业社团,其领袖张念南、薛两成、张尚买、辜芝德、吴清吉、周百梨、许清凯、李启明、林辉源、陈功歪等人大部分是南安籍。广府人的商业社团是棉兰工商团,它创办于 1922 年,成员以粤籍为主。20 世纪中期,其主要领袖人物有陈煜均、何伟宣、钟泽兴、陈显南、黎新芬、周联庄、邝光也、李加练、林再光、丁伯文等人,团部人数约有 4000 人。客家人的商业社团苏岛华侨商业团,为客属嘉应华侨旅居苏岛的总体性组织,成立于 1947 年,目的在于联络嘉应同乡关系,便利工商业的发展,为便利外埠嘉应华侨办事,它在棉兰的团所内附设宿舍,专门供应嘉应人居留。主要领袖人物有张有品、张直端、张俊朋、巫志文、李德强、钟妙祥、钟善贤、钟一枚等人。

各籍华人的各自为政在教育界也是如此。"二战"前,苏岛棉兰最负盛名的学校有敦本学校、华商学校和养中学校,敦本学校为客籍人张榕轩、张鸿南发起创办,华商学校由闽籍人丘清德、苏安国倡议成立,养中学校的发起人则是惠州籍蔡衍爽、杨标合等人。后来三所学校历经变迁,虽然名称有所变化,但是它们所招收的学生仍以各自籍贯华侨子弟为主。

"二战"前,在所有社团中最有实力、影响最大的是苏岛中华商会联合会。1933 年苏东中华商会联合会成立,苏东各地相继加入成为会员,随后苏东中华商会联合会改名为苏岛中华商会联合会,苏北的打板奴里和亚齐中华商会加入,苏岛中华商会遍布苏北三地,会员总数达到 1797 人,涵盖了苏北各地华商的精英,内部运作良好,被称为"海外最有组织之商会"①。它的职能包括协调各商会的关系、处理同业竞争的纠纷、传

---

① 《苏门答腊之中华商会》,《外交部公报》1935 年第 8 卷第 10 号。

达政府法令，联络各界开展社会公益事业。由于商业在华侨的优越地位，苏岛中华商会实际上成为"二战"前各地华侨的最高领导机构。在各地的中华商会中，棉兰中华商会得到中华民国侨务委员会及实业部的备案。

"二战"后苏岛中华商会作为最有势力的团体仍然发挥作用，不过它在华人华侨社会中处于领导机构的地位，已经被左右派把持的华侨总会和侨团联合会代替。苏北各地的中华商会大多数为右派侨商所掌控，仅在先达完全由左派人士控制，丁宜、亚沙汉、实武牙的中华商会成为左右派争夺的主要对象。由于左右派势力在各地的强弱不同，各地的华侨华人社会的领导机构不尽相同，一般而言，左派势力发展良好的地区，左派会联合其他左倾社团成立华侨总会，并排斥右派势力，或向右派把持的华侨总会的领导权发起挑战，右派失败后再组建侨团联合会。右派势力稳固的地区，社团最高领导机构一直由右派把持的华侨总会和侨团联合会负责。[①]

二　棉兰社团的发展历程

由于棉兰社团在苏北各地社团中处于绝对优势，并且棉兰社团在各地社团中多处于领导地位，有必要对棉兰社团作单独分析。笔者以1947—1958年《苏门答腊民报》《新中华报》《民主日报》《苏岛时报》中刊载的社团为对象，先后统计了棉兰的259个社团，[②] 按照它们成立的时间段，笔者将之划分为四个时期，一是从1878年至1942年的战前时期；二是从1942年至1945年8月日占时期，三是战后至1949年底；四是1950年至1958年4月。在这259个社团中，成立时间不详者有27个，时间段可考者共232个。

棉兰最早出现的社团是成立于1878年的鲁北行，它是以鲁班为共同先师的团体，从它的成立时间上看，在同光年间已经有大批的从事木业的华侨手工业者南来苏岛。清朝灭亡之前，相继出现了福建公司、惠州公司、广东公司、江夏公所等团体，这体现了在早期的华社中，华社团结的意识有所增强，一些家族如黄氏在当时已经成为一股重要的社会势

---

① 具体情况，参加下章所载。
② 统计方法与上述对苏北统计相同。

力，但是华侨的联合还没有突破地域、血缘的限制。民国建立后，存益团、永春公所、苏岛大埔同乡会、西河公所、叶南阳堂、冯氏始平堂、黄王温郭堂、工商团等诸多具有地域性同乡会和血缘性社团纷纷建立，这也能推测出越来越多的华侨靠着投奔亲友的方式，来到苏岛。

从民国到日军侵占苏岛前夕是棉兰社团发展的一个繁荣时期。棉兰出现一些具有广泛群众基础的社团，其中最具有代表性的是苏岛华侨工联会。苏岛华侨工联会在 1922 年成立于棉兰，当时因棉兰华侨工友在关帝庙观看粤剧引发冲突，于是该地木业团、革履团、文华行、理发团、缝业团、油漆团、敬存堂七大工会团体进行调节，继而各工会团体领袖认为有团结的必要，遂有工联会的创设，后来，华侨工联会逐渐演变为六大工会联合的团体。即苏岛中华木业团，成立于 1919 年。泥水同业团，创立于 1912 年，前身为鲁城行，1915 年鲁城行停办后，1919 年在邝光、梁珠、何惠等人的号召下复办，并向荷印政府正式注册，定名为泥水同业团。轩辕缝业团成立于 1914 年，是工联会中人数最多的社团。中华革履团，在关少伟、张庭森、李炳、张大容、梁如九等人的倡议下于 1913 年成立，该团受到同盟会的影响，实行总理制。苏岛金业团于 1913 年成立，原名文华行，1935 年改为金业团，以金匠胡靖为先师，每年 12 月 6 日在先师诞辰日举行庆祝活动，抗战爆发后，该团积极进行筹赈工作。华侨机器工会，创立于 1938 年，成立后也积极进行筹赈中国抗战活动。轩辕缝业团、苏岛中华木业团等团体带有明显的中华民族意识，表明了中华民族意识得到了明显的增强。在这一繁荣阶段，据笔者对社团数目的统计，至 1942 年日本占领苏岛前夕，成立的社团已达 70 个。①

棉兰社团侨校在 20 世纪 40 年代遭受过两次重大打击。一次发生在苏岛日本占领苏岛期间，因棉兰华侨积极支持祖国的抗战活动，国民党党部和许多社团被摧残打击，被迫停止活动。另外有一批社团骨干回国参加抗战，使得一些社团的业务活动无形之中处于瘫痪状态。第二次是在1947 年荷兰警卫行动时期。1947 年荷印战争爆发，印尼共和国军实行焦土政策以对抗荷军的进攻，荷军武力封锁苏岛与新、马地区的商贸活动，

---

① 这 70 个是指在"二战"后仍存在的社团，不包括在"二战"以及战前已经消失的社团。

棉兰华侨人身财产损失严重，商业活动受到重挫，诸多社团人员四散，财力不济，会务再次陷入停顿。

日本投降后至1949年末，是棉兰社团发展的另一快速时期。这一时期，民盟领导人秉承"九·二〇"的光荣历史，培养了大批骨干力量，建立了棉兰华侨总会、华侨职工会、华侨青年团、华侨妇女会、华侨工农联合会、民主日报社等左派社团。另外，一批国民党党员纷纷出狱或从中国重返苏岛，尤其是在警卫行动后，在他们的领导下，战前的老牌社团、学校大量复办，出现了以苏东中华侨团联合会为首的右派社团的大联合。据统计，抗战后一共新成立了76所（未计棉兰华侨保安队，仅存在于1946—1948年），连同复办的老牌社团，到1949年底棉兰社团共有150所。

从1950年至1951年底，据统计，成立了24所社团，消失了2所。成立的24所中，左派社团有16所，占据了2/3的比重。华侨左派的大团结在这个时期得到了蓬勃发展。如1950年成立的苏北华侨青年总会联合会，其成员有36个，遍布亚齐和苏东的各大城市。①这一时期右派明显处于颓势，但是他们的活动也不是乏善可陈，右派开始重视青年工作，成立了苏岛中华青年协会总会，统协筹备各地华侨青年协会的建立。消失的2所分别是苏东救济华侨难侨总会和苏东华侨青年总会。苏东救济华侨难侨总会成立于1946年，总部设于棉兰，分部遍及先达、民礼、奇沙兰、亚沙汉、火水山等十余个城埠，在警卫行动后，对保障华侨基本生活、恢复生产经营做出了不可磨灭的贡献。随着华侨华人正常生活的恢复，苏东救济华侨难侨总会在50年代初宣告结束。苏东华侨青年总会于1950年底合并于苏北华侨青年总会之中。

从1952年到1958年4月国民党党团部和亲国民党的社会团体被查封的6年间，社团数量除了最后两年外，仍保持了快速增长，从1952年至1956年的五年中，成立了52所，1957年至1958年仅出现6所。无论左派还是右派，在这段时间内，都比较热衷于创办学校，左派创立了苏加拉美工农学校、崇文中学、华侨青年第二夜学，右派学校是中青夜校、三山中学、南安学校、行商学校、木业总工会义校、晋江学校、苏东中

①　《苏北青总第一次代表大会特刊》，《民主日报》1950年12月30日，第2版。

学附属英文夜学和高等师范专科。这固然反映了华侨学生数量的增长趋势,同时也隐含了双方在争取学生支持方面,在这个时期出现了一个高峰。这个时期有 8 所社团消失,分别是:苏东酒业公会、民主同盟苏岛支部、棉兰分部、苏东华侨总会联合会、育才学校(原名华侨学校)、光华中学、苏东中学附属七小、苏东中学幼稚园。苏东酒业公会和民主同盟苏岛支部、棉兰分部于 1952 年解散,苏东华侨总会联合会 1952 年 3 月并入新成立的苏北华侨总会联合会中,育才学校和光华中学 1955 年合并成立崇文中学,1955 年苏东中学附属七小更名为三小,原三小并入一小。1957 年苏东中学幼稚园宣告结束办理。

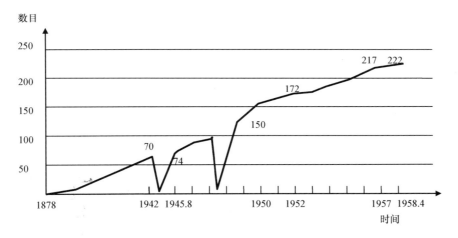

图4—4 1878—1958 年棉兰社团发展曲线

材料来源:根据笔者对苏北发行的五种中文报纸中社团的名称整理而得。

三 战后侨校发展的热潮与形成因素

苏门答腊最早的学校是 1907 年由棉兰侨领客家人张榕轩所创办的敦本学校,继而,棉兰另外两位闽籍侨贤丘清德和苏安国于 1908 年创办华商学校。1911 年广东惠州人蔡衍爽、杨标合等创办养中学校。此外还有神州学校、通系学校,共五所高小和初级小学,这些侨校之间各自为政,经济上均由本籍华侨所支持,连同华侨幼稚园,在 20 世纪 30 年代,棉兰共有 6 所华侨学校,学生总数共有 1700 余人。

1929 年由棉兰谢联棠、张念遗、温金发、黄汉卿、姚尔融、丘毅衡等人共同提倡呼吁将棉兰6所华侨学校合并组成华侨教育总会,原来的各个学校改为该会属下第一至第六区学校,这之后添设了第七、第八、第九区学校,学校的经费来源除征收学费外,由中华营业公所向经营烟业的华商征收月捐,每年两万余盾。为便于华侨学生的升学,1930年在棉兰市热心教育的侨贤倡议下,苏东中学应运而生。为统一棉兰中小学教育,华侨教育总会随即宣告结束,一切管理行政事宜交由苏东中学董事会处理,苏东中学之下附属八所小学,小学学生共2200余人,苏东中学学生160余人。除学费外,学校的经费主要由糖米杂货公会拨助。

棉兰之外,苏东有"四培"学校的创建,皆由侨贤林国治发起。林国治为福建漳州人,侨居亚沙汉。1909年与丘昭忠创设蒙学堂,到1912年在杨章成等人的支持下,蒙学堂改为培善学校。1917年在奇沙兰创办培育学校,1920年在峇眼亚比创设培材学校,在万叻浮罗创办培智学校。"四培"学校对于中华文化的传播及人才培养居功至伟,其中尤其以培善学校最为闻名,培善学校规模宏大、设备充实,教学管理严格,享誉苏岛。

亚齐各地中,古打拉夜有中华学校和振华学校两所华校,中华学校规模居于亚齐各地之首,人数有300余人。鹿树昆有中华学校和图强学校,除此之外的沙璜、司吉利、司里汶、美仑、司马委、打京岸、鹿树昆、板端拉务、怡里、冷沙、瓜拉新邦都设有一所华校,其中以瓜拉新邦的启文学校规模最大,据1934年中华民国棉兰领事馆的调查,其人数为256人。① 在打板奴里的实武牙、打鲁栋、巴东实林泮和诗里加冷都设有一所中华学校。

根据《南洋年鉴》所统计数字,1931年包括望加丽县在内的苏东共有66所学校,亚齐16所学校,打板奴里4所学校。1926年苏东华校学生有3932人,亚齐有1223人,打板奴里有100人,共计5255人。②

在华侨的通力合作之下,又因没有党派利益的分歧并且有可持续的中国大陆人士南来投身于教育事业,"二战"前,棉兰的华侨教育质量优良,被称为苏岛教育的一个黄金时期。不过从苏北华侨20万人的规模来

---

① 《亚齐视察报告》,《外交部公报》1934年第7卷第8期。
② 傅无闷总编辑:《南洋年鉴·文化》,南洋商报出版部1939年版,第98—100页。

看，受到教育的华侨人数相对稀少，对于广大华侨而言，教育仍是可望而不可即。

为便于说明侨校"二战"后急剧增长的态势，根据资料所载的情况，笔者将"二战"后苏北侨校的发展历程划分为三个时期：印尼独立革命时期、50 年代前期和 50 年代后期，在每个阶段笔者都选取一个时间点，通过考量该时间点华校数量及华侨学生人数的变化来表明华校急剧发展的态势。

印尼独立革命时期以 1948 年为时间点，1948 年 9 月荷印华侨教育课主任陈玉华访问苏东各埠，调查华侨教育情况，陈玉华调查中了解苏东华侨学生人数，在荷兰学校中有 800 人，在私立的华校中有 21000 人，[①]由此可知，当时苏东华侨学生共约 21800 人。考虑到 1953 年，打板奴里和亚齐外侨学校学生总数才 8000 多人的事实，可以推断 1948 年两地华校人数当在 8000 人以下。由此，大致可知，1948 年苏北华侨学校的学生在29000 人左右。

此时苏东的华侨教育有五方面的特征，尤其引人注目：一是华侨重视中国文化，华语普遍，华侨文化水准高于印尼其他地方，但对当地印尼文不够重视。二是华校经济方面好于其他地方，苏东中学以及亚沙汉、丁宜、先达等地的华校校舍建筑堂皇壮观，以至于"荷兰学校之校舍有者亦不能及"[②]，然而，因求学者日渐增多，学校的校舍已经不能满足需求。三是苏东各地华校因有亲共的左派和亲国民党的右派党派之分别，双方意见不合，影响了华侨教育。四是荷印政府对侨校不够了解，也不够关注，华侨教育缺乏监督。五是华侨学校教师工资较低，教师转业的现象普遍。伴随着华侨教育事业的发展，这五方面的特征也一直存在于20 世纪 50 年代苏北各地华侨学校之中。

20 世纪 50 年代上半期以 1953 年为点。自印尼取得独立革命的胜利后，苏北印尼政府便开展对苏北省境内的外侨学校进行调查，以便能够对之进行监督指导。根据 1953 年 10 月苏北外侨教育局的统计，全苏北计有华侨小学 192 间，教师 1391 名，学生 46235 名，各地华侨小学分布情

---

① 《荷印教育课主任谈视察苏东华校印象》，《苏门答腊民报》1948 年 9 月 24 日，第 4 版。
② 《荷印华侨教育课主任陈玉华君昨日招待记者》，《新中华报》1948 年 9 月 24 日，第 1 版。

况如下:

表4—6 **1953年苏北各地的华侨小学和外侨学校**

苏北各地	华侨小学	华侨教师	华侨学生	其他外侨或教会学校情况
棉兰市	26 间	455 人	16380 人	学校 15 间,教师 158 人,学生 6794 人
日里昔梨冷	46 间	203 人	7549 人	学校 2 间,教师 5 人,学生 119 人
冷吉	17 间	130 人	3824 人	学校 2 间,教师 9 人,学生 477 人
西米垄坤	13 间	114 人	4051 人	学校 3 间,教师 16 人,学生 515 人
亚沙汉	17 间	114 人	3475 人	学校 2 间,教师 11 人,学生 440 人
加罗	4 间	40 人	850 人	
老武汉峇都	22 间	81 人	2317 人	
大亚齐	2 间	34 人	1507 人	
齐北	8 间	39 人	1183 人	
齐西	1 间	2 人	101 人	
亚齐比里	5 间	18 人	475 人	
齐东	9 间	56 人	2033 人	
齐中	4 间	13 人	423 人	
北打板奴里	6 间	15 人	400 人	
中打板奴里	2 间	39 人	941 人	
南打板奴里	6 间	34 人	586 人	
领士岛	2 间	4 人	140 人	

材料来源:《苏北外侨小学校经登记者二百卅间》,《苏门答腊民报》1953 年 10 月 14 日,第 4 版。

除小学外,苏北华侨中学计共 14 间,全部华校的中学教师共有 201 人,学生 4624 人。由以上可知,1953 年苏北华校中小学学生的总数是 50859 人。

20 世纪 50 年代下半期的时间点是 1957 年,是苏北华校实行中国籍与印尼籍分校制度的前夕。据苏北外侨监督局的官方说法,1957 年 8 月苏北省学生中,中国籍 56371 名,印尼籍 19251 名,其他荷、英、印度各籍 1968 名。[①] 由于 1957 年亚齐已经从苏北省中脱离出来成为一自治区,因此这份数据没有包括亚齐外侨学校的情况,据 1958 年亚齐区外侨学校的情况可知,在 1957 年底亚齐城埠开办有 27 处外侨学校,学生总数为

---

① 《苏北外侨学生统计》,《苏门答腊民报》1957 年 8 月 20 日,第 2 版。

6755 人，其中印尼籍 1046 人，双重国籍（包括外侨学生）709 人。①

由上可知，1957 年苏北省和亚齐区华人学校的学生共有 84345 人，再以 1953 年华人学校的学生占外侨学生总数的 84% 计算，② 大致可算出，当时华人学校的学生总数约有 71000 人。

1948 年和 1957 年苏北华人总数约为 23 万和 30 万人，以每家 6 口人计算，1948 年苏北华人有 38000 户，1957 年苏北华人共有 50000 户。那么从 1948 年到 1957 年，苏北华人家庭每家上学的学生率从 0.7 人/户上升到 1.4 人/户。这表明了在 20 世纪 50 年代，让子女接受教育迅速成了苏北华人家庭普遍的现象，华文教育也已经深入华人的每家每户。

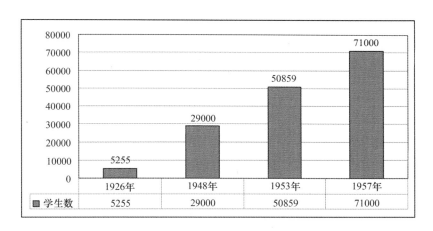

图 4—5　1926—1957 年苏北华校学生总体数量的增长

材料来源：1. 傅无闷总编辑：《南洋年鉴·文化》，南洋商报出版部 1939 年版，第 98—100 页。

2. 《荷印教育课主任谈视察苏东华校印象》，《苏门答腊民报》1948 年 9 月 24 日，第 4 版。

3. 《苏北外侨小学校经登记者二百卅间》，《苏门答腊民报》1953 年 10 月 14 日，第 4 版。

4. 《苏北外侨学生统计》，《苏门答腊民报》1957 年 8 月 20 日，第 2 版。

---

① 《苏东和打板奴里原有外侨学校 115 处 多达 92 处被关闭》，《民主日报》1958 年 1 月 5 日，第 4 版。

② 根据《苏门答腊民报》1953 年 10 月 14 日的《苏北外侨小学校经登记者二百卅间》一文报道，全苏北外侨中小学校，华侨小学学生 46235 名，外侨或教会学校学生 8345 名。苏北华侨中学学生 4624 人，外侨或教会中学学生 1643 人。由这些信息可计算出华校学生约占外侨学校学生总数的 84%。

苏北华侨学校的增加和学生规模的扩大是由几个因素共同作用的结果:

第一是苏北华侨华人人口的激增造成的。由前述可知,苏北的人口由1930年的20余万增加到20世纪50年代的30万左右,20余年间人口增加了50%。以棉兰为例,1930年时华侨人口约2.7万人,1957年经棉兰市政厅登记局登记的华侨华人共有8.2万余人,近30年间增加了2倍,学生的激增是人口增加下的产物。

第二是苏北华侨华人普遍重视华文教育的结果。在20世纪40、50年代,苏北华侨华人社会的中坚力量是出生于19世纪末20世纪初的一批华侨,这些华侨大多数是从中国南渡而来或是受过华文教育,他们以中国人自居,具有强烈的中国认同倾向,"二战"结束后,让他们的子女接受华文教育被广泛认可。

第三是华侨华人社会发展要求使然。华侨华人社会是一个以工商业为主导的社会,这就铸定了苏北的华侨华人青年的出路主要是进入工商业界,当时工商业界对人才的要求不仅在于具备基本的商业技能,如珠算、簿记、商场基本常识等,还需要具有一定的华文读写能力,因为苏北商场的许多商业活动涉及新、马地区以及香港等地,在华校中接受小学或以上的教育才基本上满足了此种要求。

第四是受到左右派政治斗争的推动。对于左派而言,创办学校,鼓励青年入学是他们扩大群众基础、争夺华侨社会领导权的有效手段。可以这样理解左派势力的发展过程,左派人士(多数具有中共党员身份)首先以教师的身份进入华侨学校,或者在商界人士或农村中的领袖的支持下建立学校,聘用左倾人士,这些成为教员的左派人士即可以学校为基地,把左倾思想传播给学生,进而在学生中成立以积极分子为骨干的学生会,扩大左派的影响范围,受到影响的学生再对其家庭进行动员,从而影响到华侨华人社会中的基层。

对于右派而言,在国民党失去大陆政权之后,重视教育是收复人心,防止中共渗透的必要任务。在国民党丢失大陆之前,苏北国民党党部的工作主要是从当地获得募捐,为国内提供资金支持,所以国民党党部特别重视华侨中的实力派人物,相对忽略青年工作的发展,大陆易手之后,右派的发展陷入被动,这时加强青年教育才日渐被重视,棉兰右派新设的学校多在 1950 年之后也反映了这样实情。总之，在以上几方面因素的共同作用下，战后苏北的侨校发展出现了热潮。

第三节 战后华人公益事业发展中的变化与问题

一 社团慈善事业的变化与问题

与南洋其他地方的华侨一样，华侨来到苏北也是受到政治方面和经济方面的压力和来自苏北的吸引力共同作用。大部分生活在苏北的华侨最初把苏岛视为暂时的旅居地，兴办社团最初的动力无论从消极的维持生存需要，还是从积极的谋求发展而言，目的都是使华侨在海外异乡获得保障，因而，在离开故土之后，对于兴办慈善事业，华侨向来都相当重视，兴办慈善一向是华侨社会的优良传统。

"二战"后社团的社会福利事业也有了与战前不同的地方。

其一是社团功能增加，慈善日益占据重要位置。"二战"之前，华侨背井离乡来到苏北，大部分华侨期望在苏北具有一定的财富积累后，再落叶归根、衣锦还乡或另谋发展。在此环境下，许多社团功能单一，福利慈善一般是旅行、医药、生活的扶持或丧葬的帮助，受人员流动的困扰，慈善仅限定为本社团的会员之内，范围既小，力量薄弱，又多所属临时性。"二战"后，许多华人谋生于此而老于此，随着中国政治时局的变化以及在当地繁衍生息，越来越多的人难以回归故土，华人的流动性受到了限制，华人更加重视在本地的生老病死问题。加之大量社团一时间兴起，为了吸引更多的华人加入社团，传统老牌社团逐渐强化了内部慈善功能，这样的情况在职业类社团和文化体育类社团中比较明显。根据笔者对棉兰这两类社团的统计，两类社团，在"二战"后普遍增设了慈善部或互助组。这些社团内部构造相似，在理事会之下设置慈善部或互助部，根据社团的发展需要，慈善部或互助部之下增设互助小组。

互助组是社团慈善部门中常设的组织，主要针对华人丧葬时的互助。互助组一般都广招华人普通民众为部友，这些部友仅需要及时缴纳月捐，在部友或部友亲人逝世时，就可以把本互助组的其他部友所缴纳互助金按比例，平均分配予逝世者亲人助作为治丧费用，同时，部友和慈善部的相关领导还需要帮助逝世者家庭料理丧葬事宜，为其增添声势。

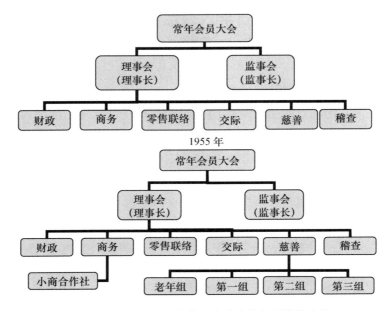

图4—6　1941 年棉兰中华小商公会内部结构的变化

材料来源：根据《苏门答腊民报》《新中华报》小商公会招募会员启事、职员改选新闻整理而得。

　　为了照顾会员利益，这些社团所做的慈善活动对会友提供额外优待：如上图所示的小商公会在 1954 年"该会购买新会所，其唯一之目的，扩充慈善事业，故会所内设有贫病寄疗室，以供染有疾病之会友作寄疗之用，又另设有殡仪室，专供给会友治理丧事之用"，不过，非会友也可使用会所的医疗设备和殡仪室，只是需要"依照该会详定细则而已"①。

　　慈善功能的强化对这些社团的发展是显而易见的。小商公会的规模随着慈善业务的扩展而逐渐扩大。1949 年 7 月底小商公会在慈善互助部

————————

　　①　《小商公会会员大会选出新职员 陈觉今蝉联理事长》，《苏岛时报》1954 年 4 月 11 日，第 4 版。

主任黄天泰的努力奔走与策划下,"各界同侨请求入会者日增,据查至七月底止,会员人数已由二百五拾余名,增至四百人以上"①,1950 年以后,随着小商公会慈善互助组的增添,会员人数在 1951 年初达到 1800 余名,1953 年下半年增至 2000 多人,1954 年 10 周年时已经超过 2700 名,成为苏北有重要影响力的社团之一。

其二是出现了在华人社会福利方面承担类似政府功能的综合性社团。"二战"之前,荷印政府对华人实行以华治华的政策,荷兰人任命华侨社会中的头面人物担任玛腰、甲必丹,玛腰或甲必丹虽然也多有兴办华侨福利慈善事业的善举,不过他们的这些善举多是个人行为,福利慈善的范围有限,对于普通华人民众之间的生老病死保障则是无能为力。"二战"后,苏北各地华侨总会和中华侨团联合会纷纷建立或兴起,通过打倒甲必丹制度的运动,这些新兴的综合性社团获得了华侨社会中的领导权力,这些社团因为兼顾的社会责任较多,慈善内容相对繁杂,既有丧葬婚嫁生育方面,又包括社会收容救济。

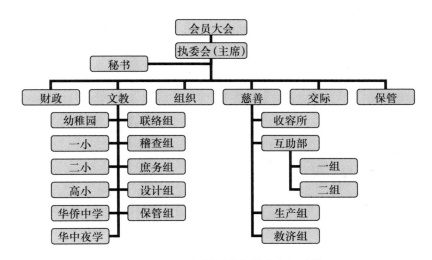

图 4—7　1951 年棉兰华侨总会内部结构

材料来源:根据1951 年《棉兰华侨总会1950 年7 月至1951 年6 月会务报告》(《苏门答腊民报》1951 年6 月24 日,第5 版)一文整理而得。

---

① 《小商公会会务进步会员日增　互助部已定期举行》,《新中华报》1949 年8 月8 日,第4 版。

棉兰华侨总会是棉兰左派华人最高领导机构,也是苏北华侨总会联合会的理事长单位,由苏北华侨左派领袖人物朱培瑄、叶贻东、张念遗、薛两成等人创办于 1945 年,在 1949 年后棉兰华总受中华人民共和国驻棉兰领事馆领导。棉兰华总慈善部下辖的收容所原是甘光勿刹收容所,始建于 1935 年,棉兰华总成立后归由该会所掌管,所收容的孤苦无依老人多数是战前种植园华工,因年老力衰丧失劳动力被淘汰流落街头,或因种植园停办失业,无家可归,在清理街头乞丐的行动中被华总收容安插于此,1952 年收容所老人共 270 余人,每月经费需要 15000 余盾,① 经费来源除了月捐和特别捐外,主要是华人社会的物资捐助。互助部情况与一般社团一样,生产组和救济组则是为受灾的华人提供必需的生活帮助及安插地。除此,棉兰华总的慈善活动还包括为贫穷华人介绍医院及请求减免医药费、收容病重华人,对华人施种牛痘等。

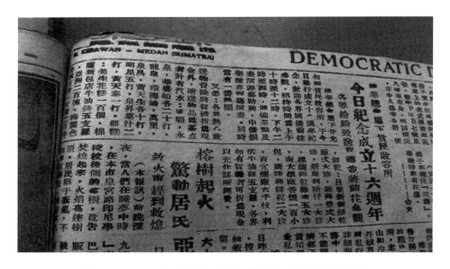

图4—8 1952 年《民主日报》载棉华总会贫民收容所
成立 16 周年场景

其三是出现了覆盖整个苏北的以全体华人为对象的专业慈善社团。

---

① 《棉兰华侨总会会务报告》,《民主日报》1952 年 8 月 2 日,第 2 版。

"二战"前苏北华侨具有较强的地籍、血缘观念和职业区分，各地成立的社团多数不能打破这些因素的限制，即便是一些社团如苏岛中华仁善会、中华侨生公会不再有地籍、血缘观念和职业区分的制约，然而因条件的限制，它们的受众仍没有覆盖苏北，"二战"后，随着苏岛民礼中华致公慈善互助部的出现，这种情况被打破。

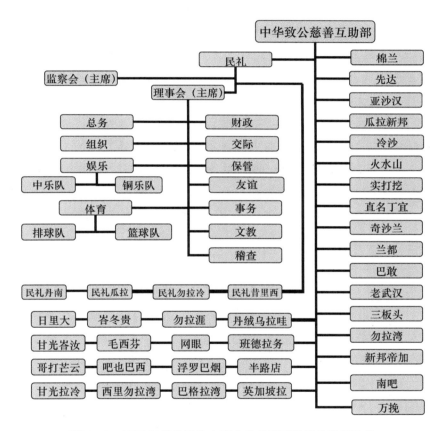

图4—9 1957年苏岛民礼中华致公慈善互助部的发展结构

材料来源：根据1957年《苏门答腊民报》中，苏岛民礼中华致公慈善互助部招收部友启事整理而得。

苏岛民礼中华致公慈善互助部成立于1951年，由林行洲、洪桂生、黄荣美、张亚容、陈鼎国、许水派、叶秋水、吴在旺、周文烘等人发起成立。① 作为专门从事慈善的社团,该部最主要的工作就是慈善互助,该部所设置部门也都围绕慈善而活动。如娱乐一项下设的中乐队和铜乐队,专供部友丧事出殡之用,根据其活动制度:"凡是本部部友或其父母、妻有不幸逝世者,而丧家要求本部代为料理丧事,如无特别原因之声明,本部中乐队必须义务到场奏哀。"② 体育一项下有致公排球队和致公篮球队组织,其设置的目的除了增进队员感情交流,锻炼身体外,还可以通过举办体育活动为慈善事业征求社会募捐的作用。

1957 年中华职工慈善互助部除民礼设置总部外,在苏北 33 个城埠和民礼 4 个属地设有事务主任,负责办理该地华人事务,是社团中发展最为迅速、最为成功的团体,1957 年六周年时,成员已将近万名。

社团成立后,吸引华人参加便成为社团业务的重要内容。华人社会中创建社团的宗旨、性质、服务对象不一,他们招募的成员也有限定的人群,并非由精英人物振臂一呼,联合其他侨贤宣告社团成立即告成功,必须有一定规模的华人群众参与其中,社团才能逐渐发展起来,对华人社会产生影响,进而起到联络华人之间感情,在异域维护华人利益的作用。对于各社团而言,吸引华侨华人加入社团的办法无外乎是扩大该社团的宣传,提高其社会知名度,其具体途径可通过报纸宣传介绍本社团,增加在报纸中的曝光率,在报纸广告中发出招募会员信息等,也能通过参加慈善活动或举办公益事业提升社会影响,还可以通过它们创办人的社会影响力去动员受众参与。尽管有各种各样的方法去影响华侨群众,不过对于一般的华侨群众而言,除了政治因素的考虑外,通过参加社团获得一定的利益保障可能是他们参加社团的一个重要诱因。

笔者以 1955 年《苏门答腊民报》全年刊登的华人讣告为材料整理了447 个华人家庭讣告信息,以此分析了战后华人社团与华人的互动关系,进而指出当时华人社团在以慈善活动作为吸引华人参加社团的方式中所存在的问题。由于报纸刊载的消息具有滞后性,该材料的时间范围实际

---

① 民礼中华致公慈善互助部是极少数在 1965 年以后仍然存在的华人团体之一。为适应形势的变化,苏哈托时期民礼中华致公慈善互助部将中华二字去掉。

② 《苏岛民礼中华致公慈善互助部六周年纪念特刊》,《苏岛时报》1957 年 11 月 16 日,第3 版。

上从 1954 年 11 月至 1955 年 12 月底。

这 447 份讣告中逝世者逝世时年龄有记载的有 59 人,最大者吴府陈氏 88 岁,最年轻者是棉兰的林培玉 24 岁,平均逝世年龄为 60.3 岁。已知性别的逝世者共有 404 名,其中男性 247 人,女性 157 人,男女性别之比为 1573:1000。447 人中有 326 人的城埠信息明确,他们来自 59 个城埠,其中 1 人来自苏中省的巴东市(Padang),1 人来自峇眼亚比,9 人来自亚齐,3 人来自打板奴里,其余都来自苏东,苏东以棉兰市华人最多,有 165 人。在 447 人中有子女信息的共 182 人,子女总数为 476 人(不包括义子、义女及子女已经死亡者),平均每人生育子女 2.6 个。

在 447 名逝世者中已知加入社团及其他团体的有 391 人,他们加入的社团共有 172 个,这些社团中加入人数最多的依次是中华侨生公会、民礼中华致公慈善互助部、棉兰存益团、惠州会馆、小商公会、鲁北行,其情况如图 4—10 所示。

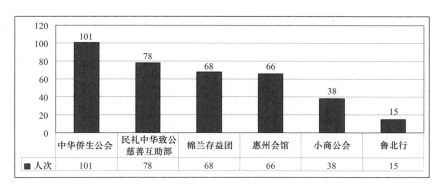

图 4—10 1955 年《苏门答腊民报》讣告中华人华侨参加次数最多的社团

材料来源:根据笔者对 1955 年《苏门答腊民报》讣告整理而得。

除了民礼中华致公慈善互助部外,这 6 个社团都是在战前成立,长期的历史背景更能获得华人对社团的信赖。中华侨生公会是 1940 年成立于棉兰的华人社团,根据其章程规定,凡是出生于印尼的华侨后裔均可加入该会,[①] 由于新中国政府认为只有选择中华人民共和国国籍者才被认

---

① 《中华侨生公会会员印尼籍侨生亦可参加》,《苏门答腊民报》1951 年 12 月 25 日,第 4 版。

定为华侨,才能参加华侨社团组织,故而,选择印尼籍者被认定不能再
加入社团。然而,中华侨生公会却是一个特例,它的会员不限祖籍,不
限国籍,只要承认公会章程即可。在此背景下,中华侨生公会发展迅速,
1951年5月会员突增1500余人,1952年底增至2000名左右,1953年4
月时已有会部友4000余人,1957年会部友超过6000人,成为"二战"
后左派领导的第一大社团组织。由于人数较多,华人部友从中华侨生公
会中分得数额并不高,一般在1500—2000盾。

**图4—11　1955年《民主日报》载中华侨生公会慈善互助部
招收部友广告**

存益团和惠州会馆都是粤籍组织,成员主要是粤人,互助金普遍较
高,极高者有领取16008盾之例。一些社团在以高额互助金吸引部友的同
时,其内部管理也相对混乱。牙冷的吕俊,他生前同时加入棉兰惠州会
馆华侨慈善互助部第二组,编号分别为625、289,在其死后,家属尤芳
茵分别领回了互助金3980盾、4195盾,得到退回的仪金56盾。更有一
名为林亚衍的华人,他有三个儿子:林亚春、林亚寿、林亚华。他生前
分别加入了中华侨生公会第二组、第三组,惠州会馆第二组两次和网眼

华侨总会。在他死后,林亚华领取中华侨生公会第二组互助金2000盾,林亚寿承领中华侨生公会第三组互助金1694盾,棉兰惠州会馆第二组互助金4195盾。林亚春承领棉兰惠州会馆第二组互助金3980盾,网眼华侨总会互助金1096盾。

"二战"后苏北社团的互助金发放的金额并不均衡,而且一般较低,不能满足华人民众的需求,华人在参加社团慈善互助部时,经常根据自身情况,如一个儿子加入一个社团,三个儿子加入三个社团,以达到家庭内部关系的平衡和谐,而同为一人加入一个社团慈善部的不同互助组或在相同互助组多次加入则反映了社团在扩大招收部友时,内部管理比较混乱的状况。

二 华校资源紧张与解决办法

（一）校舍之荒与扩建学校

苏北华侨学校的学生规模在"二战"后经历了快速增长的时期。华校的学生1926年仅有5000余人,1948年增加到29000人左右,1953年时达到5万余名,1957年突破7万人,人数的增加推动了学校数量的上升。苏北华侨学校的数量从1931年的86所（包括望加丽县）增加到1953年的206所（不包括望加丽县）。从1926年到1953年学生增加了近10倍,而1931年到1953年学校增加了不到3倍,学生的增幅远远超过华侨学校增办的速率,这种发展的不对等,造成"二战"后,苏北的华校远不能满足骤然增加的华侨子弟入学的需求。

无论大小城埠,"二战"后苏北各地都出现了因学子增加引发的校舍荒。勿拉湾在1952年时因华人人口增加,学童开始"一大批的涌进学校……兴建校舍,便成了侨胞们当前的急务"[1],甘光勿刹是老武汉下的一个小埠,华侨在此地务农较多,"二战"后华人子弟求学者激增,创建于1941年的甘光勿刹国民学校,"校舍草创,因陋就简",鉴于学子日增,建筑校舍委员会感慨:"为免后至者有向收隅之叹,自非扩建校舍不可"[2],

---

① 《勿拉湾一年》,《苏门答腊民报》1953年元月1日新年增刊,第9版。
② 《甘光勿刹国民学校建筑校舍鸣谢及报告收支账目启事》,《苏岛时报》1953年12月16日,第2版。

为此，委员会执委们在 1952 年向棉兰、亚沙汉、奇沙兰、峇都抛拉等 11
城埠发出筹募活动。就连名震苏岛的棉兰苏东中学也因各地小学毕业生
增加，致使"所有教室尽皆使用……实已达饱和点，从而外埠学子抱向
隅之叹者，更不在少数，即幸得名列学籍，亦因本校无寄宿舍之故，迫
得傺居亲友家中"①。

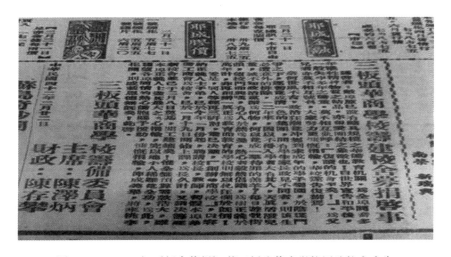

图 4—12 1953 年《新中华报》载三板头华商学校添建校舍广告

在此情况下，摆在各个学校领导人面前的一个重大而迫切任务即是
创办学校或增加学校校舍数量，以解决华侨子弟入学引起的困难，事实
情况也正是如此。因受到印尼革命时期战争的破坏，华人社会修建校舍
在 1948 年警卫行动结束后趋于高涨，从 1948 年至 1956 年，苏北华人社
会出现了添建校舍的高峰期，在 1957 年，因受到越来越严格的印尼限制
外侨政策的影响，华人兴建校舍的热潮逐渐消退。在兴建校舍的过程中，
有不少学校制订了多次建校计划，棉兰华侨中学即是一例。

棉兰华侨中学（1955 年改称棉华中学）由苏岛华侨教育会创办，于
1945 年 11 月成立的苏北左派规模最大实力最雄厚的中学校，随后并入棉
兰华侨总会，由华总文教部主管。1945 年学生仅 89 人，1955 年下半年学

---

① 《苏东中学廿二周年校庆特刊》，《新中华报》1954 年 2 月 24 日，第 5 版。

生 2962 人。学校的校舍借用于原来的敦本学校，面对学生日益增加的趋势，棉兰华侨中学一直处于校舍严重不敷的困境。为解决校舍问题，华侨总会组建筹建校舍委员会，在棉兰市区的士吉路以每平方米 4.5 盾的价格购买 2.7 万平方米的校址，制订了五年建校计划，从 1950 年第一期建校计划开始实施，此后在 1952 年开始第二期建校计划，到 1954 年时，棉兰华总完成第二期兴建棉中教室与幼儿园的工作，并开始进行第三期计划，筹备兴建学生宿舍与学生食堂。类似的情况也发生在苏东中学、先达华侨中学、瓜拉新邦启文学校等校。

据笔者统计，从 1947 年至 1957 年底的 10 年间，在《苏门答腊民报》《新中华报》《民主日报》《苏岛时报》上为修建校舍发出募捐启事的共有来自大小 79 个城埠中的 114 所学校或学校的主办单位。从刊登的消息可以总结出，在 1948 年至 1956 年间，苏北各地添建校舍出现了快速发展的时期，每年因增添校舍发出募捐启事的学校在 50 年代前期达到高峰，如图 4—13 所示。

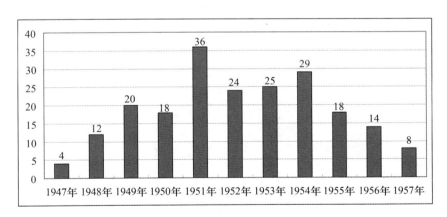

**图 4—13 1947—1957 年 114 所苏北华校每年发出添建校舍募捐
启事的数量**

材料来源：根据笔者对相关报纸增添校舍募捐启事统计而得。

（二）学生激增与夜学涌现

为应付学生的增加，开办夜校也是当时华校常见的现象。添建校舍是苏北华校应对学生激增而采取的一个必要措施，然而兴建校舍既需要一定的财力基础,又必须经历一定周期方可完工,校舍的增添速度仍不能满足全部的华侨子弟入学的要求,结果导致有不少学生失学后,不得不离开校园,进入社会中开始职业生涯,这些青年纷纷加入华侨社团之中,成为许多华侨社团中的主干力量,然而由于受到教育有限,许多新踏入社会的青年人缺乏专业的技能,他们中的相当部分仍有继续学习的强烈愿望。如何满足这部分已经进入社会的青年人的学习需求是当时华社团体组织者不得不考虑的一个问题。

根据苏北华侨学校的课程设置规定,华校的教学时间分为上午、下午,晚上则无课,学校校舍处于空置状态,加之晚间处于热带的苏岛气温相对凉爽,这不失为学习的有利条件。有鉴于此,一些富有见识之士认识到校舍空置与青年失学而期望学习实用知识需求的矛盾之处,于是发起呼吁,建议华校的主持者利用晚间校舍空置组织失学青年投身于学习之中。

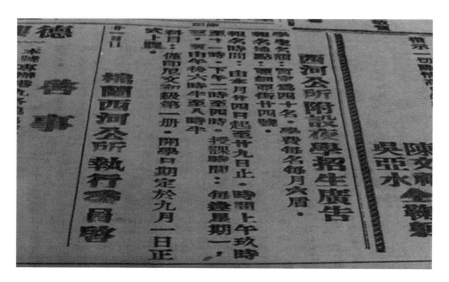

图4—14 1953年《苏岛时报》报道河西公所附属夜校招生广告

"二战"后,苏北华社因中国大陆形势的变化,出现了左右两派尖锐对立的局面,左派华侨同情支持中国共产党,批判国民政府的腐败统治,被称为民主派,而右派人士则主张国家主义和民族利益至上,反对激烈抨击甚至推翻国民政府的统治的主张。他们之间的分歧和斗争也影响到各自所控制的学校,争取学生和更多的华侨是他们工作的重要任务,那些广大的进入社会的华侨青年自然是他们希望拉拢的对象,如果兴办学校,将他们纳入受影响的范围之内,不啻于扩大了自身的宣传和社会影响。1951年一提倡兴办夜学的左派人物告诫不重视夜学的教职员说:"开办夜学是十分重要的工作,因为夜学是直接对青年进行爱国教育的场所,也可能培养出一批优秀的青年工作者。……还没有夜学的地方,情况许可的应该把夜学开办起来,原已有夜学的地方,应该把夜学工作加强起来,尤其是已有反动夜学的地方,必须再接再厉,更进一步把正被毒害的同学吸过来……"①

在这些条件的综合作用之下,苏北华校的夜校应时而兴起。

根据笔者对1947年至1957年《苏门答腊民报》《新中华报》《民主日报》《苏岛时报》夜学招生广告的统计,十年间共有77所夜学开办,各年情况如下:

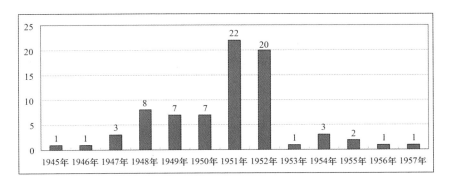

图4—15 1945—1957年苏北77所夜学创办时间情况
材料来源:根据笔者对相关报纸夜校招生启事统计而得。

由于夜学的学生都是来自社会已经工作的青年,因此夜学的教学内容也注重实用性。它们常设置的课程包括中文、商业尺牍、珠算、印尼文、会话、书信、缝纫、常识、历史、数学、作文、簿记等,在

---

① 《办好我们的夜学》,《苏门答腊民报》1951年7月21日,第3版。

笔者统计的 77 所夜学中，有课程可查者共有 38 所，这 38 所夜学中设置有印尼文、中文、英语、算术、商业常识、政治常识所、珠算 6 所。反映了印尼文、中文、商业技能和知识在华人社会中普遍受到欢迎是现实。

　　夜学的教员主要是由华侨学校的教师志愿担任，义务教学没有报酬。自由散漫的风气在夜学教职员中比较常见："一些夜校教师是使人失望的，他们对夜校工作的态度是很随便的，在他们心目中，当夜校的工作是业余的活动，而且多数夜校的工作是白做的，因此，无故缺席和经常迟到的现象，好像注定了发生在他们的身上。亦有部分的教师，简直可以称之为和尚教师，他们尽管上课教书，下课就休息或回家，至于了解学生的思想情况，了解它们的家庭出身以及熟悉他们的愿望和要求，那不是他们份内的工作了。"①

　　进入夜学的学生也多半热情一时高涨，但是经常半途而废，也有比较成功的例子。冷吉印尼文夜学为冷吉华侨总会交际符国存于 1949 年 10 月所创办的，创办之初前来学习的青年仅十余名，该校教材除部分采取自印尼语学习课本外，其余均由符国存本人选编，诸如商业贸易来往函件，买卖契约字据等日常交际实用文，由于符国存教学方法得当，学习进步颇速，经该校培养的青年多数能阅印尼文著作、报纸及通信，此后学生增至 40 余名，冷吉埠中一般青年纷纷参加学习，该校也被赞为苏东冷吉的"造就沟通中印文化人材之理想场所"②。

三　社团侨校经费的募捐与华人传统文化的互动

　　无论是社团兴办慈善事业或是侨校中增添校舍等社团侨校的发展，都离不开一定的资金作为基础。华人立足于海外，缺少强有力的国家财力的保障，那么如何获得资金去发展华人社会的公益事业就相对更加困难，也更加需要灵活方法。一般而言，海外华人开展公益事业所获得的资金按照稳定性，其来源可分为：稳定性的征收和不稳定的劝募活动。苏北华校随着长时间的经验积累，它们的募捐与当地的华人社会的生产

---

① 《夜学的教员》，《苏门答腊民报》1953 年 9 月 30 日，第 3 版。

② 《冷吉印尼文夜学纪念成立四周年》，《苏门答腊民报》1953 年 10 月 17 日，第 4 版。

生活形成了良好的互动关系。

社团侨校维持基本的正常运作一般靠具有稳定性的征收或认捐，征收或认捐主要有月捐和学费两类。月捐一般经过社团的会员大会决议向会员征收，在 20 世纪 50 年代的苏北，社团的月捐一般在 2 盾至 10 盾之间，随着物价的高低和需求而改变。如果需要改变，须经过常年会员大会同意，并公开宣布方可。就月捐的征收对象不同，征收的名称也各不相同。在华人聚居的一些农村地区，因养猪的农户较多，农民协会有猪捐之名，而在城市组建的商业社团中，经常有向侨商征收的货捐。苏北华校的学费分为入学注册费、图体费和其他杂费，学费根据年级的不同有不等的征收金额，一份由苏东中学、华英中学、三山中学、福建学校、韩江学校、南中学校、卫理学校等 17 所学校联合发出的《代邮》声明显示 1955 年上学期的学费如下：

表4—7　　　1955 年上学期苏北棉兰 17 所华侨学校预缴费用　　（单位：盾）

学费名称	中学部	小学部		幼稚园
		高小	初小	
入学注册费/名	5	2	2	2
图体费/名	50	25	15	
杂费/名				15

材料来源：《代邮》，《新中华报》1954 年 12 月 2 日，第 3 版。

社团侨校能否维持正常的运营，与稳定性的征收或认捐有直接关系，稳定性的征收或认捐的高低又与华人商业环境的好坏息息相关。以奇沙兰培育学校为例，奇沙兰培育学校是苏东著名的四培学校之一，由林国治等侨贤发起创办于 1917 年，"二战"后该校由奇沙兰侨团联合会主办，它的经费来源专靠学费、月捐、特别捐，"二战"后在苏北城市化过程中，奇沙兰的诸多种植园因大批峇达人的涌入而生产停顿，奇沙兰经济一直没有恢复到"二战"前的水平，由于商场全靠各种植园工人的消费而维持，种植园工人薪金因生产停顿而大幅度缩水，结果导致消费不畅，华人的商场也呈现出萧条的状态，在此经济形势下，奇沙兰侨团联合会征收的月捐收入不敷支出,连同学费收入,"每月收支不敷数百盾"[①],因此时常积欠属下培育学校教职员的薪金,侨团联合会不得不在1948年底宣布:1949年度培育学校教职员"愿意留任者,一律减薪廿五巴仙",结果该校教职员"屡有烦言","闻有数名表示将另行高就"[②]。

在维持社团侨校正常运转中,尚且出现收支不敷的状况,如有扩建校舍或发展慈善事业,那么所需要的经费将会更加高昂,这就需要社团侨校的理事以各种方法劝募筹集资金。

为详细了解侨校校舍扩展筹集资金所进行的劝募途径,笔者选取了以奇沙兰华侨学校兴建校舍账目开支为例进行分析。奇沙兰华侨学校成立于1950年7月,自成立后该校学生便稳步增加,1951年460余人,1952年下半年500左右,1953年开学时学生达550人,1954年下半年超过600人,校舍建筑工程也成为华侨学校当务之急,从该校成立后,该校委员会便成立了建校委员会专门负责建筑校舍的全部事宜,从1951年至1954年该校经过多方募捐共获得422635.9盾,1954年奇沙兰华侨学校第一期建校工作完成,华侨学校建校委员会将费用账目公布于报上,其募捐情况如下:

表4—8　　　　　　　1951—1954年奇沙兰华侨学校建校募捐金额

劝募项目		金额（盾）
向各地城埠劝募	先达	15700
	三板头	790
	实武牙	10000
	棉兰	71460
	亚沙汉及峇眼	14485
	兰都	6670
	西里加弄	3140
	浮罗拉惹	1725
	万叻浮罗	2105

① 《奇沙兰侨联会负责人谈培育学校学费问题》,《新中华报》1948年8月24日,第4版。
② 《奇沙兰商场冷淡》,《苏门答腊民报》1948年12月1日,第4版。

续表

劝募项目		金额（盾）
向各地城埠劝募	亚奕加拉板	575
	双溪马地	640
	亚奕峇都	3350
	兴罗	1100
	双溪比舜	730
	马达山	1638
1951 年国庆游艺劝募		86242.5
1953 年三联游艺劝募		74763.15
喜庆捐		36564
本校学生献金		4115
外埠学生、青年会捐		9191.85
1953 年六一儿童节展览盈余		10353.15
1953 年 7 月特别捐		28300
华侨夜学学生献金		10173
1953 年存益团舞狮		13730
1953 年舞龙净分金		3730.25
落成典礼收贺金		10365
同德补捐		1000
总额		422635.9

材料来源：《奇沙兰华侨学校建校账目总结》，《民主日报》1954 年 6 月 29 日，第 3 版。

从向各地城埠劝募的情况来看，苏东州所得到的筹金占据了绝对优势。从不同城市来看，该校劝募资金绝大多数来自华人聚居的各大城市，从棉兰市获得的捐款更是占向各地城埠筹款总数一半以上。

从劝募的总类别而言，奇沙兰华侨学校的劝募有 13 种方式，这 13 种劝募方式又可以分为四类：①节日筹募，它是劝募收入的最主要部分；②特殊状态下的所得，这也是一笔不小的收入，只是这类资金收入属于临时性，不可持续，收入好坏也更难以预料；③向商户或居民发出的筹募，上表中在各地城埠的劝募即属于此类，是仅次于节日筹募的主要募捐来源之一；④来自该校学生或校友的筹款，虽然这批人对华侨学校的情感更为强烈，可是，由于学生或青年校友实力有限，此项收入也最少。

由奇沙兰华侨学校的募捐来源可以得出推出一个结论是：每年华人节假日的游艺、舞龙舞狮活动其实是华人筹募金额的一项重要方式。从他们所获得的金额可以看出，华人社会对此活动比较欢迎，通过其参与的社团及筹备和举办活动的过程可以看出为什么会受到欢迎的端倪。

(一) 表演由专业性的社团演出，内容质量可以得到保障

1951 年国庆游艺劝募活动中，奇沙兰华侨学校邀请的是新邦帝加新华音乐队，[1] 新华音乐队由许玉来、郑光煌、伍廷信、林俊福、黄锦珍等人在战后创办，1951 年底队员共有 20 多名，其演出的内容以积极歌颂新中国的伟大成就为主，受到左派华人的称颂。1953 年来到奇沙兰表演的三联剧艺社则是成立于 1951 年的以出演粤剧为主的棉兰社团，主要负责人有郑松茂、李开煜、余节霞等人。舞龙舞狮队伍则事先由热心公益并具有专业技能的社团成立专门的委员会，筹备而进行。在 1953 年为奇沙兰华侨学校舞狮筹款的存益团是专意于华人公益事业的粤籍团体，以舞龙舞狮而见长。这些华人祖籍地的珠江三角洲区域在清代以来习武风气、舞龙舞狮浓厚，当该地华侨背井离乡来到苏岛后，自然而然把这种风气带到当地，苏岛林立的大埔青年国术社、中华国术研究社、苏北印华联合国术社等团体及各社团中的舞龙舞狮队就是反映了这种现象。

(二) 选定的日期是在华人重大节日期间

新邦帝加新华音乐队所演出的时间是 1951 年 10 月 1 日、2 日两晚，国庆节的氛围在左派华人群体中达到高峰。三联剧艺社于 1953 年 2 月 15 日、16 日在奇沙兰日里戏剧院义演，[2] 这两日正是 1953 年的农历正月初二和初三。存益团在 1953 年春节来临之际组建了以陈显南为主席的舞狮

---

① 《各地侨胞热情泛溢　迎接伟大国庆节》，《苏门答腊民报》1951 年 10 月 11 日，第 3 版。

② 《奇沙兰首期建校计划将近完成　春节将请三联举行游艺会筹款》，《民主日报》1953 年 2 月 12 日，第 2 版。

委员会，3 月 4 日和 5 日在奇沙兰演出，这两日是农历的正月十九和二十日，年节氛围意犹未尽。

（三）节目内容多样，场面热烈，增添了节日的氛围

新华音乐队和三联剧艺社的演出都是在日里戏院内举行。新华音乐队演出歌舞繁多，"民间舞博得观众的赞扬……话剧有回头是岸，台岛之夜，剧情紧张"①。三联剧艺社演出的内容包括话剧《咱们本来是一家》《夫妻》《婚期》《捉住他》，歌舞有红绸舞、腰鼓舞、工农献舞，据民报宣传的评价所说："两晚的观众约数千人，节目精彩百出，获得观众不少的好评"，"都是宣扬人民的艺术，博得观众的掌声不少"②。相比较这种在固定空间内的节日活动，在广阔的外在空间范围内举办的活动，更能增添节日的热烈而欢快氛围。存益团舞狮队向奇沙兰华人恭贺春节募捐场景如下：

> 双狮引导，后面锣鼓震天，响彻云霄，刀枪架上插着各种各样的武器，配备齐全，狮队经过大街小巷，观众数以千计，围得水泄不通，双狮攀登宝座食红包，甚至四层人之高，观众报以热烈的掌声，女健儿以舞剑，男健儿的国术表演，有如生龙活虎，叠罗汉的表演，花样百出，增加了场面的伟大。③

由此可以看出，通过游艺和舞龙舞狮的劝募活动中，社团侨校的公益事业与华人社会的生活已经步入了一种良好互动的发展状态，社团侨校兴办公益事业，邀请有演出技能的社团为之演出，这些社团在此过程中既获得了社会的认可，又能锻炼队员的传统文化技能，密切队员间的关系。而华人社会在观赏精彩的具有中华文化特色的节目的同时，也回馈公益事业组织者以金钱帮助，推动了社团侨校事业的发展，通过这一系列的活动，苏北华人保存了传统文化习俗，强化了华人身份特征，推

---

① 《各地侨胞热情泛溢　迎接伟大国庆节》，《苏门答腊民报》1951 年 10 月 11 日，第 3 版。

② 《三联剧艺社春节在奇沙兰落力演出备受赞扬》，《苏门答腊民报》1953 年 2 月 27 日，第 4 版。

③ 《棉兰存益团醒狮队在奇沙兰获得好评》，《苏门答腊民报》1953 年 3 月 12 日，第 2 版。

动了华人事业的发展,扩展了中华文化在苏北的影响力。

但是,我们可以看到对于华侨华人的这些活动,印尼人并不是从积极的意义来对待,在举行丧葬仪式的活动中,一些印尼人认为华人的这些"喧闹的讲究场面热闹"的仪式,参加的华人没有和印尼人一样的"对死者的敬意"和"肃穆之情",反而在游行队伍中"漠不关心逝者亲属的感受","谈论毫不相关的话题",并且追求吃喝,浪费惊人。这恰恰体现出华人生活的"富足与奢侈",与印尼小商贩等底层民众的辛苦劳作形成鲜明的对比。在1956年至1957年,由于苏岛发生叛乱事件,印尼当局在苏中和苏北实行了战时紧急状态,在苏北设立军事戒严区,举行募捐的游行活动与社会环境的严酷也背道而驰,这为华侨华人募捐活动的发展蒙上了阴影。

第四节 "二战"后城市化下华人事业发展的影响

"二战"后由于苏北打板奴里峇达人向苏东平原地区的移民,苏北的东海岸平原地区经历了快速的城市化发展阶段。在这一时代背景之下,苏北特别是苏东的日里昔梨冷县、西米垄坤县等地的主要城市都出现了人口增加、市区面积扩大的阶段。在城市化进程中,各地的发展水平不一。从1950年至1961年的十余年间,苏北三地人口都有所增加,然而苏东的人口增长速度远远超过了亚齐和打板奴里,也超过了苏门答腊岛的平均水平,在短短的十余年间,苏东的人口比重、城市扩展都变化明显,苏东成为苏北城市化的最大受益者,然而城市化的人口流出方打板奴里发展缓慢,交通损毁而无充足的资金维护,仍处于贫困的状态。苏东地区各县人口的增加是不一致的。苏东日里昔梨冷县人口增长明显,西米垄坤县在战前人口增长明显,战后则稳中有升。其他苏东各县人口变化不大,峇达人的传统势力范围苏东的加罗县,人口甚至有所减少。

在城市化的进程中,华人也出现了向城市流动的趋势,不过华人向城市的集中方式与峇达人略有不同。峇达人在战后从山地前往城市,从打板奴里进入苏东,而华人则是从苏东的其他地方聚集到苏东的大城市之中。棉兰巴刹南美的形成过程体现了华人在时代潮流下为求得生存的艰辛与努力。城市化促使了华人的各项事业出现了明显的变化。这些事业的发展对华人社会的影响可以总结如下。

(一)促发了华人商业的转型和工业的发展

在峇达人涌入和稳定增加的地区,峇达人将生产活动带入苏东平原地区,由于勤于耕种,他们生产的农产品进入市场后,丰富了农产品的社会供应量,与之相随的是,峇达人不尚储蓄,其收入一般全部用于消费,生活习惯与华人又无明显冲突,因而活跃了华人商场的氛围,华人的商业获得发展的机会。然而另一方面,进入城市的峇达人为生存之计,许多人从事门槛较低的零售业,也挤压了华人小商贩的生存空间。在人口流出的农村,由于青壮年外出,留守的多是老弱病残,其生产能力和消费能力均相对低下,当地华人商业因而凋敝萧条。城市化进程也对华人的工业部分兴起起到推动作用。战后因城市化出现的社会问题,引发了社会需求的高涨,捕捉到商业信息的华人不失时机地投向相关产业,为华人工业的发展带来了新气象。

(二)华人的社团侨校出现量的提升,影响华人每家每户,提高了华人的文化水准和社会适应能力

从"二战"结束到20世纪50年代末期,是苏北华人社团的飞跃发展时期。通过社团的增加情况我们可以看出,在世界政治局势和中国大陆巨变时期,苏北华人社会同步出现活跃状态。社团的分布仍是以苏东为主,苏北社团最集中的城市是棉兰,远远超过其他城市。华人学校的发展也类似于此,"二战"后,又适逢苏北华人学生的数量出现稳定快速的增长,为此添建校舍在苏北蔚然成风,在1948—1956年间,苏北各地出现了添建校舍快速发展的时期。

为了解决那些失学青年再教育学习专业技能的要求,以及扩大党派的影响,苏北华校中的夜学应时而兴起。由于夜学的学生都是来自社会已经工作的青年,因此夜学的教学内容也注重实用性。掌握印尼文、中文、商业技能者在华人商场特别受到青睐,学习这些课程也最受广大青年学生的欢迎。

其结果是在50年代让子女接受教育迅速成为苏北华人家庭普遍的现象,苏北华人普遍重视华人文化,华语盛行,华人文化水准高于印尼其他地方,华人的商业适应能力也一直领先于印尼他族,华文教育可以说是已经深入华人的每家每户。

(三)社团的慈善功能的加强,打破了华人地籍、血缘观念、党派利益和职业藩篱,标志着战后华社的发展进步

"二战"之前,受到华人社会风俗和客观条件的影响,许多社团慈善功能单一,一般是小范围内的临时性的扶助。"二战"后,许多华人谋生于此而老于此,随着中国政治时局的变化以及在当地繁衍生息,越来越多的人难以回归故土,华人的流动性受到了限制,华人更加重视在本地的生老病死问题。加之大量社团一时间兴起,为了吸引更多的华人加入社团,传统老牌社团逐渐强化了内部慈善功能,在理事会之下设置慈善部或互助部,慈善部或互助部之下增设互助小组。加入其中的部友仅需要及时缴纳月捐,在部友或部友亲人逝世时,就可以把本互助组的其他部友所缴纳互助金按比例,平均分配予逝世者亲人助作治丧费用,同时,社团慈善部派人参加襄助,为华人家庭增壮声势。而新兴的社团既有在华人社会福利方面承担类似政府功能的综合性社团,又有覆盖整个苏北的以全体华人为对象的专业慈善社团。综合性社团因为兼顾的社会责任较多,慈善内容相对繁杂,既有丧葬婚嫁生育方面,又包括社会收容救济。覆盖面广泛的专业慈善社团,打破了华人地籍、血缘观念、党派利益和职业这些因素的限制,是战后苏北华人华侨社会发展进步的重要标志。这也说明在华侨社会中重视当地的社团影响力在逐渐扩大。

(四)华人公益事业在筹募资金的过程中,既强化华人社会的文化特质又促进了华人各行业的和谐稳定,但是也一定程度上容易导致他族对华人的误解

在游艺和舞龙舞狮的劝募活动中,社团侨校邀请有演出技能的社团为之演出,这些社团在此过程中既获得了社会的认可,又能锻炼队员的传统文化技能,密切队员间的关系。而华人社会在观赏精彩地具有中华文化特色的节目的同时,也回馈公益事业组织者以金钱帮助,推动了社团侨校事业的发展,通过这一系列的活动,苏北华人保存了传统文化习俗、强化了华人身份特征,推动了华人事业的发展。但是不可否认的是在苏岛出现叛乱活动,印尼处于全国紧急状况的情况下,募捐与苏北的

时局并不协调,外侨社团侨校的事业发展对募捐的依赖性,在环境和华侨的事业中出现了尴尬的局面,考虑到外侨的身份,这种局面就特别容易使其他印尼人对华人产生敌意。

　　总而言之,苏北华人各项事业的发展及发展中出现的问题,是在"二战"后苏北的城市化进程中出现的,这是一个不可忽略的社会背景条件。华人社会的变化是城市化中的一个环节,华人事业发展中出现的新情况和新问题,是华人社会在新的时代背景下面对新的场景而做出的适应性反应,这些彰显了苏北的城市化给社会带来的影响是持续的和具有扩散性的过程。

第 五 章

"二战"后苏北华社的政治认同
分化与教训

　　"二战"前国共两党先后经营苏北，国民党建立了以日里直属分部为首的党部网络，但是势力发展仅停留在华侨社会中上层，没有深入华社内部。受中共影响的知识分子秘密活动于华校之中，在师生中宣传革命思想，为"二战"后组建亲共社团储备了大批青年骨干。"二战"后，苏北左右派势力经历了一个此消彼长的局面。左派人士在民盟苏岛支部的领导下，重视青年工作，实现了左派的大联合。而右派势力组织乏力，人心涣散，活动范围缩减。在时代背景和内部因素的作用下，苏北华社内部分裂，给华侨华人社会带来深刻的历史教训。

第一节　国共两党对苏北华社的经营与评价

一　1945 年之前右派势力在苏北的经营和存在的问题

　　苏北华侨社会中有革命党活动的历史可以追溯到 20 世纪初期，[①] 据冯自由记载，1905 年前后，新加坡中兴公司张诚忠受荷属各岛华侨的嘱托，向国内聘请一批教员，在革命党人张罗之下，一批革命先驱纷纷南下来到苏东日里各地，以教书的名义受聘于当地华校。由于当时荷兰殖

---

　　① 本书中所说的左右派，是以是否接受共产主义或三民主义思想为划分依据。接受共产主义思想，亲近中共，被认为是左派，接受三民主义，亲近国民党，则被划分为右派，这与是否接受中华民国略有差别。右派人士一定接受中华民国，但是接受中华民国的不一定是右派人士，如在新中国成立前，左派人士也承认中华民国。由于中国国民党的前身是辛亥革命时期的革命党人，为方便起见，本书中把国民党人和革命党人都归入右派的范畴之内。

民政府禁止中国的党派活动，在日里等地的革命党人便以开设书报社为掩护，进行传播革命思想的秘密活动。他们先后在苏东开办的书报社有19家，其书报社名单如下：

表5—1　　　　　　辛亥革命前后革命党人在苏北开办的书报社

地址	名单	地址	名单
日里	民礼书报社	瓜塍新邦	中华书报社
直名丁宜	开智书报社	顿挽	中华书报社
巴株巴劳	中华书报社	大棉	中华书报社
武丽安	中华书报社	勿叻湾	中华书报社
火水山	中华书报社	瓦冷	中华书报社
笼葛	中华书报社	新邦知甲	中华书报社
棉兰	华崇书报社	仙达	中华书报社
瓜塍	中华书报社	昔冷	中华书报社
其沙兰	中华书报社	美仑	公益书报社
浮卢甘罢	中华书报社		

材料来源：冯自由：《华侨革命开国史》，商务印书馆1947年版，第93页。

上表的书报社分布在苏东日里昔梨冷冷县的有开智书报社，巴株巴劳、武丽安、顿挽、大棉、勿叻湾、瓦冷、新邦知甲中华书报社和棉兰的华崇书报社，分布在冷吉县的有日里民礼书报社、火水山、冷葛、昔冷中华书报社，西米垄坤县仅有仙达中华书报社，亚沙汉县有其沙兰中华书报社。亚齐州的有浮卢甘罢和瓜塍新邦的中华书报社、美仑公益书报社。由此可以看出，当时革命党人的活动以棉兰为中心，集中在从靠近苏东的瓜拉新邦到奇沙兰附近的范围之内，在苏东的东南部、亚齐和打板奴里的广大地区均少有革命党人的活动。此时革命党在棉兰的主要负责人有梁瑞祥、李增辉、苏英会、叶燕浅、欧水应等人。他们均是当地的富商。据汪精卫与人的回信中介绍，1906年中国同盟会新加坡分会成立后，受孙中山等人的嘱托，汪精卫来到日里，拜见当地实力派人物，考察筹建新加坡同盟会日里分支的领导人人选，所见人物中，汪精卫特别推崇梁瑞祥，认为梁本人家资十余万，父亲曾在日里修建铁路，"有魄力最热心"、"沈实可倚",因此在成立同盟会支部后,"总其事者,当推瑞祥"。① 除了梁瑞祥外,棉兰国民党另一重要党员叶燕浅(叶氏三杰叶贻昌、叶贻东、叶贻芳的父亲)原籍福建,是棉兰著名的华商,叶燕浅于1914年创办《苏门答腊民报》,宣传孙中山的革命思想,后来该报成为苏岛影响力最大的报纸之一。

中华民国成立后,国民党的合法身份得到了荷兰政府的承认,国民党在苏北势力明显扩大。分别在棉兰、古打拉夜、实武牙成立了驻日里直属支部、亚齐直属支部和打板奴里直属支部,三个直属支部由中国国民党总部统辖,在三个直属分部之下,国民党在棉兰、古打拉夜、实武牙、先达、民礼、奇沙兰、亚沙汉、丁宜、美仑、沙璜、瓜拉新邦、美拉务、冷沙、司马委、司吉利、兰都、冷吉成立了分部,三直属支部分别设置于棉兰分部、古打拉夜分部、实武牙分部之内。各支部和分部地位参照国民党省市党部决定。后来,国民党驻亚齐直属支部被裁撤,直属支部下各分部改属耶城总支部,不久归日里直属支部管辖。实武牙分部原隶属于国民党巴东直属支部,因交通相隔遥远,国民党党员颇感不便,后来改为打板奴里直属支部管辖。其内部隶属关系如表5—2:

表5—2　　　　"二战"前国民党在印尼苏北的党部隶属关系

直属支部	分部
驻日里直属支部	棉兰分部
	先达分部
	民礼分部
	亚沙汉分部
	丁宜分部
	兰都分部
	奇沙兰分部
	冷吉分部

① 张永福:《南洋与创立民国》,中国社会科学院近代史研究所近代史资料编辑组编《华侨与辛亥革命》,中国社会科学出版社1981年版,第134—135页。

续表

直属支部	分部
	古打拉夜分部
	美仑分部
	沙璜分部
驻亚齐直属支部（后被裁撤）	美拉务分部
	冷沙分部
	瓜拉新邦分部
	司马委分部
	司吉利分部
驻打板奴里直属支部	实武牙分部

材料来源：1.《中国国民党驻丁宜分部党所落成纪念刊》，《新中华报》1953 年 7 月 11 日，第 5 版。

2.《中国国民党驻日里直属支部暨所属各分部追悼冯常委茂如同志特刊》，《新中华报》1948 年 11 月 28 日，第 5 版。

3.《第七次全国代表大会中央海外部工作报告》，陈鹏仁主编《中国国民党党务发展史料 海外党务工作》，近代中国出版社 1998 年版，第 459 页。

　　根据 1920 年中国国民党颁布的海外支部通则可知，国民党直属支部和分部的内部结构一致，都设有执行部和评议部，执行部下设总务科、党务科、交际科、会计科。[1] 1923 年中国国民党改组了海外支部的内部设置，增添了农工、妇女科，考虑到国民党海外支部的主要任务是为国内的中国国民党筹集资金，所以国民党在挑选海外支部的领袖时，都特别注意挑选"上了年纪的华商"[2]，他们都是华社中富裕而且有影响力的人员。

　　1937 年中日战争全面爆发后，苏北的国民党党员纷纷回国参加抗战，苏北右派势力因人员的缺乏，发展缓慢。苏岛沦陷后，国民党各支部和分部成员是日本侵略者重点打击的对象，苏岛国民党支部主要成员如黄

---

[1]　《中国国民党海外支部通则》，罗家伦主编《革命文献第 79 辑》，"中央"文物供应社1978 年版，第 1019 页。

[2]　郭建芳：《我所知道的印尼苏岛古打拉夜埠华侨社会》，《汕头侨史论丛 第一辑》，汕头华侨历史学会，1986 年，第 288 页。

得深、冯茂如等人，[①] 被一网打尽，国民党党部被迫停顿，组织处于瘫痪状态。

"二战"前国民党势力的发展仍没有普遍深入苏北华侨社会，仅仅停留在华侨社会的中上层，其原因有以下几个方面。

（一）工作任务的重心在筹款。按照孙中山的创制理念，海外国民党党部的主要任务是为国内国民党党部筹募活动经费，因此，海外国民党党部发展所依靠的是华侨社会上的精英分子，广大的华侨民众自身力量有限，对国民党的帮助不大。

（二）华侨社会客观环境的限制。受到荷兰殖民当局对华侨知识分子入境的限制以及自身经济因素的制约，苏北华侨普遍受教育程度不高，读书看报人数有限，如：1926 年苏北三地华校的学生仅有 5255 人，苏岛第一大报纸《苏门答腊民报》，战前最高的发行量是在 1939 年，日发行量仅突破 4000 份，第二大报《新中华报》战前平均发行量约为 2000 多份。

（三）国民党在本地宣传力度不理想。"二战"前，国民党并没有独立的机关报纸，《新中华报》虽然是国民党党员饶斐野、苏源昌等人主持发行的报纸，拥护南京国民政府，宣传抗战，但是其思想驳杂，政治属性并不明显，甚至被认为"基本上是一个无党派的侨报"[②]。国民党党员叶燕浅、国民党棉兰分部主任张蓝田所主持的《苏门答腊民报》与《新中华报》在 30 年代经常因政策的分歧爆发笔战，在冲突之中，国民党驻日里支部和棉兰分部也都没有进行斡旋协调。

（四）国民党内部组织松散，各自为战。国民党驻各地分部虽然名义上统属于日里直属支部，实际之间联系松散并经常发生内斗。1928 年因上交中央财政部捐款引发国民党直名丁宜与棉兰分部矛盾，直名丁宜党部的冼公白、罗光泽等人痛斥棉兰分部张蓝田道："今身为荷属党务指导员，甘作当地政府之走狗，言论矛盾，自残同志……若不速将张蓝田严

---

① 黄得深在 1920 年加入国民党，曾担任国民党中央侨务委员名誉顾问、日里直属支部执委之职，日军南侵苏岛，被扣留三十余天。具体经历见《中国国民党驻日里直属支部暨所属各分部追悼冯常委茂如同志特刊》，《新中华报》1948 年 11 月 28 日，第 5 版。

② 洪丝丝：《华文报界片段》，福建省金门同胞联谊会编《洪丝丝纪念集》，中国华侨出版社 1995 年版，第 220—222 页。

重警告，并取消其荷属党务指导员之资格，则本属之党务及忠实同志则更不堪设想耳。"①

总体上而言，"二战"前经过长期的经营，国民党势力从苏东日里昔梨冷县及附近区域逐渐扩展到苏东、亚齐的各大城埠，并在打板奴里也建立了立足点。在这些城市中，国民党建立了完整的国民党党部领导体系，但是党部工作相对涣散，内斗严重。党部的领导人物由华侨社会上的一些殷实商人或社团领袖担任，国民党可以通过这些领导人物筹募资金，由国民党人员所领导的社团也会有明显的亲国民党色彩，但是国民党支部和分部对华侨社会关注度不高，对华侨社会并没有产生深刻的影响。

二 "二战"前左派人士在苏北活动的成绩与局限

相比较右派在苏北的长期经营，左派人士在苏北活动较晚，发生在1927年之后。国共第一次合作结束后，一批起义失败的左派知识分子纷纷南下来到苏岛棉兰、古打拉夜等地。由于苏岛本地师资严重缺乏，他们中的一部分人进入当地的华侨学校担任教员或以在学校附近开设书店为生。以"二战"后棉兰左派重要人物张云飞为例，张云飞原籍广东海丰县，20世纪20年代后期，张云飞参加了海陆丰农民运动和广东起义，起义失败后，他南下辗转来到苏岛，先后在怡里的中华学校、棉兰的教育总会第一高小、棉兰养中学校，担任校长。② 同样的情况还有赵洪品等人。

这些左派人士进入苏北后，利用与学生接触的机会，在学生中宣传爱国主义思想和左倾思想。时值日本侵华之际，中华民族危机加剧，他们就在学生中宣传抗日救国思想，并动员学生奔赴延安，对学生影响甚大。20世纪50年代初新邦帝加新华体育会、新华音乐队创建者之一的郑光煌，在棉兰苏东中学读书期间，就受到周斌爱国主义的熏陶："周老师

---

① 《南洋荷属安班澜救国会等为济案捐款致国民政府函》，中国第二历史档案馆编《中华民国史档案资料汇编》，第5辑第1编政治5，江苏古籍出版社1986年版，第611页。

② 张云飞：《对大革命及侨居印尼的回忆》，中国人民政治协商会议全国委员会文史资料研究委员会编《文史资料选辑》第十六辑，中国文史出版社1988年版，第167页。

爱憎分明，尽述侵略者侵华的种种罪行，歌颂中共近代史上许许多多民族英雄、抗日战士英勇抗敌的可歌可泣事迹，把历史课讲成了生动的爱国主义教育课"，郑本人对历史课的看法也发生改变："历史课原是我最不喜欢的枯燥学科，听了周老师的几堂课后，我厌恶上历史课的情绪完全消除了，相反地恨不得学校多排几堂历史课"①。后来的苏岛民盟支部的领导人之一陈洪，20世纪30年代也因受到教师的启蒙教育，准备奔赴延安学习，但是因为出生证被家人藏匿，而未能成行。②

还有一部分人依靠苏岛中的人脉关系，进入社团中担任要职，宣传左派思想。如费振东、洪丝丝等人。费振东为江苏吴县人，1926年毕业于交通大学，与棉兰富商叶燕浅之子叶贻东、叶贻芳为同窗好友，毕业后经叶贻东邀请，在叶燕浅所创办的《苏门答腊民报》中担任主笔，因宣传激进思想被迫辞职，后来，在叶贻东等人的推荐下，进入中华商会担任秘书长一职，③逐渐成长为棉兰华侨社会中的左派领袖人物。洪丝丝原籍福建金门，早年受到新文化思想影响，第一次国共合作期间曾参加农民运动，后来来到苏岛火水山，被《南洋日报》（《新中华报》的前身）陈劲倪赏识而进入《南洋日报》担任总编辑，④1930年因刊登中国自由运动大同盟宣传及发表有关济南惨案的评论而被驱逐出境。

从这些具有左倾思想的知识分子的经历可以看出，在20世纪20、30年代，左派人士对苏北的影响是一种个人性的自发的行为，他们在进入苏北后，有两种途径去影响华侨社会，一种是从事教育有关的职业，秘密传播左倾思想，这种方式因活动较为隐秘而使得左派人士得以扎根下去，后来他们中的多数成为左派社团中的领导人物，其学生在成长过程中成为左派社团的骨干。另一种是在报刊中宣传，这种方式因具有公开性，而容易被荷印政府或国民党势力察觉，不是被驱逐出境便是被迫转

① 郑光煌：《忆我的老师周斌烈士》，黄书海主编《忘不了的岁月》，世界知识出版社2003年版，第110—112页。

② 爱麟、文胜、英光：《同学、战友、领导——忆陈洪同志的战斗历程》，黄书海主编《忘不了的岁月》，世界知识出版社2003年版，第171页。

③ 黑婴：《费振东在南洋》，蓝素兰等编《黑婴文选》，世界图书出版广东有限公司2012年版，第231—238页。

④ 张又君：《洪丝丝在南洋》，中国华侨历史学会、福建省金门同胞联谊会编《洪丝丝纪念集》，中国华侨出版社1995年版，第396—399页。

业或隐瞒政治态度，左派人士难以立足。

中国共产党有意识开拓南洋工作是在皖南事变前夕。皖南事变前，面对着严峻的客观形势，一方面，重庆国民政府严厉限制共产党的行为，取缔了大批中共组织和外围团体，中共发展举步维艰。另一方面，因在抗战中，中共执行敌后游击战的指导方针去开展抗日斗争，被重庆国民政府认为是保存实力、游而不击。并且由于国民党对中共的文化机构的封锁，中共很难将自己的宣传传递给海内外，进而引起了海内外的广泛质疑。在这种不利的环境之下，中共意识到有必要把一些文化界的左派人士转移到海外安全地带，同时在海外做宣传工作，提高中共的海外形象。在此考虑之下，中共奉行"隐蔽精干，长期埋伏，积蓄力量，以待时机"的指导方针，把一批具有中共党员背景或与中共外围组织保持密切关联的文化人士转移到香港，然而再分散到南洋各地。

这些文化界的人士来到南洋后，便以新加坡为中心，创办杂志或加入当地的报社、学校中，对华侨尤其是华侨青年进行抗战宣传，开展"同国民党争夺海外宣传阵地"的工作。1941年12月太平洋战争爆发后，日军迅速占领了南洋马来亚、新加坡各地，一部分文化学者为躲避日军的迫害，只好流亡到新加坡附近的苏门答腊，他们中有胡愈之、王任叔、邵宗汉、郁达夫、郑楚云、沈兹九、张楚琨、雷德荣、李铁民、王纪元、唐伯涛、汪金丁、陈仲达、高云览、李振殿等28人。

南行文化人在苏岛的主要活动是建立苏岛反法西斯总同盟，统一左派地下抗日领导组织。1942年苏岛的左派人士建立了两个抗日组织。其一是苏岛华侨抗敌协会（简称"华抗"），它是由受到左倾思想影响的华侨青年教师和学生在1942年成立的，在陈洪等人的领导之下；其二是苏岛人民抗敌会，由苏北棉兰的赵洪品、甄树熙、吴锡柳、张谷和，先达的郑子经、陈丽水、张琼郁，火水山的周斌、熊辛克、黄亚武等教育界人士，经过协商于1942年共同组建而成。两个组织都是以创办报纸秘密传播抗日消息来开展地下工作。王任叔等人到达苏北后，受邀参加苏岛人民抗敌会，将之改组为苏岛人民反法西斯同盟（简称"反盟"），1943年反盟和华抗经过协商，正式合并成为苏岛反法西斯总同盟。

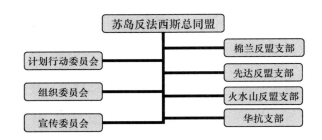

图5—1 苏岛反法西斯总同盟内部结构

材料来源:文集编辑组:《印尼苏北华侨抗日斗争概略》,黄书海主编《忘不了的岁月》,世界知识出版社2003年版,第1—15页。

　　苏岛反法西斯总同盟的成立,既统一了棉兰抗日的两股力量,也使得棉兰、火水山、先达、马达山等苏东地区的各个左派势力形成统一领导组织,这标志着苏北左派势力的发展进入了新的阶段,但是苏岛法西斯同盟成立后不久,即发生了"九·二〇"事件,[1] 抗日组织被破坏,许多领导人被迫隐居到苏岛,以开办肥皂厂为掩护秘密建立10个联络网点,[2] 继续从事抗日活动。

　　左派人士在宣传抗日思想和左倾思想时,有着明显的客观条件的限制,这主要是由他们的身份造成的。苏岛沦陷之前,荷印政府不允许华侨公开从事政治活动,传播左倾思想也被荷印政府列为禁忌,一旦有左倾倾向的人士被殖民当局注意,那他们很容易被荷印政府驱逐出境。费振东、张云飞、洪丝丝等人的经历就体现了荷兰殖民者对传播左倾思想的高度敏感性。[3] 这样就导致了华侨领导人不能也不敢公

---

　　[1] "九·二〇"事件是指1943年9月20日日军对苏门答腊东部地区的华侨抗日志士逮捕事件。在这次事件中,反盟和华抗损失惨重,约有近百人被逮捕,其中11人被杀害。该事件也间接促进了战后华侨左派势力的发展,战后左派社团的许多领导人都有"九·二〇"事件经历。对"九·二〇"事件的记录详见伍英光等编《难忘的九二〇》,中国华侨出版社1993年版和黄书海主编:《忘不了的岁月》,世界知识出版社2003年版。

　　[2] 这10个网点分布于先达、奇沙兰、火水山、丁宜、马达山、新邦帝加、实武牙、巴敢、网眼、浮罗拉夜。详情见林坚《忆反盟交通联络站的建立及其发展过程》,黄书海主编《忘不了的岁月》,世界知识出版社2003年版,第68—76页。

　　[3] 他们都因发表了有共产主义思想的言论,不同程度地受到棉兰移民局的传唤。

开中共党员身份。皖南事变后，中共派员到海外进行宣传，大力创办报纸，在学校中宣传左倾思想，然而受到"隐蔽精干，长期埋伏，积蓄力量，以待时机"方针的指导，华侨中的共产党员传播思想必须在秘密而且完全可靠的情况下进行，发展共产党员的可能性则更是微乎其微。

总体而言，从 20 年代末至 30 年代末，苏岛的左倾思潮是受到共产主义影响的个人自发性活动产生的，他们主要活跃在教师与学生群体之中，一些知识分子在教育界的传播点燃了战后苏北华侨华人社会左倾思想的星星之火，在一些社团中也存在左倾人士活动的痕迹，但是相比较右派，他们的社会活动影响力处于劣势，并且很难立足。皖南事变后，从南来文化人士在苏北的经历可以看出，苏北与中共发生联系是历史机缘巧合的产物。由于国共合作出现分歧，中共受到国民党的压力骤然增加，中共由此产生了向海外转移左派文化人士并与国民争夺海外宣传阵地的需要。太平洋战争爆发后，日军的南侵打断了新加坡作为南来文化人士将之作为宣传中心的可能，荷印政府的阻碍活动又打乱了南来文化人士他们回归祖国的希望，进而一批文化人士转移到苏北，宣传左倾思想，并促使了苏北地下抗日组织的大联合。"九·二〇"事件之后，苏北的左倾人士转移到苏北各地建立交通站，进一步为各地左派的发展创造了经济上和地理上的关系网络，这为战后左派势力的大发展创造了必要的条件。

第二节 "二战"后左右派领导机构的变化与发展

一 "二战"后苏北左派领导机构的建立与力量扩展模式

1945 年日本投降后，苏岛反法西斯总同盟的主要领导人物王任叔、刘岩、赵洪品、陈洪、郑楚云等人面对当时变化的局势，在中共的指示之下，经过内部协商，苏岛反法西斯总同盟改为苏岛华侨民主同盟，并先后在棉兰、先达、火水山、马达山设立分部。1946 年 4 月苏岛华侨民主同盟取得中国民主同盟南方总支部的同意,① 在 1946 年将苏岛华侨民主同盟改为中国民主同盟苏岛支部(简称"民盟苏岛支部"),经过整顿和重新登记审查,成员转为中国民主同盟盟员,其领导人物如赵洪品、刘岩、丁韵清、熊辛克都是中共地下党员。民盟苏岛支部成立后,先后成立了棉兰、先达、亚沙汉、峇眼亚比、新邦帝加、西里勿拉湾、奇沙兰、三板头、马达山、火水山、兰都、峇都抛拉、丁宜、古打拉夜 14 个分部,并在勿拉涯、兰都不拉八、冷沙、怡里、司马委、实武牙、司吉利、巴东实林泮、巴东 9 个城埠设有小组,苏岛支部设于棉兰分部之内,苏岛支部盟员有 50 多人,全部盟员人数有 700 多人。②

图 5—2　《民主日报》载 1950 年民盟苏岛支部盟务报告

民盟苏岛支部是除了国民党支部之外,唯一可以公开的政党。适值

---

　　① 民主同盟成立于 1941 年,原名为民主政团同盟,1944 年改组为民主同盟,包括的党派有社会党(国家社会党)、救国会、乡村建设派、中华职业教育社。民主同盟是在野党的联合机构,其政治主张是反对国民党一党专政,建立各党派联合政权,实行民主政治。同时强调中间性的作用,在 1946 年国共和谈期间,因声援中共的合法地位和主张,民主同盟被国民政府宣布为非法政党,被迫转移到香港继续活动。民盟南方支部成立于 1945 年 1 月,下辖港九、泰国、河内、西贡、英国、美国、缅甸、苏岛等多个海外支部。名义上民盟南方总支部由国民党人、社会民主党人、救国会会员、第三党人联合组成,其实质是以中共党员为核心的中共外围组织。
　　② 中国民主同盟中央文史委员会编:《中国民主同盟历史文献 1949—1988 上》,文物出版社 1991 年版,第 99 页。

华侨的爱国热情高涨之际，民盟苏岛支部秉承了"九·二〇"运动的光辉历史，吸收新盟员，从创办《民主日报》入手，加强了对华侨的宣传力度。作为民盟苏岛支部的机关报，《民主日报》的组织成员均由民盟苏岛支部的骨干担任。

表 5—3　　　　　　　　　　1945 年《民主日报》内部人员

职位	姓名	在民盟中的身份
董事长	刘筱梅	民盟苏岛支部发起者
社长	叶贻东	民盟苏岛支部发起者
经理	赵洪品	华抗领导人、民盟苏岛支部发起者
总编辑	邵宗汉	民盟苏岛支部发起者
印尼文编务、笔政	王任叔	民盟苏岛支部发起者
专论、编辑、采访、翻译	费振东、郑楚云、蔡高岗、徐安如、熊辛克、古鹤龄、陈丽水、张琼郁、林克胜、张爱舜、陈文营、宋凉赞、陈明枫、曾白心、张慈善、吕慧英、徐江汉、卢秋生、强声棋、黄卓明、李国海、陈斯刚、林文坤等	民盟骨干

材料来源：1. 林克胜、陈文营、张爱舜：《棉兰〈民主日报〉出版前后》，黄书海主编《忘不了的岁月》，世界知识出版社 2003 年版，第 260—274 页。

2. 朱培珀：《棉兰〈民主日报〉应运而生》，黄书海主编《忘不了的岁月》，世界知识出版社 2003 年版，第 275—279 页。

民盟苏岛支部宣传的扩大还体现在对老牌报纸的控制上。"二战"前苏北影响力最大的中文报纸是国民党党员叶燕浅所创办的《苏门答腊民报》，20 世纪 30 年代，《苏门答腊民报》由叶燕浅长子叶贻昌掌管，叶贻昌为国民党党员，政治态度右倾。"二战"后，《苏门答腊民报》复刊，政治上奉行国家主义和民族主义至上，不为华侨左派人士所欢迎。1948 年叶贻昌辞去《苏门答腊民报》总理一职，并将持有的股份卖与丘毅衡、叶贻东、叶贻芳三人。不过，由于叶贻东、叶贻芳二人实力有限，不能承接叶贻昌所卖与的股份。在此情况下，刘筱梅、傅石生、张德镕、连清富、朱培琯、吕书村、赵洪品、张晋寰共同出资组成利文公司，承买叶贻东、叶贻芳所拥有的一半股份，这样，连同叶贻东、叶贻芳在内，左派人士在《苏门答腊民报》中占据51%的股份，[1]《苏门答腊民报》成为苏北华文报纸中的左倾报纸。

　　民盟苏岛支部的另一主要活动是实现华侨左派人士的大联合，获取在华侨社会的领导权。这一过程可以分为三个阶段。第一阶段，在民主同盟苏岛支部的推动下，各地盟员纷纷成立华侨青年联合会、华侨妇女联合会、华侨工农职工会及各种音乐队、体育会、剧艺社等左派社团。第二阶段，盟员与中立或有左倾倾向的华侨建立统一战线，创立新的左倾社团，或使原有的社团左倾，并共同组织各地的华侨总会或实现华侨总会的左倾。第三阶段，在各地各种总会的基础上，成立苏北各总会的联合，达到苏北华侨左派的大联合。在这三个阶段中，第二个阶段至关重要，需要盟员"本身加强学习以提高政治认识和理论水平外，同时个别同志也应进行对群众的教育工作"，使得更多的华侨加入左倾队伍之中，并排挤和孤立右派人士，最终实现华侨总会左倾的目的。民盟所吸收的华侨是那些"华侨各阶层的开明进步份子，历史清白，以前没有反动行为，没有破坏华侨民主运动，能切实拥护共同纲领，拥护中华人民共和国"[2] 的人士。

　　以棉兰的左派势力的发展为例：1945 年在刘岩（民盟苏岛支部创办者之一）的领导之下，伍秀能、龚瑞花、黄赛凤、林彩云、梁惠珍、冯玉霞、饶慕兰等民盟苏岛支部的妇女骨干共同创办了棉兰华侨妇女会，同年以陈文营、周火穆、李发轫、尤久希为首的民盟青年骨干也成立了棉兰华侨青年团，1946 年在朱培琯、薛两成、叶贻东、林鸿儒、林锦顺、沈金冉、张云飞、吕书村、杨奕贵等人的领导下（他们多数具有民盟身份），棉兰华侨总会成立，棉兰华侨妇女会和华侨青年团也随即加入，并被选为棉兰华侨总会的团体理事。此后不久，棉兰华侨总会在联合苏东各地华侨总会的基础上，成立了苏东华侨总会联合会，经过长期的筹备

---

　　① 朱培琯：《〈苏门答腊民报〉改组及扩展内情追述》，黄书海主编《忘不了的岁月》，世界知识出版社 2003 年版，第 283—288 页。

　　② 《民盟与华侨民运》，《民主日报》1951 年 6 月 16 日，第 5 版。

和联络调节，到 1952 年时机成熟，苏东华侨总会与亚齐、打板奴里的华侨总会联合，共同组成苏北华侨总会联合会。从 1946 年民盟苏岛支部成立到 1952 年 3 月苏北华侨总会联合会成立，民盟苏岛支部为实现左派的大联合共用了 6 年的时间。

表 5—4　　　　　　1952 年苏北华侨总会联合会及其成员

苏北华侨总会联合会暨属会成员（1952 年 10 月）
冷沙中华总会、峇眼亚比中华总会筹备会、大觉华侨公会、丁宜华侨总会、南吧华侨总会、沙浪武哇华侨总会、勿拉涯华侨总会、万叻吉利巴华侨总会、巴格拉湾华侨总会、英加坡拉华侨总会、先达华侨总会、西里勿拉湾华侨总会、三板头华侨总会、万叻勿丝南华侨总会、莫罗堡华侨总会、英佛华侨总会、马达山华侨总会、哥打毡尼华侨总会、诗里加冷华侨总会、实武牙华侨总会、古农士多利华侨总会、班耶武眼华侨总会、棉兰华侨总会、巴烟华侨总会、浮罗卒华侨总会、甘光峇鲁华侨总会、颂牙华侨总会、司吉利华侨总会、打峇段华侨总会、新那璜华侨总会、板端拉务华侨总会、鹿树昆华侨总会、司马委华侨总会、民礼华侨总会、勿拉冷华侨总会、实打挖华侨总会、冷吉华侨总会、思思华侨总会、勿拉湾华侨总会、老武汉华侨总会、半路店华侨总会、哥打芒温华侨总会、新邦帝加华侨总会、缎卜干华侨总会、班德拉务华侨总会、网眼华侨总会、亚沙汉华侨总会、奇沙兰华侨总会、峇都抛拉华侨总会、浮罗拉夜华侨总会、兰都华侨公会、沙璜中华会馆、火水山华侨总会筹委会、瓜拉新邦中华总会

材料来源：《热烈庆祝中华人民共和国国庆》，《民主日报》1952 年 10 月 1 日，第 6 版。

从上述材料可以看出，到 1952 年 10 月，苏北华侨总会联合会包括了 54 个城埠的具有左倾倾向的华侨总会或总会性质的社团。它们之中，在苏东的有 39 个，亚齐的有 10 个，打板奴里的有 3 个，峇眼亚比 1 个，班耶武眼 1 个。可见，民盟苏岛支部所推动的地区集中在苏东，打板奴里、亚齐发展缓慢，在苏中也有民盟分子的活动迹象。

1952 年在华侨总会联合会形成之后，因客观形势发生了变化，民盟苏岛支部走向了历史的终点。长期以来，制约左派势力发展的一个因素是身份的合法性问题。"二战"之前，荷印政府害怕华侨通过政治活动威胁到殖民政府的统治，故不允许华侨参与中国的政治活动，"二战"结束后，特别是印尼独立革命取得胜利后，新生的印尼政府和民众特别敏感于独立自主的地位，视一切外国人操纵的活动为殖民体系的遗留，他们既排斥外侨在经济上的优越地位，又不能认同外侨的政治行为。中华人民共和国成立后，由于中国大陆所具有的红色身份，更加剧了印尼政府对华侨左倾活动的不安。而这时刚成立的中华人民共和国被西方遏制与孤立，中国共产党迫切需要维持与印尼的友好关系。虽然印尼政府与新中国建立了官方外交关系，但是印尼当局特别担心中国共产党通过印尼华侨输出红色革命，这引起了中国共产党领导人的高度关注。① 自成立以来，民主同盟苏岛支部和各地的分部是苏北存在的唯一中国左派政党，虽然名义上是中国民主同盟的分支机构，但是它们的领导人却具有秘密的中国共产党党员身份。民主同盟苏岛支部和各地分部的关闭就是中国共产党为打消印尼政府顾虑采取的一个重大举措，从此之后，苏北的华侨总会联合会承担了领导苏北左派华侨的作用，但是随着民盟支部的关闭，无疑使中国共产党丧失了指导和发展苏北左派运动的一个重要平台。

二 "二战"后右派的领导机构与问题

"二战"后的一段时间内，苏北左右派势力经历了一个此消彼长的局面。左派人士迅速建立强有力的领导组织，蓬勃推进左派社团的崛起，而右派则是组织乏力，气势消沉。

日本占领苏北期间，国民党各支部和分部被日军视为主要的抵抗组织，其干部人员大部分被捕入狱，或逃亡他处，结果使得国民党在苏北苦心经营的党部被摧毁殆尽，无法活动。"二战"结束后，随着一批国民党人从大陆返回苏岛及部分被捕的国民党党员被释放出来，国民党党部开始了重建工作。然而，党部的重建并不是一帆风顺，从抗战胜利后到1947 年警卫行动时，苏北的一些党部甚至还没完成重建工作。党部重建缓慢的原因与党员的商人身份有关。1952 年国民党第七次中央海外部工作报告回顾抗战后胜利的情景时说道："海外同志多数经营工商业，仅能以业余时间为党服务，复员伊始，个人忙于整理旧业，不能以整个时间

---

① 据笔者采访黄书海先生时得知，胡愈之、邵宗汉等人受到周恩来的特别嘱托，不能在苏门答腊地区发展党员和共青团员。采访时间：2015 年 8 月 31 日。黄书海祖籍广东人，出生于印尼先达，曾担任《苏门答腊民报》编辑和中国驻雅加达大使馆印尼文翻译，在五六十年代多次陪同周恩来访问印尼。

为党努力。"①

与重建党部相同步的是，国民党在各地成立了三民主义青年团（简称"三青团"）。三青团附设于党部之内，其目的在于获得青年人的支持，防止他们受到左派思想的影响。在吸引青年人加入国民党的同时，党部还对党员进行了重新的登记和审核，凡是未曾登记或审核不能通过者，按条例将之辞退。1947 年 9 月，国民党第六届四中全会暨党团联席会议之后，苏北的各党部受到上级指令，奉命组织党团统一委员会，将三青团并入所在的国民党分部之内，重新办理党团员登记工作。党团合并后，国民党党部的内部结构向比较战前而言，加强了对慈善、华侨事务的关注。

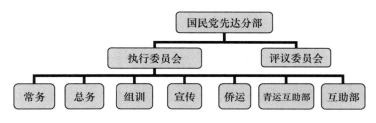

图 5—3　1948 年先达党部内部结构

材料来源：根据《先达党团统一完成》（《新中华报》1948 年 8 月 18 日，第 4 版）一文整理而得。

此时，国民党支部和分部活动的范围也有缩小的趋势。战前，国民党在亚齐建立有 8 个分部，而战后，仅有沙璜国民党分部、美仑国民党分部存在活动的痕迹，其他则沉寂无闻。在苏东和打板奴里，国民党党部保持了数量的不变，但是活跃程度不一。党部活动频繁的是日里直属支部、奇沙兰、丁宜、亚沙汉、先达分部，在民礼、兰都、冷吉以及打板奴里的实武牙则不甚活跃。根据笔者从 1948 年、1953 年、1957 年的《新中华报》的抽样统计，除了刊登的广告外，报道日里直属支部、奇沙兰、丁宜、亚沙汉、先达分部的一共分别为 23 次、20 次、20 次、14 次、

① 《第七次全国代表大会中央海外部工作报告》，陈鹏仁主编《中国国民党党务发展史料海外党务工作》，近代中国出版社 1998 年版，第 459 页。

17 次,而对民礼、兰都、冷吉、实武牙党部的报道分别仅为 5 次、4 次、2 次、3 次。

"二战"后,国民党党部在亲国民党的社团中,起到了主持领导和调停内部矛盾的作用。一般而言,国民党党部成员在亲国民党的社团中都会担任要职。以国民党亚沙汉党部和中华会馆为例,1948 年 1 月亚沙汉党部选举第六届执行委员,当选者为常务李恒胜、总务黄亚丕、组训杨良栋、宣传陶景福、侨运黄秋昆。[1] 同年 9 月亚沙汉华侨总会改名为中华会馆,在选举执行委员会委员时,由杨良栋、黄得深、卢如竹担任监票,入选理事中陶景福以最高26 票入选、李恒胜位列其次21 票,黄得深、杨良栋各 19 票,并列第三,黄秋昆 14 票皆得入选。[2] 这些人物都深入国民党党部的日常工作之中。其例证如表5—5 所示:

表5—5　　　　苏东各大城市国民党党部与右派社团人员关联

城市	总会或侨联合会	国民党支、分部	共同的主要领导人
棉兰	苏北中华侨团联合会	日里直属支部	丁伯文、李玉书
丁宜	华侨联合会 (1948 年改)	国民党分部	冯国恩、黄文赞、何应昌、何木华、尤传碰、陈锡湛、黄候吉、巫宝来、韩汉丰、陈谓滨
亚沙汉	中华会馆	国民党分部	黄秋昆、杨良栋、黄得深、李恒胜、刘金洲、陶景福
先达	侨团联合会	国民党分部	姚雪村、关鸿达、施翼鹏
奇沙兰	侨团联合会	国民党分部	张瑞泮、林少鹏、许木任
兰都	华侨公会	国民党分部	林胜春、李丝纶

材料来源:根据笔者对苏北中文报纸中相关城市社团信息整理而得。

除了国民党党部外,右派的主要活动还体现在各地侨团联合会或右倾的华侨总会的日常工作上。这些社团的日常工作可以归纳为五个方面:①发展自身实力;②支持扶助右派社团侨校的发展与建立;③协调与印

[1] 《亚沙汉国民党分部选出第六届执行委员》,《新中华报》1948 年 1 月 16 日,第 4 版。
[2] 《亚沙汉华总召开代表大会通过改名为中华总会》,《新中华报》1948 年 9 月 28 日,第 4 版。

尼官方关系，维持良好沟通；④处理本地华侨事务；⑤宣传民国政府政策。以先达华侨联合会为例，先达华侨联合会原为先达治安会，1948年在姚雪村、李炳鸿、章达文、李永基、关鸿达、施翼鹏、陈金宣等人的筹划下，改为先达华侨联合会，参与其中的社团有：中国国民党驻先达分部、三民主义青年团驻先达分团队、救济分会、绿白社、广肇同乡会、客属公会、木业团、咖啡公会、金业工会、琼崖同乡会、缝业团、务德会、华民学校、兄弟体育会、学友会、汇兑公会16个社团。根据1953年的年度报告可知，先达华侨联合会共解决23件日常大事，其中发展自身实力4件，发展右派社团2件，与印尼官方进行沟通、维持良好关系3件，参与处理华侨事务10件，宣传民国政府政策4件。处理华侨事务占据绝对优势，从参与的数量上来看，处理本地的华侨工作已经占据侨团联合会工作的主要内容。①

　　苏北右派缺少权威性的中心人物，他们的活动仍然没有克服因内斗而出现人心涣散的缺点。1952年刘崎巡视苏北时发现：国民党棉兰党部常委的林天祥有一亲信是苏东中学的秘书刘景民，"他是专与本党当地常委张煊为难的人，在我的面前有意无意之间，说了许多有关张煊的坏话"，并且刘崎发现棉兰的国民党党部"只有几个人在办公，情绪也似乎不大起劲，据说另一常委林天祥从不去党部，因此形成一种散漫敷衍的习气……棉兰的本党党部三个常委中，有二个常委互相倾轧对拼，无怪乎其他的同志没精打采提不起精神"②。

表5—6　　　　　20世纪40、50年代棉兰重要右派人物信息

主要右派领导人	社会地位	国民党党内职务	活跃期	籍贯
叶贻昌	闻侨叶燕浅之子，富商，《苏门答腊民报》总理，中华商会执委，励志会执委	党员	20世纪30年代至50年代	福建南安

---

① 姚雪村：《先达华侨联合会会务报告书》，《新中华报》1953年9月13日，第6版。
② 刘崎：《我的回忆》，沈云龙主编《近代中国史料丛刊续编》第87辑，文海出版社1982年版，第226页。

续表

主要右派领导人	社会地位	国民党党内职务	活跃期	籍贯
苏源昌	粮食进口商,福建会馆副会长	国民党驻日里直属支部执委	20世纪20年代至50年代	福建,棉兰侨生
徐炳星	先达中华学校董事,先达永成酒庄创办人	国民党先达分部总务	20世纪30年代至50年代	广东潮阳
丁伯文	《新中华报》总理、中华商会、工商团执委,苏东中学董事	国民党驻日里直属支部执委		上海浦东
张其南	广肇同乡神州公会、中华商会执委,苏东中学董事,创办有棉兰福利、胜利胶厂		20世纪20年代至50年代	广东宝安
黄得深	亚沙汉商会、筹振会、培善中小学主席、执委	国民党驻日里直属支部执委、亚沙汉团部主任	20世纪20年代至50年代	广东文昌
李玉书	棉兰新发兴李记号东,苏东中学董事、中华商会执委、自由车总商会执委	国民党驻日里直属支部执委	20世纪30年代至50年代	福建兴化
黄茂团	闻侨黄展骥之子,富商,商业涉及汇兑、土产、米业、船务等,福建会馆、仁爱会、江夏公所、永春公所、励志会执委,苏东中学董事		20世纪30年代后期至50年代	福建永春
冯茂如	广肇神州公会执委	国民党驻日里直属支部主任、执委	20年代后期至40年代	广东新会
黄振球	晨钟社、苏岛中华木业团执委	国民党棉兰分部执委	20世纪30年代至50年代	

材料来源:1.《张其南先生》,《新中华报》1948年1月11日,第3版。

2.《先达三杰》,《新中华报》1948年2月22日,第3版。

3.《黄得深先生》,《新中华报》1948年3月19日,第3版。

4.《李玉书先生》,《新中华报》1948年4月17日,第3版。

5.《财政伯》,《新中华报》1948年5月30日,第3版。

6.《闻侨叶贻昌昨病逝棉兰》,《苏岛时报》1954年5月9日,第4版。

7. 崔丕等译:《日本对南洋华侨调查资料选编1925—1945》,广东高等教育出版社2011年版,第39页。

第三节 苏北华社的分裂与内因

一 战后棉兰华侨华人社团政治属性的变动

从 1945 年 8 月至 1958 年 4 月期间，棉兰出现过三次标志华侨社团政治认同变化的重要事件，第一次是 1949 年 8 月国民政府派遣蔡维屏领事驻棉履新，第二次是 1951 年 4 月中华人民共和国向棉兰派遣沈一平担任领事，第三次是 1956 年孙中山诞辰 91 周年纪念。在这三次事件中，左右派双方举行了隆重的活动，通过社团参与的广泛性彰显了各自的影响力。两方的报纸《新中华报》和《苏门答腊民报》《民主日报》也完整地刊登了参加活动的社团名单。

笔者以这几份社团名单为基础，并参考报纸中的日常报道，把棉兰社团按照政治属性划分为三种类型：（1）派别鲜明的左、右社团，它们仅出现在各自主办的活动中，而没有参加另一派活动。（2）偏左派和偏右派社团，以它们承认中华人民共和国或承认中华民国作为划分的依据，通常并不积极参加对方社团举办的活动。（3）中立或态度不明确者，一种是两派活动都积极参加，另一种是在报道中处于边缘地位，常见于各类广告中。

首先是中华民国政府派遣驻棉领事履新事件。1949 年 8 月，国民政府派遣蔡维屏抵达棉兰时，国民党军队在中国大陆节节败退，中国共产党即将完成夺取大陆的胜利，棉兰左派社团已经从无到有发展到 32 个。而右派为了增强支持国民党的声势，以苏东中华侨团联合会为名发动了规模宏大的迎接领事活动，当时棉兰参加的社团有 59 个，[1] 据笔者统计，截至 1949 年底，棉兰共有 153 个社团，其中有 25 个社团态度不明，这样可知，有 37 个社团并没有出席这次活动。可以用图 5—4 表示这时社团的政治倾向：

---

[1] 全部名单刊登在《李芹根先生昨日欢迎蔡领事茶会》，《新中华报》1949 年 8 月 8 日，第 4 版；《欢迎及欢送领事茶宴会定于十四日举行》，《新中华报》1949 年 8 月 9 日，第 4 版；《欢迎蔡领事大会 社团继续报名参加》，《新中华报》1949 年 8 月 13 日，第 1 版。

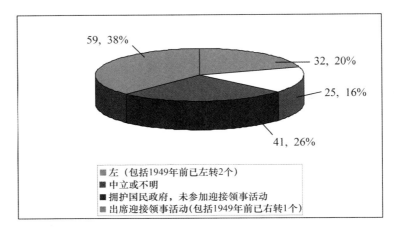

图 5—4　1949 年底棉兰社团亲共亲国倾向

材料来源:根据苏北中文报纸有关棉兰社团信息整理而得。

　　1949 年之前中国的局势尚未明朗,政治属性变动的社团较少,左转的仅有《苏门答腊民报》社和福州会馆,右转的是工商团,它在 1948 年 5 月底退出棉兰华侨总会。左派势力比较弱小,占据的比重不过是社团总数的 1/5 强。虽然拥护国民政府的社团超过了总数的六成,但是,它们中有四成的社团没有出席迎接活动,它们主要是学校和体育文艺团体。

　　其次是 1950 年 4 月中印尼建交后欢迎中华人民共和国的领事活动。中华人民共和国于 1951 年 4 月向棉兰派遣沈一平担任领事,以苏东华侨总会联合会为首的左派势力发起了迎接领事活动,其中棉兰社团参加的有 52 个,[①] 而截至 1951 年底,共有 68 个社团支持新中国,这就表明了有 16 个团体没有参加这次活动。在当时的 176 个社团中,态度中立或不明者有 30 个,78 个仍宣布效忠中华民国,这 78 个中有 51 个曾参

---

　　① 全部名单分别见于:《苏华欢迎领事委员会获得确讯　沈领事准于十九日到棉》,《苏门答腊民报》1951 年 4 月 16 日,第 4 版;《团体学校陆续报名》,《苏门答腊民报》1951 年 4 月 17 日,第 4 版;《欢迎领事工作委员会明晨在军人俱乐部办公》,《苏门答腊民报》1951 年 4 月 18 日,第 4 版;《沈领事准今午抵埠》,《苏门答腊民报》1951 年 4 月 19 日,第 4 版。

加了 1949 年欢迎蔡领事的活动。① 可以用图 5—5 表示这时的社团政治倾向态势：

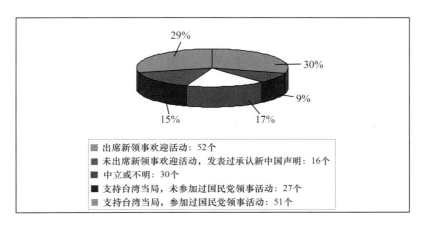

图 5—5　1951 年底棉兰华侨华人社团政治倾向

材料来源：根据苏北中文报纸有关棉兰社团信息整理而得。

由上两图可以看出，在中国大陆鼎革之际，承认新中国的社团明显出现了上升趋势，在整体中占据了约四成的比重，可是它们中仍有一些政治立场犹豫不决，不愿意追随新中国政府。值得注意的是，支持国民党的社团虽然与 1949 年相比下降了约两成，已不到总数的一半，可是它们的数量仍然超过所有支持新中国的社团数量，并且它们中的多数参加过 1949 年迎接国民党领事的活动。

最后是 1956 年 11 月举行的孙中山诞辰纪念。苏北中华侨团联合会（由苏东中华侨团联合会改名而成）扩大了纪念活动，这是右派势力最后一次高调展示实力的举措。棉兰参加的社团共达 86 个，② 该年年底，棉兰社团已经增加到了 224 个，除了这 86 个外，还有 14 个支持国民党，却没有参加活动。52 个社团政治态度不明确，支持中国共产党大陆政权的

---

① 除救济总会解散外，共有 7 个社团，既参加了 1949 年迎接蔡维屏领事的活动，又参加了这次迎接新领事的活动，仅从这次活动看，它们的政治态度已经转左。

② 全部名单见《明日为孙国父九一诞辰 本市同侨举行纪念大会 参加社团达一百余单位》，《新中华报》1956 年 11 月 11 日，第 4 版。

有 72 个社团（其中有 46 个参加了 1951 年的活动，26 个则没有参加）。这时各派的政治属性如下：

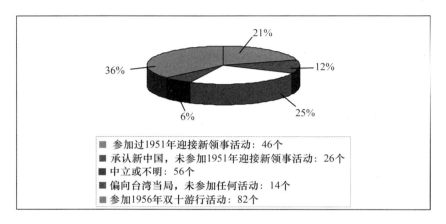

图 5—6 1956 年底棉兰华侨华人社团政治倾向
材料来源：根据苏北中文报纸有关棉兰社团信息整理而得。

从上面三个图中，可以总结棉兰华侨华人社团亲中分化有以下三点特征：（1）倾共的势力先升后降，没有超过亲国一派。亲共社团从 1945 年到 1951 年底达到顶峰，约占社团总数的 40% 左右，1956 年下降到总数的 1/3。（2）亲国一派势力先降低后稳定。1949 年之前亲国社团众多，支持国民政府者超过总数的 60%，1952 年时最低约为 45%，此后维持稳定。（3）中间势力先稳后升。在 1952 年之前中间势力相对稳定，约占社团总数的 15%，此后态度中立或模糊的社团的比重出现了上升的趋势，1956 年底时达到总数的 1/4。各派力量可以简单表述为右 > 左 > 中立。但是上述的分析也出现了一定的问题：各派的比较仅是量的比较，并不能从上看出具体哪些社团亲共亲国。这就需要从社团的类别上分析它们的分化问题。

不考虑社团中间消亡的情况，按照成立时间，239 个社团分为四种类型，即：老牌社团（"二战"结束前出现）77 个、40 年代后期社团（1945—1949 年成立）76 个、50 年代初社团（1950—1951 年成立）25 个、中后期社团（1952—1958 年成立）61 个。它们的政治倾向性大致如图 5—7 所示：

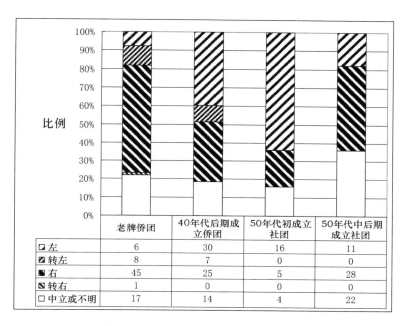

图5—7 棉兰各时间段出现的社团分化

材料来源：根据苏北中文报纸有关棉兰社团信息整理而得。

从图5—7可以看出，老牌社团中近六成都倾向了右派，仅不到两成选择支持左派。40年代后期出现的76所社团中，有近半数倾向了左派，约三成支持右派，不足两成选择了中立或态度不明。50年代初期出现的25所社团中，近2/3都倾向了左派，仅有1/5支持右派。在中后期社团中，选择中立或不明的社团明显增多，超过了总数的1/3，倾向右派的则超过40%，左派的支持度明显乏力，仅不到20%选择支持左派。

由此，我们可以得出简明的事实是：支持左派的主要力量是40年代末期社团和50年代初社团，支持右派势力的主要力量是老牌社团和1952年以后出现的中后期社团。1952年是一个关键的变化节点。态度中立社团在1952年之后明显增多。另外，亲共亲国的社团倾向稳定，变动不大。

上述分析了左右势力在社团总体数量上力量多寡问题和支持两派的社团时段性问题，那么从总体实力上而言，左右派对棉兰华侨华人社会的掌控如何? 为了便于分析这一问题, 笔者不考虑社团中间消亡的情况, 把社团按照性质分为乡谊血缘类、行业类、学校（包括夜学）、政党、文体娱乐类（包括童军团和学术研究会）、慈善公益类和其他综合类。① 由于不需要考虑社团出现的时间限制, 统计的范围扩大为全部 261 个社团。从总时间段上来看, 右派、左派和中间势力数量比例约为 4∶3∶3。其具体分布如下:

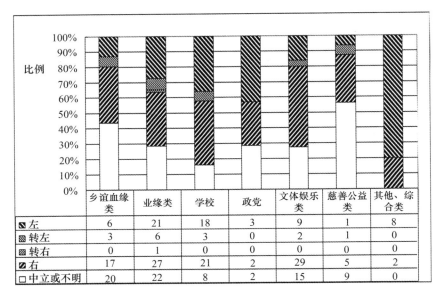

	乡谊血缘类	业缘类	学校	政党	文体娱乐类	慈善公益类	其他、综合类
◥左	6	21	18	3	9	1	8
▨转左	3	6	3	0	2	1	0
▧转右	0	1	0	0	0	0	0
◢右	17	27	21	2	29	5	2
□中立或不明	20	22	8	2	15	9	0

图5—8　棉兰各类别华侨华人社团政治倾向分类

材料来源: 根据苏北中文报纸有关棉兰社团信息整理而得。

从图5—8可知, 由于政党、其他综合类社团数量较少, 不足总数的10%, 而且并非实业部门, 实际影响双方对社会控制力的是行业类、乡谊血缘类、文体娱乐类、学校、慈善公益类社团。

在乡谊血缘类、文体娱乐类、慈善公益类社团中, 左右派比例悬殊较大, 乡谊血缘类社团支持右派与左派的比例接近于2∶1, 文体娱乐类

---

① 在划分时, 慈善公益类社团是指它们的业务专门在于慈善公益活动, 这并不是说籍贯血缘类、行业类、文体娱乐类或其他综合组不做慈善公益活动, 而是慈善公益活动仅是这些社团的各种业务之一。如: 小商公会设有老年慈善组, 惠州会馆设有华侨慈善互助部。

约等于3:1，慈善公益类为5:2，都是右派势力占据了上风。在行业类、学校上双方则比较平衡。由于行业类和学校类社团在华社中占据特别重要的位置，不同行业的社团和不同规模的学校差别甚大，因此我们有必要对这两类社团进行详细对比。

首先，我们把支持左右派的行业类社团罗列如下：

表5—7　　　　　　　支持左右派的行业类社团名单

支持左派的行业类社团（包括后来转左社团）	苏岛汽水公会、棉兰咖啡工友会、华侨职工会、华侨日报社、苏加拉美华侨农民会、苏东华侨出入口商会、华侨店员工友会、新市场鲜鱼同业会、冰水同业公会、苏北酒房公会、苏北华侨裁缝联谊会、华侨烟厂工友会、华侨工农联合会、冰业公会、荅蕉芭农民会、荅蕉芭苏加拉美会、苏东中药同业会、理发团、苏岛肥皂公会、苏东酒业公会、糖米杂货公会、文化教育工作者协会、苏门答腊民报社、苏东汽车同业公会、三轮车职工会、咖啡园华侨农会、苏东咖啡同业公会
支持右派的行业类社团（包括后来转右社团）	中华商会、白铁工会、联合汽车公会、华侨机器工会、旅社同业公会、面包公会、苏岛中华木业总工会、泥水同业团、苏北齿科同业公会、苏北橡胶公会、苏岛华侨工联会、苏岛华侨商业团、工商团、小商公会、五金同业合作社、苏岛金业总工会棉兰分会、苏岛全属金业总工会、苏岛三轮车公会、苏岛摄影公会、苏岛中华缝业总工会、苏岛中华木业总工会棉兰分会、苏岛中华汽车公会、行商同业社、自由车总商会、苏岛中华革履公会、苏岛时报社、新中华报社、兴中日报社

材料来源：根据根据苏北中文报纸有关棉兰社团信息整理而得。

支持左派的行业类社团成员多处于社会分工的中下层，店员、工人、农民占据了相当多的比例。商人群体中支持左派的主要有出入口商、肥皂商、酒商、汽水商等，出入口商从事与中国或与中国商品有关的贸易活动决定了他们在政治上不可能疏离中国大陆。在抗战中为了生存，苏岛许多左派人士学会了制造肥皂的技术，战后他们继续以此为生，所以苏岛肥皂业是一个与左派联系密切的行业，酒业也是如此。① 值得一提的

_____

① 可以从诸多左派人士的回忆录中得到印证。如林坚《忆反盟交通联络站的建立及其发展过程》，陈斯刚《虎口逃生追记》，王克平《巴人在南洋的战斗生涯》，载黄书海主编《忘不了的岁月》，第68—76、83—85、142—148页。

是，裁缝联谊会是从老牌社团中华缝业工会脱离的人士于1953年组建的社团，无论从规模上还是名气上都不能与中华缝业工会相提并论。

支持右派的主要是商人和职员群体。商人群体涵盖了五金、汽车、橡胶、摊贩、三轮车、旅社、自由车等各行各业，具有广泛的群众基础。其中最重要的是棉兰中华商会。它是棉兰历史悠久、实力强大的实业组织，它的成员覆盖了90%左右的棉兰华商。中华商会的主要领导成员经常由国民党支部执委构成，中华商会每年召开会员大会选举职员，它的领导机构分为执行委员会和监察委员会，执行委员会下设常务委员会，常务委员会下有主席、总务、交际、调查部门。监察委员会下临时设主席一职。以1952年、1953年职员为例，主席张其南、总务李玉书、调查丁伯文都是国民党驻日里直属支部执委。

商人群体支持只是其中的一个方面，棉兰右派拥有广大的群众基础还在于得到了苏岛华侨工联会的支持。苏岛华侨工联会由苏岛中华木业总工会、泥水同业团、苏岛中华革履公会、苏岛全属金业总工会、苏岛中华缝业总工会、华侨机器工会六大工会联合组建。1954年拥有会友1.3万余人。① 约为棉兰华侨总数的1/6，是棉兰规模最大的华侨华人社团。②

图5—9 《新中华报》载1953年中华革履公会礼堂悬挂蒋介石像

---

① 《苏岛华侨工联会三十二周年纪念刊》，《新中华报》1954年5月1日，第5版。
② 棉兰左派规模最大的社团是中华侨生公会，规模最大时人数达到6000多名。

其次，我们从规模上，把棉兰左右派控制的学校加以对比。从中学生的数量来看，左右派控制的最重要中学分别是棉兰华侨中学和苏东中学，1954 年 6 月棉兰华侨中学，所属各校学生共达 7000 余人，其中中学生约 2300 人。[1] 苏东中学 1953 年秋，中学生 1631 人，到第二年上学期学生增加到约 1800 人，[2] 棉中的中学生超过苏中 500 名左右。但是在小学方面，右派占据优势。据苏北第一区民间学校调查署对 1953 年外侨学校的调查，棉兰小学中，支持中华人民共和国的华侨小学的学生有 6492 人，支持国民党方面的（包括教会学校）华侨小学的学生有 12191 人。[3] 尽管两派学校数量较为平衡，但是从学生的总量上而言，右派学校则明显超过左派学校。这其实也能够反映两派在社会上的支持力度，由于右派获得以中华商会和苏岛华侨工联会为首的商人群体和职员群体的支持，那么在教育募捐上也就有了充分的支持，可以支撑右派学校容纳更大的学生规模。

从棉兰市这一重要的华人聚居城市来看，并不是随着新中国与印尼建交，华人亲大陆的力量就超过了亲台湾的势力。由于受到历史因素、政治运动、国际环境等情况的影响，在战后初期华人亲大陆力量并没有超过右派，他们影响力在初步发展后有所下降，亲国一派也并非一蹶不振，而是先降后稳定，并且实力最强。在棉兰中间派力量最薄弱，尽管它有增加的趋势。

从社团的类别上看，亲中国共产党的主要是妇女会、青年会这类综合社团和一些学校、职业社团，社团的成员除一部分商人外，多处于社会分工的中下层。亲国民党的主要是文体娱乐类社团，以及一部分学校、行业类、慈善公益类社团，亲国民党的群体基本掌控了棉兰华人社会的实业部门。中立的主要是慈善公益类和乡谊血缘类社团。

在战后初期，社团的亲中群体分化比较稳定，并没有随着形势的改变而发生特别明显的变动。亲共产党的主体社团和亲国民党的主体社团

---

[1] 《棉华中学在反动派的破坏中壮大起来》，《苏门答腊民报》1954 年 6 月 27 日，第 4 版。

[2] 《苏东中学暨附属各小学庆祝廿五届校庆特刊》，《苏岛时报》1954 年 2 月 25 日，第 2 版。

[3] 《苏北第一区民间学校监督署发表调查外侨学校情况的材料》，《民主日报》1953 年 6 月 11 日，第 4 版。

都没有变动。这多是因为主体社团的领导群体亲中倾向变化不大。

二　苏北华社分裂、政治认同分化的内因

"二战"前的苏北华社政治认同于中华民国,左派尚未在华社中占据一席之地,各社团侨校间的分化常表现于因籍贯的不同带来的分歧,分歧并没有导致华社的分裂。抗战爆发后,各社团负责人或被捕或回国或活动转入地下,社团侨校被封被查,华社内部矛盾被中日民族矛盾掩盖。"二战"胜利后,中国大陆国共两党的政治斗争上升为社会关注焦点,苏北政治认同虽然仍倾向中国,然而,两派间的斗争已经愈演愈烈,左派在民盟苏岛支部的领导下,势力迅速膨胀,反对一党专制,右派则秉持国家主义、民族主义至上,两派针锋相对,华社分裂势所难免。

华社的分裂遍及苏北各地、各个行业和各种社团学校,可以从三方面衡量左右派影响地方的强弱:

(一)血缘、地缘、业缘社团由哪个党派掌控或倾向于何党派。血缘、地缘社团是华侨社会最早出现的社团,覆盖范围广泛、关系结构复杂,人员交往频繁。控制此类社团能够影响到华人族群内部事务,产生不可估量的作用。大体而言,苏北各地血缘、业缘社团政治倾向偏右,闽西、粤东社团倾向左派,广府社团倾向右派。

(二)苏北各城埠中,具有领导权的社团由哪派掌握。具有领导权的社团是华社与官方协调的中介,获得对此类社团的控制也就在话语权争夺中获得先机。"二战"后,苏北甲必丹制度被打倒,华社的领导机构分为左派控制的华侨总会和右派掌握的华侨联合会,华侨总会在苏东的中部、亚齐东部有深厚的群众基础,华侨联合会影响集中在亚齐西部、苏东东南、西北。

(三)苏北的文教、慈善部门政治认同偏向何派。文教、慈善是华人共同参与的公共事务,涉及华人每家每户。"二战"后,苏北接受华文教育人数提高显著,各种团体的丧葬互助功能强化。苏北华校由华侨总会或华侨联合会把持,成为其附属学校,与华侨总会或华侨联合会发展同步,苏北的专业慈善团体多保持中立,超越了党派利益的桎梏,受到华人的普遍欢迎。

苏北华社分裂是在美苏冷战对峙下,受到国共两党争夺大陆政权而

出现的产物，也是甲必丹制度被打倒后，华社内部没有官方领导权威下，内部不团结发展的历史必然，从华社内部发展角度而言，有几方面的原因影响了各城埠华人的政治认同选择。

（一）华社领导精英的政治倾向。一般而言，在一个城埠中如果领导在城埠中威望越崇高、越能够深获支持、组织越得力、管理越完善，那么领导精英的政治倾向越能够影响华社的政治认同选择。"二战"后的先达即使如此情况。"二战"后，先达左派得到了华侨总会和中华商会的共同支持，被称为小延安，[①] 与其领导精英侨商陈影鹤的政治选择密不可分。陈影鹤是福建泉州人，20 世纪 30 年代在先达以经营土产、茶叶而致富，被推选担任中华商会会长一职，在先达侨商中威望声隆。自苏岛沦陷后，陈影鹤及其兄弟陈松吟通过邵宗汉与左派人士相识，在王任叔、胡愈之等文化人士流亡苏东期间，先后把他们安排到先达、棉兰、马达山等地，对他们照顾有加。王任叔之妻刘岩曾感慨道："刘、陈家对我们的帮助太多了，要不是他们，我们不死于日人之手也饿死于苏岛原野，这种正义的救命恩人是终生难忘的。"[②] 日本投降后，陈影鹤担任了先达战后第一届华侨总会的会长和中华商会会长。在警卫行动期间，因陈影鹤的公开支持和印尼政府对华社团体合法地位的承认，先达左派的活动公开化，并日益高涨。

（二）家庭祖籍地的关系。家庭是启蒙华人世界观的最初场所，对个人发展起到潜移默化作用。祖籍地则是承载华人与中国大陆的情感纽带。50 年代苏北华人的中老年大部分来自中国大陆，青年属于二代、三代侨生，他们家庭氛围中保存浓厚的中华情结，与祖籍地关系也是情隔不断。20 世纪 50 年代初，先达华侨学校校长郑子经先生是民盟先达分部的主要领导人，在家庭饭前餐后经常对子女进行爱国教育，在他的言传身教下，子女从小就对各种革命事迹耳熟能详，对新中国的光明向往热爱，其女

---

① 先达被称为"小延安"不仅在左派人士中流行，在右派人士中也得到了承认，在争夺先达中华学校的所有权时，右派取得了胜利，一些右派人士谈及此事时说道："自从光复后，一洗被赤特称为'小延安'之耻辱。"见《多雨的山城——先达》，《新中华报》1954 年 12 月 5 日，第 4 版。

② 刘岩：《流亡日记》，黄书海主编《忘不了的岁月》，世界知识出版社 2003 年版，第 398 页。

年仅 14 岁时便毅然回国就学。① 郑子经先生的家庭教育可以说是左派家庭影响的一个代表。

祖籍地也是影响政治认同的重要因素。苏北的华人大部分来自闽粤。据 30 年代的统计,闽粤华人约占 70% 以上的比例。闽粤之地又是革命风气先发地带。广东广府是国民党势力发源之处,福建山区是中国最早的红色革命根据地。由此出现了一个具有明显地域划分的派系支持群体:左派的支持者主要是闽南人(以及龙岩人)、潮州人及一部分海南人,他们的职业分布于教育业、烟业买卖、汽车运输业和海产品业,支持右派的多是客家人、广府人和海南人,他们主要以木业、金业、米业和咖啡业为生。

(三)左右派势力的深耕培植。苏岛是国共两党激烈竞争之地,先后出现了以国民党驻日里直属支部和民盟苏岛支部两大领导机构,它们的分支也遍及苏北三地。在两大机构及其分支深耕之处,也是各自势力发展活跃之地。以民礼和奇沙兰为例。民礼是民盟发展成功的城埠。在民盟苏岛支部的领导下,左派在华侨青年中成立了妇女会、青年会和职工社团,通过盟员的活动,左派成功取得了客家人、海南人、部分广府人的支持,在教育和商业上都取得了优势地位。在教育上,民礼左派掌控了从幼稚园到中学的完善的教育系统,获得了对民礼中华学校的控制权。在商业上,民礼左派掌控了民礼市实力最强大的商业团体华商联合会,其会员约占民礼华商的 90% 左右。在争取社团的斗争中,如韩江公会、民华咖啡公会的认同倾向,民礼左派都以成功争取告终。

奇沙兰是国民党党部最早建立的地区,"二战"前,国民党人已经在此经营日久,获得了各同乡会的支持。"二战"后,国民党党部执委林少鹏是奇沙兰琼州会馆会长,执委张瑞泮、赵广农、许木任是韩江公会的领导人,在国民党党部的推动下,以这些同乡会社团为基础,奇沙兰右派于 1947 年成立了中华侨团联合会,右派势力出现了大联合的局面,此后以国民党党员为核心的中华侨团联合会继续推进了右派势力的扩展,先后成立诏安同乡会、福莆仙同乡会、木业总工会分会,到 1954 年底,右派人士在闽南人、潮州人、海南人、福州人中获得广泛支持,右派势

---

① 于北京采访郑子经女儿得知。采访时间:2015 年 9 月 13 日。

力遍布金业、咖啡业、木业、教育业、脚踏车业。

总之,苏北华社的政治认同选择是大时代背景下的产物,但是各城镇华社的政治认同选择则是城镇领导精英、苏北家庭熏陶及与祖籍地关系、各派领导机构深耕培育的结果,在此结果下,左右派势力斗争遍及苏北三地,造成了各社团、各行业、各籍贯的普遍分裂。

表5—8　　　　　　　50年代苏北党派特征明显的部分市镇

城镇名称	各方影响的主要工商业社团、华校、同乡会	称号
先达	左派:中华商会、育才学校、华侨学校、龙岩同乡会、琼崖同乡会,右派:中华学校、广肇同乡会、中华木业总工会、琼州会馆、客属公会	小延安
亚沙汉	左派:华侨学校、龙岩同乡会、金属工会、中华商会,右派:培善学校、中华木业分会、自由车商会、华英学校、林氏九龙堂、杨氏四知堂、琼州会馆、金业总工会亚沙汉分会	第二重庆①
冷吉	左派:中华学校、韩江会馆、惠州会馆;右派:广东同乡会、惠州公所、光华学校	封建势力很浓厚的地方②
马达山	左派:韩江公会、华侨学校	红城③
怡里	左派:中华学校	亚齐小延安④
美拉务	右派:中华学校	小台湾;八十巴仙是落后势力⑤
冷沙	左派:中华学校、民众夜学、龙岩同乡会	一百巴仙升起五星红旗⑥

材料来源:根据苏北五种中文报纸所载的各市镇的政治倾向而整理。

① 《第二毛邦初》,《苏门答腊民报》1951年10月11日,第3版。
② 吴皎:《记冷吉妇女会成立 青年会四周年纪念大会》,《民主日报》1951年元月28日,第3版。
③ 《回马达山随笔》,《苏门答腊民报》1951年8月22日,第3版。
④ 《怀怡里》,《苏门答腊民报》1952年7月29日,第3版。
⑤ 《美拉务点滴》,《苏门答腊民报》1954年12月24日,第3版。
⑥ 《苏北华社团结中的一个典型——冷沙华侨社会概况》,《苏门答腊民报》1955年3月20日,第4版。

第四节 "二战"后苏北华社政治认同分化的特征与教训

"二战"后苏北的华侨华人社会因左右派的斗争而分裂,呈现出以下几点特征。

(一) 党派之间的矛盾掩盖了籍贯间的矛盾,这既是苏北的现象,也在南洋华侨华人社会中普遍存在

苏北的华侨华人以闽籍、粤籍为主,所以在20世纪20、30年代苏北华侨的省籍之间的矛盾,也主要体现在闽籍与粤籍的矛盾上。通常情况是这样的,闽籍人成立同乡会、华侨学校、商会,而粤籍人也不甘落后,另立新的社团组织,两种籍贯的社团组织互不统属,各自为政。"二战"后虽然省籍矛盾仍在一些社团中存在,但是界限变得越来越模糊,特别是中华侨生公会、华侨总会、中华侨团联合会、华侨青年会、华侨妇女会、华侨职工会、青年协会等综合性社团的涌现,加入社团的条件不再根据籍贯决定,似乎很难察觉到省籍之间的矛盾,但是通过分析党派之间的斗争,我们可以发现,籍贯的矛盾往往隐藏在国共两党斗争的背后。通过表5—9可以看出这种端倪。

表5—9 　　　　　　　　苏北部分城埠两派华侨的主要籍贯

城埠	右派华侨的主要籍贯	左派华侨的主要籍贯
棉兰	福州、永春、大埔、同安、金门、厦门、鹤山、广府、南安、潮州、台山、蕉岭、福莆仙、海南、雷州	惠州、安溪、龙岩、潮州、海南、大埔、福州
先达	广府、客家、海南	闽南(泉州)、龙岩、潮州、海南
民礼	广府	海南、潮州、惠州、雷州
丁宜	闽南、潮州	龙岩、潮州
冷吉	广府、惠州	潮州
亚沙汉	海南	龙岩
古打拉夜	客家、广府、海南	闽籍
实武牙	福州、海南、广府、兴华	龙岩

续表

城埠	右派华侨的主要籍贯	左派华侨的主要籍贯
冷沙		龙岩
瓜拉新邦	广府	
马达山		潮州
奇沙兰	潮州、诏安、福莆仙、海南	
老武汉		闽南
美仑	广府	

材料来源：根据苏北五种中文报纸所载的各城埠同乡会的政治倾向而整理。

（二）苏北社会分裂的缘起具有历史上的偶然性

1. 左右派人士在苏北传播思想具有偶然性

如果我们回顾左右派人士（包括右派人士的前身革命党人）来到苏北的方式，不难发现他们都与教育有关。新加坡华商受苏岛华侨的嘱托，向国内聘请一批教员，于此情况下，一批革命先驱纷纷南下来到苏东日里各地，以教书的名义受聘于当地华校。而左派人士则是在国共第一次合作结束后，逃离中国南下来到苏岛等地，并且他们中多数是进入了当地的华侨学校担任教员，通过在教育界传播左倾思想。这也是说当时的苏北恰逢处于一个教育兴起而又缺乏教员的时代，革命党人和受过革命洗礼的小知识分子的知识储备也恰能满足苏东华侨的要求，这种历史性的巧合迸发出了两派思想在苏北传播的燎原之火。

2. 左派势力发展的两股源头的相遇具有历史偶然性

皖南事变后，重庆国民政府严厉限制共产党的行为，取缔了大批中国共产党组织和外围团体，中国共产党发展举步维艰。同时，因在抗战中，中国共产党执行敌后游击战的方针，被重庆国民政府认为是保存实力，游而不击。在国民党对中国共产党严密的封锁下，中国共产党很难将自己的宣传信息传递给海内外，进而引起了海内外的广泛质疑。皖南事变之后，中国共产党意识到有必要把一些文化界的左派人士转移到海外安全地带，并在海外做宣传工作，以提高中国共产党的海外形象。在此考虑之下，中国共产党有目的地把一批具有党员背景或在中国共产党外围组织活动的文化人士转移到香港，然后再分散到南洋各地。

胡愈之、王任叔、邵宗汉等人来到南洋就是中国共产党安排转移到南洋的一批左派文化人士。他们来到南洋后,在新加坡协助陈嘉庚办理报纸,建立筹振募捐社团,进入华侨学校,动员华侨支持中国共产党,并宣传中国共产党的抗日政策和事迹。然而,不久,太平洋战争爆发,日军南下迅速占领新加坡,这批本来是以新加坡为宣传中心的人士被迫转移到苏岛,准备回到中国,然而又受到荷兰人阻碍,未能成功,只好进入苏岛内地。后来日军侵占苏门答腊,他们与先达侨领陈影鹤兄弟联系,在陈氏兄弟的帮助下来到苏东,并与苏东的左派青年建立关系,从此开创了苏岛左派运动的新局面。这一系列的过程充满着偶然性。

(三)民盟苏岛支部及其幕后的中国共产党在推动左派势力的发展中起到了决定性作用,推动过程体现了统一战线的精髓

分裂即是左派势力在中国共产党的领导下,向右派把持的华侨社会发起斗争,并夺取华侨华人社会领导权的结果。由于不能使用武力的方式,势必需要左派巩固自身力量并联合其他力量去排挤和打击右派势力。而右派也不会自甘退出历史舞台,分裂也就不可避免。在左派争取斗争的过程中,民盟苏岛支部是其领导力量,又因民盟苏岛支部的主要领导人员多数是中国共产党党员,所以这一过程实际上是中国共产党起着决定的作用。

在推动过程中,左派一般采取了这样的方式。

首先,在有一定群众基础的城埠建立民盟分部,这些分部由民盟支部统筹领导。有群众基础的地方主要是左派人士在"二战"期间建立过地下交通站的地方。这些地方有可靠的受过左倾思想影响的青年教员和学生。

其次,在民盟分部领导下,建立华侨青年会、妇女会、职工会或进入社会上的其他社团之中。在有条件的情况下,这些左派社团开办一些华侨学校或夜学,通过宣传革命思想,使之思想受到左派影响,进而扩大左派势力的群众基础。在有群众基础的社会上的社团中,左派再通过进一步宣传和教育,使社会上的社团左倾,当时机成熟后,左派建立的社团再联合社会上的受其影响的社团共同组织华侨总会或冲击右派把持的华侨总会,获得华侨总会的领导权,并且接管华侨总会的文教和慈善事业。

再次,在获得华侨总会左倾的基础上,各地的华侨总会进而实现大

联合，最终达到苏北华侨社会由左派掌控的局面。可以说这是一个不断向外发展左派力量的过程。

（四）苏北华侨华人社会的分裂具有明显的地域性

我们把苏北划分为五大区域，即苏东西部、苏东东部、亚齐北海岸线带、亚齐中南部、打板奴里实武牙至巴东实林泮地区，左右派力量在这些区域强弱分明。其情况可概括如下。

1. 丁宜、先达一线以西的苏东西部，可分为棉兰与棉兰以外的两个部分，棉兰右派强于左派，但是左派掌握了华侨社会最高领导机构，双方斗争激烈。棉兰以外的苏东西部是左派华人占据优势的地区，特别是先达、丁宜、民礼三大城市左派均强过右派，其他中小城埠也类似于此。先达有红色"小延安"之誉，马达山有红色山城之称。当然，苏东西部也有右派势力强于左派的地方，如冷吉、实打挖、甲文惹海，然而这几个城埠的地位与先达、民礼、丁宜相比不可同日而语。

2. 丁宜、先达一线以东的苏东东部是国民党势力强大的地区。苏东东部三个重要城埠奇沙兰、亚沙汉、兰都华侨右派均强过左派。"第二重庆"加之于亚沙汉，并不为过。

3. 亚齐北海岸线从最西边的沙璜到东部的冷沙，右派势力逐渐减弱，左派势力逐渐增强，左派势力在冷沙达到顶点，冷沙华侨社会在张赞成的领导下，政治态度清晰的社团全部倾向于左派，左派发展坚如磐石，右派却无立足之地，但是冷沙东部附近的瓜拉新邦却是右派势力大于左派的城埠。

4. 亚齐中南部是右派势力强盛的地区，美拉务一带有"小台湾"之称，打京岸以"风气保守"而著称，华侨左派仅在打眷段占据上风。

5. 打板奴里华侨争夺的焦点在实武牙，1949年之后，实武牙华侨社会一分为二，左派控制了华侨社会的最高领导机构、重要学校和商会，右派接连失败，社会地位不如从前。在巴东实林泮华侨左派也对右派的地位产生了冲击，但是效果不如实武牙显著，在打板奴里的广大腹地尽管也存在左右派斗争的现象，但是远非苏北华侨社会关注的中心。

总之，苏北华侨华人社会"二战"后的分裂是国共两党推动的结果，目的是获得华侨华人社会的领导权，其肇源具有历史的偶然性。"二战"后左派的发展体现了其强大的组织力。左派对右派领导权的冲击具有非暴力性,右派势力不会自甘退出历史舞台,又由于苏北地情复杂,华侨对左右派的认可不同,结果使华侨社会出现了左右派力量分布不一的局面,华侨社会的分裂也难以避免。

分裂对苏北华侨华人社会带来了深刻的教训,可以归纳为以下几点:

一,弱化了华侨华人社会的力量。20世纪50年代中后期,随着各种排斥外侨政策的出台,左、右派双方也感受到来自印尼对华侨华人社会生存空间的压缩,但是后来的历史表明两派之间并没有携手共同应对华侨华人社会的难关,而是相互拆台攻击,最终左右派都遭到被印尼当局勒令停止活动的命运,左派一直所致力的"华侨社会大团结"的局面始终没有实现。

二,给印尼干预华侨内部事务提供了良好的机会。自印尼取得独立革命的胜利后,基于民族自立的心态,印尼当局一直强调外国不能干涉印尼内政的政治原则,所以他们对中国是否在华侨华人中从事政治活动保持特别警惕之心。在制定外侨教育监督条例时,印尼当局强调的一点即是严格禁止外侨学校从事与政治有关的活动。在此情况下,苏北华侨华人社团的政治斗争为印尼关闭社团侨校提供了难得借口。为了防止印尼当局的破坏,后来那些与政治无关的华侨华人社团也想方设法避免受到牵连,如民礼中华致公慈善互助部,在1965年之后被允准开办,可是该团为避免身份的敏感,在得到允准开办后,便将"中华"一词删去。

三,对苏北华侨华人带来了心理上难以估量的伤害。首先是以后的社团不敢多谈政治。据杨宏云博士对棉兰社团人士的采访,这些社团的开场白是:"我们的社团不参与政治活动,也不隶属任何政治势力。"[①] 其次是华侨分歧难以愈合。在编写《苏北华侨华人沧桑岁月》一书时,以郑光煌先生为首的编委曾经希望当年亲国民党一方的健在者写一些回忆录,但是他们都纷纷不愿意重提旧笔,再置一词。可见,时过境迁,亲历者仍耿耿于怀。再次是使苏北华社对中国政府的情感蒙上了一层阴影。无论左派人士还是右派人士以及支持他们的华侨华人,虽然他们对中国的政见迥然有别,但是我们可以毫不怀疑的是他们对中国和中国政

---

① 杨宏云:《20世纪80年代以来印尼棉兰的华人社团与社团领袖》,博士学位论文,厦门大学,2009年,第67页。

府具有真诚的情感寄托和期待，并且期望华侨华人社会继续沿着繁荣稳定的方向发展，但是事与愿违，随着苏北华侨华人社会的分裂以及印尼政府对他们的政治活动厉行禁止，大批的苏北华侨华人被迫流落海外或回归大陆，他们经历了各种人生苦难，与自己在印尼的亲人不能团聚，甚至许多人还遭受了诸多不公平的待遇，内心深处"我爱祖国，祖国不爱我"以及感觉受到政治蒙蔽的心情久久不能释怀。

结　　语

　　本书旨在通过对战后初期印尼苏北华侨华人社会的历史面貌的展现和分析，向人们揭示该地区华侨华人社会的演变与特征，并以此来探究印尼华侨华人社会的共性与特性，丰富印尼华侨华人历史与社会研究的图景。本书通过大量一手历史文献资料的实证研究，得出以下结论。

　　一，印尼苏北社会是一个以印尼语系（文化）主导的多元文化特质的社会，华侨华人是苏北多元民族与文化中的少数群体。

　　在 19 世纪 60 年代之前，苏北的土著主要有峇达人、亚齐人、海岸线马来人。峇达人主要分布在打板奴里高原和苏东的加罗、西米垄坤一带，因居住地的不同出现多峇人、加罗人、峇峇人、安哥拉人、曼特宁人不同称呼，峇达人的主体多峇人、加罗人、峇峇人信仰原始宗教，而安哥拉人、曼特宁人已经伊斯兰化。亚齐人集中在苏岛东北部，具有强烈的伊斯兰信仰，高原和平原的亚齐人在经济生活上有细微的差异。海岸线马来人生活在苏东沿海地带，信仰伊斯兰教。峇达人、海岸线马来人经济地位落后，并没有统合苏北社会的能力。亚齐人偏居一角，实力强大，长期与马来半岛的王国争夺对苏东沿海的控制权。除此之外，苏北还有少数的咖约人、阿拉斯人、米南加保人。

　　从 19 世纪 60 年代末，随着苏东种植园的开发和经济的勃兴，荷兰人、爪哇人、华人、阿拉伯人、印度人等涌入苏北，在苏北几乎可看到印尼所有的种族和世界各国人，苏北成为一个具有多元文化特质的社会。这个多元社会具有凝聚成同一民族的潜质，以马来语系为共同语言的族群包括亚齐人、峇达人、爪哇人等，他们之间基于可交流的语言和被殖民历史，具有可通的情感。由此，苏北具备了印尼民族主义兴起的必要条件。

多元社会中，各种族之间存在比较明确的职业分工和经济文化差异。苏北社会的最上层是各大种植园园主、殖民政府中的高级官员、苏丹王族和亚齐的乌略巴朗。第二层是城埠中实力雄厚的欧美进出口商、政府中的高级职员、教会的主要神职人员和大种植园中的中上层管理人员。第三层是各城埠中的政府低级公务员、普通商人、种植园中的普通管理人员等。社会的底层是商店中的雇员、种植园中的劳工、学校教师和苏北腹地的农民。

作为外侨的华侨，一方面，他们绝大多数处于社会的中下层，在经济生活中处于中间商的地位，主要通过收购民间土产品和销售新马日常产品生存，在苏北民众的日常生活中处于支配作用。他们人数虽然多于其他欧亚外侨，可是在峇达人、亚齐人和爪哇人面前，仍处于绝对少数，在苏北广大的腹地，缺少赖以支持其经济维持的华侨农民，不足以摆脱爪哇人和峇达人而独立生存，也缺乏强有力的国家力量保护其生命财产的安全。另一方面，华侨与亚齐人、爪哇人和峇达人在文化信仰上隔膜很深，融合困难重重。华侨重视祖先崇拜，通过祭祀活动起到凝聚力量和确立社会地位的作用，其他民族只见华侨祭祀祖宗牌位的表象而不知其内核，对华侨有很深的偏见，特别是最早受到伊斯兰文化影响、虔诚信仰伊斯兰教的亚齐人，尤其排斥华侨。

二，从苏北华侨华人的人口扩散可看出，覆盖苏北的华人商业网络在 20 世纪中期已经形成。

经过长期的发展，到 20 世纪 40、50 年代，苏北华侨华人社会形成了一个覆盖苏北的聚居网络，这个聚居网络明显具有商业性，依据苏北与新、马商业关系的重要与否而疏密分明。在苏北与新、马商业关系活跃的苏北北部，华人分布密集，在苏北的南部，华人分布稀疏，仅在实武牙等地有一定规模。绝大多数的华人都居住在苏北的三大水陆交通干线上，并且在苏北重要城埠中有相当可观的聚居规模。以苏北七大城市而论，华人约占总人口的 20%。这充分表现了华人根据商业条件而选择聚居的特征。笔者认为，如果说华人的商业网络是在 20 世纪 30 年代初步形成的话，那么在 20 世纪 40、50 年代经过华人人口的扩散，这种商业网络已经形成。

　　从战后苏北各地华侨华人的生存状况来看,他们的商业地位没有改变,仍处于中间商的地位。从积极方面来说,他们为苏北与新、马生活的物资交换提供了便利,从消极的方面看,华人控制了两大区域间的生活物资贸易,在社会环境恶化的情况下,很难摆脱物价上涨操纵者、走私者等恶名。这实际上表明,华人商业的发展并没有从实质上改变华人的处境,华人虽然在苏东平原形成三大农村地带,但是没有深入苏北山地内陆,决定不了生活物资的生产,他们与其他族群相互依赖,没有其他族群,华人的商业网路不可能维持与发展。并且华人仍是苏北人口中的绝对少数,在缺乏外界保护情况下,华人与其他马来语系的印尼人出现矛盾时仍处于绝对劣势。

　　三,战后初期,苏北华侨华人社会是一个明显有中华特色而又兼具新特征的移民社会。

　　从"二战"结束到20世纪50年代末期,通过社团侨校的增加情况可以看出,在世界政治局势和中国大陆剧变时期,苏北华人社会同步出现活跃状态。苏北社团侨校在"二战"后达到了1000余所,它们中多数是在"二战"后成立的。华校学生的数量由20世纪20年代的5000多人增加到50年代后期的70000余名,华人普遍重视中国文化,华语流行于苏北社会,让子女接受华文教育可以说是每个华人家庭的必然选择。

　　籍贯在苏北华侨华人社会中仍被强调和重视。苏北社团的各籍华人中,福建会馆多于广东会馆,福建人的省域观念强于广东人。省域之下以方言为标识的各籍华人中,以广府人的广肇同乡会、海南人的琼州会馆或琼崖会馆、客家人的惠州会馆或鹅城会馆(公所),潮州人的韩江同乡会、闽西人的龙岩同乡会发展势头最好,遍布苏北三地的各大小城埠。其他各籍社团虽在某一城埠势力突出,但是没有建立广泛的同乡联络网。在工商业界,广府人、闽南人和客家人都有独立的商会组织,为各自的商业活动提供服务。各籍华人的各自为政在教育界也是如此。"二战"前,苏岛棉兰最负盛名的学校是敦本学校、华商学校和养中学校,分别由客籍、闽籍、粤籍人创办,三所学校历经变迁,虽然名称有所变化,但是它们所招收的学生仍以各自籍贯华侨华人子弟为主。

　　为公益活动进行的募捐活动**强化了华人社会的中华文化特征**。在游艺和舞龙舞狮的劝募活动中,社团侨校邀请有演出技能的社团演出,这些社团在此过程中既获得了社会的认可，又锻炼了队员的传统文化技能，密切了队员间的关系。而华人社会在观赏精彩的具有中华文化特色节目的同时，也捐资支持公益事业，并以此来推动社团侨校事业的发展，通过这一系列的活动，苏北华人保存了传统文化习俗，强化了华人身份特征，推动了华人事业的发展，拓展了中华文化在苏北的影响力。

苏北华侨华人社会重视华人内部事务的特征开始显现。由于不能落叶归根，"二战"后许多华人谋生于此也终老于此，社团的慈善功能加强，慈善日益占据社团各项活动重要位置。传统老牌社团逐渐强化了内部慈善功能，在理事会之下设置慈善部或互助部，慈善部或互助部之下增设互助小组。加入其中的部友仅需要及时缴纳月捐，在部友或部友亲人逝世时，就可以把本互助组的其他部友所缴纳互助金按比例，平均分配予逝世者亲人作为治丧费用，社团慈善部也会派人参加丧葬事宜，为华人家庭增壮声势。除老牌社团外，新兴了一批综合性社团和专业慈善社团。新兴的社团在华人社会福利方面承担类似政府的功能，专业慈善社团覆盖的范围逐渐扩大到整个苏北的全体华人，打破了华人地缘、血缘、党派利益和职业诸多因素的限制，是战后苏北华人华侨社会发展的重要特征。

四，苏北华侨华人社会是海外华人与中国政治互动而内部出现分裂的一个典型。

苏北的华侨华人以闽籍、粤籍为主，所以在 20 世纪 20、30 年代苏北华侨的省籍之间的矛盾，也主要体现在闽籍与粤籍的矛盾上。通常情况是这样的，闽籍人成立的同乡会、华侨学校、商会，而粤籍人也不甘落后，另立新的社团组织，两种籍贯的社团组织互不统属，各自为政。"二战"后虽然省籍矛盾仍在一些社团中存在，但是界限变得越来越模糊，往往隐藏在国共两党斗争的背后，如龙岩人一般左倾，广府人一般右倾。潮州人偏左，福州人偏右。

苏北左派一般采取这样的方式发展势力：首先在受过"进步思想"影响的青年教员和学生的群体中建立民盟分部，这些分部由民盟支部统筹领导。其次，在民盟分部领导下，建立华侨青年会、妇女会、职工会，在有条件的情况下，这些左派社团开办一些华侨学校或夜学，通过宣传"进步思想"，使学生受到影响，学生再影响其家庭，进而扩大左派势力的群众基础。对于社会上的其他社团,左派人士利用各种关系进入其中,影响社团其他人士,当时机成熟后,以改选职员的方式使社团左倾。此后,左派社团和左倾的社团共同组织华侨总会或冲击右派把持的华侨总会,获得华侨总会的领导权,接管华侨总会的文教和慈善事业。最后,在华侨总会左倾的基础上,各地的华侨总会实现大联合,达到苏北华侨社会由左派掌控的局面。可以说这是一个不断向外发展左派力量并联合其他力量去排挤和打击右派势力的过程。由于不能使用暴力革命,右派不会甘愿退出历史舞台,分裂也就不可避免。

我们把苏北划分为六大区域,棉兰;棉兰以外的苏东西部;丁宜、先达一线以东的苏东东部;亚齐北海岸线带;亚齐中南部;打板奴里区。各地域的分裂是这样的:棉兰右派强于左派,但是左派掌握了华侨社会最高领导机构。棉兰以外的苏东西部是左派华人占据优势的地区,丁宜、先达一线以东的苏东东部是国民党势力强大的地区。亚齐北海岸线从最西边的沙璜到东部的冷沙,右派势力逐渐减弱,左派势力逐渐增强,左派势力在冷沙达到顶点。亚齐中南部是右派势力强盛的地区。打板奴里华侨争夺的焦点在实武牙。1949 年之后,实武牙华侨左派控制了华侨社会的最高领导机构、重要学校和商会,右派接连失败,社会地位不如从前。在巴东实林泮华侨左派也对右派的地位产生了冲击,但是效果不如实武牙显著。

苏北华侨华人社会严重的分裂弱化了华侨华人社会的力量。两派之间相互拆台攻击,后来被印尼当局以干涉印尼内政的名义全部封闭。左派一直所致力的"华侨社会大团结"的局面始终没有实现。分裂对苏北华侨华人产生了难以估量的心理伤害,虽然这种分裂,是冷战环境下中国国共两党斗争在海外的延续与表现,但这种分裂与冲突,不可避免地对华侨华人社会的发展产生消极的影响,后来的苏北华人社团不敢再多谈政治,时过境迁,亲历者仍彼此耿耿于怀,他们对中国的复杂情感耐人深思。

附　　表

附表1　苏门答腊地名中文与英文/
印尼文对照表

中文名称	英文/印尼文	中文名称	英文/印尼文
苏门答腊	Sumatra	棉兰	Medan
明古鲁	Bengkulen	巴东	Padang
苏门答腊东海岸/苏东	East coast of Sumatra	苏门答腊北部/苏北	The north sumatra
班年/拉务汉米力	Pannei/ Labuahanbilik	古打拉夜/大亚齐	Koeta Radja /Banda Aceh
打板奴里	Tapanuli	实武牙	Sibolga
峇眼亚比	Bagansi Ap Api	望加丽	Bengkalis
委岛	P. Weh	锡亚克/硕顶	Siak
麦拉斯岛	Beras	峇都群岛	P. Batu
西美类岛	P. Simeuioee	孟大威群岛	P. Mentawai
巴盖群岛	P. Pagai	西波拉岛	P. Sipora
英加诺岛	P. Enggano	沙摩西岛	P. Samosir
拿西岛	P. Nasi	峇里山山脉	Bukit Barisan
锡默卢岛	P. Simeulue	占勿亚雅河	S. Djambuaje
巴尼亚克群岛	P. Banjak	布纱岸河	S. Peusangan
尼亚斯岛/领士岛	P. Nias	日里	Deli
打密岸河	S. Tamiang	亚沙汉	Asahan
亚齐	Aceh	峇鲁门河	S. Barummun
米拉河	S. Bila	丹绒拉耶海角	Tg. Radja
宇绒占勿亚也海角	U. Djambuaje	新邦加南河	S. Simpangkanan
勿拉湾	Belawan	司吉利	Sigli
冷沙	Langsa	火水山	Pangkalan

续表

中文名称	英文/印尼文	中文名称	英文/印尼文
亚沙汉市	Tandjoeng Balai	沙璜	Sabang
美拉务	Meulaboh	新邦基里河	S. Simpangkiri
多鲁河	S. Toru	牙利斯河	S. Gadis
阿拉斯山脉	Peg. Alas	嵊德拉山脉	Peg. Sentral
牙约山脉	Peg. Gajo	大洼	Laut Tawar
打京岸	Takingeum	司马委	Lhokseumawe
美仑	Bireuen	加罗高原	Peg. Karo
多峇高原	Peg. Toba	拉兰湖	D. Ranan
古林齐湖	D. Kurintji	新卡兰湖	D. Singkaran
马临草湖	D. Malinjau	多峇湖	D. Toba
先达	Pematang Siantar	马达山	Brastagi
英德腊其利	Indragiri	西米垄坤	Simalungun
英达腊普腊	Indrapura	怡里	Idi
文那路	Meureudu	古打毡尼	Kutacane
南必力	Blangpidie	打峇段	Tapaktuan
鹿树昆	Lhoksukon	板端拉务	Pantonlabu
瓜拉新邦	Kualasimpang	双溪里不	Sungalliput
亚冷名	Armhemia	巴敢	Lubuk Pakam
直名丁宜/丁宜	Tebing Tinggi	峇都抛拉/丹绒帝南	Batu Bara /Tanjungtiram
冷吉	Tanjungpura	民礼	Bingjai
老武汉比里	Laboehan Bilik	甲文惹海	Kaban Djehe
古农士多利	Gunungsitoli	诺坦	Natal
巴东实林泮	Padangsidempuan	打鲁栋	Tarutung
诗里加冷	Sidikalang	巴鲁斯	Barus
思思	Pangkalansusu	实打挖	Stabat
昔里西	Selesai	瓜拉	Kuala
浮罗卒	Pertjut	班蕉峇都	Pancurbatu
颂牙	Sunggal	峇冬贵	Batangkuis
丹绒乌拉哇	Tanjungmorawa	班德拉务	Pantailabu
日里大	Delitua	打伦庚那斯	Talunkenas
马达山	Berastagi	牙冷	Galang
新邦帝加	Perbaungan	网眼	Pantaicermin
沙浪武哇	Sialangbuah	勿拉涯	Tanjungberingin
南吧	Sei Rampah	巴格拉湾	Pangkalandodek

续表

中文名称	英文/印尼文	中文名称	英文/印尼文
英加坡拉	Indrapura	里马不路	Limapuluh
三板头	Perdagangan	西里勿拉湾	Bandar
帝加勿冷牙	Tigabinanga	帝加勿拉打	Tigabalata
不拉八	Parapat	奇沙兰	Kisaran
峇眼亚沙汉	Baganasahan	新邦暗八	Simpang Empat
浮罗拉夜	Pulaurakyat	亚益加奴班	Aekkanopan
大觉	Sei Brombang	班年	Labuahanbilik
实甘末	Sigabu	兰都不拉八	Rantau Prapat
莫罗堡	Merbau	宁其里南马	Negerilama
哥打槟榔	Kotapinang	冷吉巴绒	Langgapayung
邦古鲁兰	Panguraran	峇厘崖	Balige
卜社	Porsea	西禾郎西禾	Siborongborong
勿拉冷	Belarang	达甘巴河	Kampur
贝斯当河	Besitang	日里昔梨冷	Deli Serdang
甘江拉冷	Simpanglayang	东桃园	Toentoenggan
双溪乌鲁	Sungaibulu	甘光士打满	Kampung Setaman
峇东答腊	Patangterap	老武汉	Labuhan
南吧樟	Martubung	哥打芒云	Kota Bangun
半路店	Titi Papan	斯比斯	Sipispis
万挽	Sungei Banban	万叻吉利巴	Bangoen Poerba
莫洛荷	Laomelgap	南武骨	Namoukur
丹南	Tannam	浮罗甘拜	Pulau Sembilan
白沙坡	Simandulang	丹绒黎弄	Tandjung Leidong
新邦罗洛	Simpang Lolok	葫芦满利	Pulaumandi
英佛	Sigambal	古农都亚	Gunungtua
丹纳爪哇	Tanahjawa	璜汶	Bangun
阿黎黎	Ulee Lheu	浮双	Langsa Pusung
勃叻	Pelak	勿西当	Besitang
斯马览	Semadam	兰托	Rantau
咖约	Gajo	阿拉斯	Alas
劳特瓦尔湖	Danau Laut Tawar	武吉丁宜	Bukittinggi
峇东打鲁河	B. Batangtoru		

附表2 20世纪40、50年代棉兰华侨华人社团列表

社团名称	地址	创办时间	主要负责人	政治倾向	规模
苏门答腊民报社	纽马力街16、18号	1914年，1946年9月复刊	叶贻昌、郭铸人、叶贻东、叶贻芳、丘毅衡、朱培琯、李承完、林革坐等	1948年前右倾，后左	
苏岛棉兰福州会馆	关帝庙街129A棉兰华总，1955年迁至哇希邻路15号A	1937年创建，1951.1.5左派复办	李元恭、杨奕贵、杨人炎、程道院、林人欤、朱本溢、洪茂镇、许书才等	1948年之前右，1948年转左，1950年右派冲击激烈	1951年会员200余人，1952上半年达300余人，1952年底500余人
鲁北行	亚细亚路18号	1878	李和盛、廖鸿积、咨暖忠、潘毓元、刘晃权、黄贤、廖晃、邝炳考等	1951年参加迎接新中国领事活动，1949，1956年参加右派举行的活动	
惠州会馆	广东街58号	1895	张云飞、郑信健、叶剑青、陈邦栋、陈金成、余临湖、林秀南、林鸿儒等	1949年前右，后左	

续表

社团名称	地址	创办时间	主要负责人	政治倾向	规模
苏东中学附属二小	重庆街23号	1905	校务：姚定志	右	学生1057人，教职员29人
江夏公所	上海街98号	1907	黄果珍、黄种厚、黄添水、黄九、黄天泰、黄汉夫、黄茂团、黄衍博等	右，1956年参加右派举行的孙中山诞辰	
（惠州会馆属校）养中学校	养中街	1911	理事会：张云飞、陈祝盛、叶剑青、黎锡馀、杨逢萍、林秀南、陈少苏、校务：尤久希、赖毓明、庄桂挺	1949年前右，后左	1948年下半年300人左右，1949年初学生400余人，1950年下半年600多人，1951年初学生740人，1954年下半年学生800人左右，教员20余人，夜学学生400余人，教师30余人，1955年日夜学学生一千余名，教师50人
苏岛中华革履公会（前身为革履团）	古律街8号	1913	黎新芬、李业坤、陈焕兰、黄茂盛、黎妙仁、谢庆宏、李炳发、卢南勇等	右	
苏岛金业总工会棉兰分会		1913	黄悦南、何星塔、关孟宽、谢祖柱、黄锦惠、陈智景、莫基汾、陈华森	右	

续表

社团名称	地址	创办时间	主要负责人	政治倾向	规模
苏岛全属金业总工会	马加马路 3 号	1913	黄文炯、邓志民、黄社臻、黄悦南、林炳芳、刘永仁、伍沛恒、刘锡相等	右	
苏岛中华缝业总工会(原名轩辕缝业团)	原在张榕轩街 97 号,后迁至古律街 12 号	1914.8	谭华、林斌生、陈柏、黄炜湛、谭炜明、方松华、何伟光、李树南等	右	
存益团		1917	陈显南、梁仲生、陈景林、麦柔润、陈广业、陈先生、戚琪掌、雷椿等	1952 年之前右,1952年 5 月第 35 届会员大会后,转左	
苏岛中华木业总工会棉兰分会	甘地街 52 号	1917	关迖、蔡炳生、黄端生、陈添元、陈光、邓荣聪、冯炳铎、陈燊辉等	右	
永春公所	峇里街 18 号	1919	黄茂团、潘崇实、陈新民、黄清浚、林英怀、颜锦锭、林绍玲、林丽水等	右	约 400 余人
苏岛中华木业总工会	甘地路 52 号	1919	黄振球、伍忠勤、冯景福、林柏枝、朱荣富、甄煜森、陈光、李瑞长等	右	

续表

社团名称	地址	创办时间	主要负责人	政治倾向	规模
理发团	福建街 39 号	1920	周清祥，程法聪，吴绍华，陈锡钦，黄亮，朱乙亚，黄道霭等	初右，1951 年 5 月退出苏岛华侨职工侨联会，转左	
行商同业社	大埔街 14 号	1920	张念南，薛两成，张尚天，辜芝德，吴清吉，周百梨，许清凯，李启明等	右	
中华商会	茗里街 18 号 A	1920	叶贻昌（1954 年 5 月 9 日去世），徐华彰，张其南，李玉书，丁伯文，卢培益，黄永裕，王玉鸿等	右	棉兰多数侨商均为中华商会会员，1952 年会员 1004 名
苏岛颍川自治会	香港街 23 号	1921	陈清美，陈添丁，陈存展，陈观光，陈泽达，陈焕其，陈南山，陈清辉等	1949 年右，后左，1956 年参加右派举行的孙中山诞辰	1949 年时会员 250 名
苏岛大埔同乡会	广东街 70 号	1921	杨增禄，萧其晋，李惠荃，刘灼甯，贺文发，姚群轩，何松贞，张乙中等	右	1949 年初登记会员 380 余人，1953 年上半年会员 900 余人

续表

社团名称	地址	创办时间	主要负责人	政治倾向	规模
苏岛同安金厦公会	关帝庙街63号，1956年下半年在孙逸仙路39号A	1921	吕怡舟、刘首立、刘秦山、刘庆西、徐正道、辛西汀、洪清焕、许清南等	右，1956年参加右派举行的孙中山诞辰	
工商团	上海街94、96号	1922	陈燈均、何伟宣、钟泽兴、陈显南、黎新芬、邝光也、李加练、林再光、林再光、丁伯文等	初左，1948年退出华总，转右	1952年，1956年团部友约4000名
苏岛华侨工联会	古律街6号，1951年时曾迁移至马加马路3号办公	1922	黄茂盛、邓志民、伍煖、何伟光、陈齐洪、周庄、邝纶、林福才等	右	会友13000余人
新中华报社	旧宝码街38—40号（古孟俄街38—40号）	1922	苏源昌、饶斐野、丁伯文、叶纪遵、史泽之、丘秉发、饶迪吉、夏应伟等	右	侨联会理事单位
西河公所	亚细亚路24号	1922	林清德、林发惠、林启明、林舟森、林朝进、林焕星、林渊源、林亚玉等	右，1956年参加孙中山诞辰	
苏岛中华汽车公会	上海街43号	1927	吕培添、黄东炳、徐亚千、王振因、徐金泰、方玉磷、林羡成、薛两成等	右	

续表

社团名称	地址	创办时间	主要负责人	政治倾向	规模
苏东中学附属一小	月路7号	1927	校务：姚定宇	右	学生1605人，教职员47人
棉兰苏东岛中华仁善会	勿咎武路（太子街）17号	1928	郑全保、刘毓瑜、钟山富、许清凯、杨颖生、黄端祥、黄亚尧、黄鸣鸿等	右，1956年参加孙中山诞辰	成立初会友118人，1953年女部友940人，男会友960人
苏东中学	月路7号，占碑街	1929	董事会：关祖养、张其南、李王书、饶斐野、丁伯文、史联对、容权焕、王振墙、黄茂团、郭桂逢、陈维明、王金洲、张尚树、周百梨、陈耀焜、庄维城等，校务：林天祥、江陈诗、王秀南、罗定宇（1956年新聘）、姚定宇	右	1949年下半年年中小学学生6300名，1952年上学期中学生1200名
泥水同业团		1929	周庄、黄炳养、周联庄、潘元、余元熙、黄华胜、李瑞长、马玉粦等	右	
中华卫理学校幼稚园	客家街38号	1930	陈锦珠	右	1953年下半年学生超过300名

续表

社团名称	地址	创办时间	主要负责人	政治倾向	规模
中华卫理学校	谭林街 58 号	1930	董事会：曾生财，校务：赖淑，古笑凡，叶恩汉，陈保华	右	1953 年下半年学生千余名，1955 年下半年学生 1200 余人，教职员 32 人
糖米杂货公会	峇厘街 18 号 B	1931		1949 年右，后左	
苏东中学附属四小	甘地街 4 号	1931	校务：沈瑞义	右	学生 916 人，教职员 28 人
苏岛汽水公会	海南街 8 号	1936	詹尊祥，陈奉薄，梁维进	1951 年参加欢迎新中国领事活动	
旅苏鹤山同乡会	海南街 8 号	1936	陈少玲，林福才，李全长，冯亚富，陈渭滨，松柏润，何景贤，林建等	右	1952 年会员 400 余人
福州公所（前称福州会馆，1948 年改名）	太子街 21 号，后迁至亚细亚街 61 号	1937	许居崇，程天森，洪茂银，林俊华，林发惠，林博森，程天俊，程细荥等	右	1948 年成员五六百人
苏北齿科同业公会	新街区养中街 3 号	1937	刘汉章，朱瑞卿，何安庭，郑载阳，王身才，萧楚材，汪再先，萧春发等	右	
同乐剧社	亚细亚街	1937	江福松，林再光	右	

续表

社团名称	地址	创办时间	主要负责人	政治倾向	规模
福建学校	正校：海陆丰街6号，分校：不地沙	1937	董事会：林震雷、丘金忠、冯禹威、陈文福、叶贵华；校务：	右	1949年初学生1268人
广东会馆	关帝庙街2号	1937	张步青等	右，1951年参加接新中国领事活动，1956年参加右派举行的孙中山诞辰	
黑白体育会	客家街	1940	阮昌隆、尤本猛、黄天赐	右	1948年会友约200人
棉兰咖啡工友会	雷士街17号	1943	徐光前、程怡海、程学棻、林玉官、陈海官、郑祥煊、洪逸松、冯宗福等	1951年参加迎接新中国领事活动	
安溪旅苏同乡会	上海街14号	1944	高金鈞、曾生财、谢瑞木、林铭顺、白国栋、白本才、沈金桔、陈韵宗等	1949年右，后左	
晨钟社	青岛街	1944	谢华辉、黄悦南、关祝药、黄培恩、黄悦南、李德强、黄振球、严文英等	右	

续表

社团名称	地址	创办时间	主要负责人	政治倾向	规模
(国民党主办)南中学校	惹兰利沙街(第三路)1号,苏多摩街126号	1946	董事会:冯茂如、蔡维屏、丁伯文、谭华、李庆明、李玉书、张煊、陈煜均、黄文赞、黄百玲、刘天一、黎新苏、黄振球、吴铁口、符和炳、朱兴信,校务:吴天硕、朱兴信、马毓培、陈鸿辉、李智明、吴伟霖	右	1953年下半年,教职员21人,学生930余人
黎明社	威利士街11号	1946	张剑卫、廖汉标	右	
学艺歌咏队(剧艺社)		1946	朱棣龄、李炯、廖一程、黄武殿、饶良我、吴志强、严润娥、丘添友等	最初中立,1952年转左	1953年上半年61人
文化教育工作者协会(前身是苏东教师公会,1947年9月改称苏岛华侨教育会)	巴里斯路31号	1947	何尔玉、刘初纯、姚定宇、彭其贤、张煊、朱志辉	1949年前右,后转左	

续表

社团名称	地址	创办时间	主要负责人	政治倾向	规模
华英中小学	客家街，高小部在玛拉比街2号，中学部在帝汶街34号。1952年分中学、男小、女小，地址分别为客家街、火车路街	1947	董事会：陈南山、张辉如、赵尔谦、林梓材、丘卫材，丘毅衡、江陈诗。校务：王若鎏、江陈诗、王振宇	1956年参加右派举行的孙中山诞辰	成立时，学生200人左右，1953年小学600多人，教职员20多人
苏岛华侨商业团	客家街，苏多摩街456号	1947	张有品、张直端、张俊朋、巫志文、李德强、钟妙祥、钟菩贤、钟一枚等	右	
振群社		1947	丘长江、陈觉今、薛两成、许金龙、李居仁、谢锦才、叶贻祺、周海锭等	右	
苏东肥皂公会，1955年改名为苏北肥皂厂公会	峇厘街	1947	丘宗庭、陈炎理、黄忠英、叶贻昌（1954年5月9日去世）、李秀白、林炜燃、谢德杰、林振协等	右，1951年参加欢迎新中国领事活动	
苏东中华侨团联合会，后改名为苏北中华侨团联合会	1948年时迁至双溪冷雅第二路雷士街14号，后迁至甘地路52号	1947.8	张其南、丁伯文、李玉书、陆念慈、黄振、蔡清隆、张俊朋	右	

续表

社团名称	地址	创办时间	主要负责人	政治倾向	规模
中华体育会	玛腰街 2 号	1948	钟德贵、李勤位、庄良成、黄天成、黄明锡	1951 年参加欢迎新中国领事	成立时会员 50 余人
南安会馆	大埔街 14 号（行商同业社内）、谭林街 52 号	1948	薛两成、王振墙、韦芝德、张尚树、吴达端、周百梨、陈清港、张尚买、陈觉今、吴炳英、杨永办、黄果珍等	初右，后中立偏右	1951 年会员 1400 余名，1953 年 1600 余名，1955 年五周年时 1700 余名，1955 年近 1900 人
苏东华侨和平互助会		1948	林声	右	
苏东体育协进会		1948	陈维明、江陈时、刘毓瑜、丘金忠、叶贻昌、谢丹生、钟山富、姚定宇等	右	
（工联会主办）中华老年互助会		1948	林振华	右	
中山童军团	初在雷士街 14 号，后迁至苏多摩街 12 号	1948	彭炳燊、梁国民、邝光也、罗松阶、谭俊祥、姚友义、陈吉豹、苏炯华等	右，1949 年、1956 年参加活动	
苏岛摄影公会	吕宋街 38 号	1949		1956 年参加孙中山诞辰	

续表

社团名称	地址	创办时间	主要负责人	政治倾向	规模
苏岛国民互助社	1954 年 11 月 15 日由甘地街 52 号迁至大埔街（雷士街）14 号	1949	谭华、辜芝德、林养初、黄振球、刘纯初、李栢能、古展凡、刘梦中等	右	
苏岛三轮车公会	皇宫路 58 号，麦峇务路 28 号	1949	郑荣祖、郑度生、关亚尾、戴金富、郑金声、姚国麟、黄金龙、章应敏等	右	
苏岛时报社	玛腰街 3 号	1949	陈维明、张定联、罗蓍保	右	
（韩江公会属校）韩江学校	苏多摩街 144 号 A	1949	校务：章雨苍、刘纯初、古展凡、杨椎诏	右	1949 年初学生 300 多人，1952 年时，人数由 200 多名增至 300 多名，1957 年学生 960 多人，教师 26 人
台山同乡会		1949	伍卓南、黄文赞、伍华生、陈金华、陈日沾、梅毓光	右	
五金同业合作社		1949	林济致	右	
逸仙童军团		1949	张煊	右	
中正童军团		1949		右	
巴刹南美交涉住户委员会		1950	徐金安、陈邦栋、傅子荆、颜成琛、颜持衡、吴桂芳、李春权、曾妈彩等	1951 年参加迎接新中国领事活动	

续表

社团名称	地址	创办时间	主要负责人	政治倾向	规模
联合汽车公会	昆明街	1950	黄亚丕、郑清叶、黄金榜、黄成美、黄银楼、黄伍林、黄卓明		
棉兰旅社同业公会		1950.7	符致、梁安发	右	
苏中恒艺学术研究会		1951	张莉珍、蒋金兰、颜世科、陈馨兰、彭汉教、林志伟	1956年参加右派举行的孙中山诞辰	
克强童军团	甘地街14号	1951	张松辉、张念秀	1956年参加右派举行的孙中山诞辰	
苏岛中华青年协会总会	惹细利沙街2号F（第三条路）	1951	丁张生、张厚才、黄茂盛、严文柏、钟锡康、陈宽星	右	1957年会员数十名
苏岛蕉岭公会	惹细利沙（第三路）1号	1952	丘毅衡、徐伯干、涂沛宏、徐可楠、曾宏、陈焕兰、涂寿生、陈木源	右	
（青协属校）中青夜学		1952	校务：丁张生	1956年参加右派举行的孙中山诞辰	
苏北橡胶公会筹委会		1952	史联对、吴基振、王振墙、陈添安	右	1954年下半年学生近300人

续表

社团名称	地址	创办时间	主要负责人	政治倾向	规模
自学联谊会		1954	马修鸿、符和钦、黄碧玉、梁繁章、李列彬、梁纳文、章宝球、刘素英等	1956年参加右派举行的孙中山诞辰	
木业总工会义校	甘地路52号	1954	校务：张玉琼、林德玲、徐瑞芳、张松辉	右	1954年下半年开学学生115人、八班，教职员13人，1956年下半年学生330余人，教师十余人
自由青年合唱团	惹细利沙路2号F	1954	李德强、林寄辉、曾汉野、邓英华、谢钟响、王钟裕、张瑞意、黄贵安等	右	
克难篮球队		1954	蔡维屏、徐华彰、刘天一、苏世凯、王金洲、黄文赞、李玉书	右	
苏北中华篮排球促进会		1954		右	
苏北中华体育促进会		1954	王金洲、黎新芬、李玉书、黄茂盛、苏世凯、郑谦扬	右	
秋声学术研究会	香港街19号	1955	廖茂郡	1956年参加右派举行的孙中山诞辰	

续表

社团名称	地址	创办时间	主要负责人	政治倾向	规模
华英校友会		1955	文嘉农、周金隆、叶保生、黄伟华、谢章初、陈卓材、黄端菊、阮秀鸿等	1956年参加右派举行的孙中山诞辰	
自由青年联合会	不拉八街23号	1955	蔡清隆、黄荣春、吴启诱、伍锦源、潘益添、叶荣金、施振来、伍南山、陈景祥、谢承勇等	右	
苏东中学附属英文夜学	月路7号	1955	校务:曾少潘、陈江波	右	
苏岛精武体育会		1955	李德强、陈宽星、陈周仪、李庆明	右	
卫理学校童军团		1955	尤芳美、李汝标、李玉祥	右	团员近百名
福莆仙同乡会		1955	黄永裕	右	
中正青年会		1956	阮昌隆、林如真、李丕金、陈发荣、陈似煨、陈丽娜、干钟裕、文嘉农	1956年参加右派举行的孙中山诞辰	

社团名称	地址	创办时间	主要负责人	政治倾向	规模
苏东中学高等师范专修科	占碑街	1957	校务：李钖凡	右	
福建会馆	关帝庙街113号	1880年成立福建公司，管理义山，1906年成立福建会馆	林震雷、温发金、黄林生、黄茂团、王振墙、陈恢宏、吕恰舟、史联对等	右	
自由车总商会	关帝庙街129号A	1922.10.10	黄东炳、何天池、李玉书、陈瑞生、黄南兄、张乌极、郑大善、黄永裕等	右	
韩江公会	苏多摩街	1925.10.10	郭桂连、孔繁容、陈耀焜、陈友枝、陈庭宣、赵广农、杨木清、陈清辉等	右	
苏东中学附属幼稚园	大埔街14号，1956年7月迁至关帝庙街113号福建会馆	1930—1957	陈惠民	右	学生151人
棉兰华侨机器工会	汕头街22号	1939.1.1	黄伟球、黄少荣、谢启垣、梁百玲、邓仕维、黄炳荣、佘年德、苏耀觉等	右	1953年上半年会员300余，以粤籍居多

续表

社团名称	地址	创办时间	主要负责人	政治倾向	规模
苏东中学附属三小	月路7号	1940年，1955年三小并入一小，原七小更名三小	校务：石汉奎	右	学生940人，教职员23人
苏东中学附属七小	海陆丰街4号	1940年创办，1955年6月更名三小	校务：石汉奎	右	
小商公会	初在雷珍兰街，后为哇喜邻路27号	1941年成立，1944年复办	陈觉今、沈金申、丘长江、麦柔润、黄果珍、黄天秦、黄伟斌、梁基姜等	1956年参加右派举行的孙中山诞辰	最初为250多人，1949年7月底增至400人以上，1951年初，1800余名，1953年下半年会员2000多人，1954年十周年时会友2700余名
苏东华侨救济难侨总会	峇厘街18号A，1948年3月迁至榴莲那街29号	1946.6—1950	叶贻昌、陈维明、黄茂团、徐华彰、冯茂如、叶贻东（后退出）、钟山富、陈似桐	右	
苏东酒业公会		1948—1952	林秀南、朱三益、李德衡、林文教、叶剑青、尤本猛、林木青、扬增蕴等	1949年前右，1951年参加迎接新中国领事活动	

续表

社团名称	地址	创办时间	主要负责人	政治倾向	规模
华侨公学	巴刹南美	1949.1.5	董事部：罗顺利、曾桂泉、傅紫荆、傅扬波、潘发新、李春权、陈邦栋、沈天祥、罗斗量、廖民生、骆佛恩、张钦福、郭健、曾妈彩、吴桂佳、郑信建、郑水通、许春佳、谢观鸿、校务：许安金、许瑨瑜、陈志远	1949年右，后左	成立时，教师6人，日夜学学生450人左右，1952年下半年学生727人，教员16人，1953年上半年学生730多人，教员19人，下半年学生770多人，1954年下半年学生700名，教师18人，1955年初教师22人，学生800多人
昆仑歌咏团		1949.8.21	李启业、张德里、张钦民、梁华章、吴日娥、翁坤熙、甄炳南、黄文湘等	右，1951年9月转左	1953年四周年时成员79人
苏岛华校联合会		1952.9.26	林天祥、刘纯初、庄载元、沈瑞义、吴天硕、徐贻淑、石汉奎、江陈诗等	右	
（福州公所属校）三山中学	亚细亚街61号、台北街	1953.11.5	委员会：陈家辉、校务：张煊、伍慕英、尤芳山（新中华报编辑）、廖寿昌、林德玲等	右	1956年下半年学生近2000人

续表

社团名称	地址	创办时间	主要负责人	政治倾向	规模
南安中小学校	谭林街52号	1953年7月后	校务：江陈诗、黄燕双、罗善保、黎香谷、张德兰、丘清东、林忠仁、张富邻等	右	1956年学生约1700余人，教师60余人
清韵音乐研究社		1954.4.30	岑兆华、甄树傀、黄伟斌、陈荣耀、马维学、周荣有、邝民威、崔肇源等	1956年参加右派举行的孙中山诞辰	
苏北中国童军团理事会		1956年出现		右，1956年参加孙中山诞辰	
苏岛大埔青年国术社		1956年出现		右，1956年参加孙中山诞辰	
兴中日报社	莫士妃街60号	1957.1.27	张煊、姚雪村（担任大埔同乡会名义顾问，先达自由工联名誉顾问）	右	
行商学校	大埔街14号	20世纪50年代中期出现	董事会：张尚买，校务：林养初，周作人	右1956年参加孙中山诞辰	
文艺协会		1953年后出现		1956年参加右派举行的孙中山诞辰	

续表

社团名称	地址	创办时间	主要负责人	政治倾向	规模
养中夜学		战后出现		1949 年前右，后左	
棉兰面包公会（1953 年成立苏东面包公会，后改为苏北面包公会）	初为苏多摩街 145 号，1953 年 5 月迁至棉兰沙湾大街 103 号，1953 年 8 月迁至苔厘街 18 号 A	战后出现	刘志畲、罗文梓、林熙梅、覃学经	1949 年右	
苏东中药同业公会		战后出现	黄柏年、陈明德	1951 年参加欢迎新中国领事活动	
苏岛华侨互助部	天津街 53 号	战后出现	余临湖、陈亚命	1951 年参加接待新中国领事活动	
南中夜学	膏马街	战后出现		右	
日里大游艺团		战前成立		右	
白铁工会		战后出现	刘梦中、刘永兴、杨追远、黄兆汉、纪亚佛、曾意海、许柄	右，1948 年为侨联会会员	
琼州会馆	平安街	战前成立	詹尊祥、严文祥、刘书谦、周绪泽、朱兴信、林猷灼、王家箄、林之证等	1951 年前右，之后宣布退出侨联会	

续表

社团名称	地址	创办时间	主要负责人	政治倾向	规模
国民党驻日里直属支部	"二战"前在雷士街14号,战后初在马加回"二战"前原址雷士街14号,1952年甘地路14号原有房屋被当地军部征用,迁至甘地街52号办公	1916	刘乐民、李玉书、张植、丁伯文、刘天一、黄得深、姚雪村、梁百玲、赵广衣、符祥栋、丘欣明、冯茂如	右	
国民党槟兰分部	雷士街14号	战前成立	黄振球、黄文炯、蔡清隆	右	1949年1208人
广肇同乡神州公会	惹兰礼西街5号	战前成立	张其南、冯茂如	右	
雷州公所		战前成立	邓亚保、唐爱麟、孙金兰、陈泰山	右	
苏岛佛学社		战前成立		右	
励志会	亚细亚路29号	战前成立	温情河、杨万祥、丘扬耀、林有才、林震雷、黄茂团、黄耀伟、叶贻昌等	右	
龙岩同乡会	山东街12号	1926	林进坤、黄英杰、邓岳山、黄鹤、陈文博、张丙生、林月辉、张镇江等	左	1952年登记会员200多人

续表

社团名称	地址	创办时间	主要负责人	政治倾向	规模
复兴体育会	关帝庙街79号	1938	丘德树、劳德衙、李德衙、吴锦之、李炳林、黄卓光、颜振铸等	左，1951年参加迎接新中国领事活动	
中华侨生公会	太子街（米拉皆务街）20号	1940	陈济美、杨成发、叶贻芳、杨人炎、林文炳、洪源美、许安金、罗振强、林天祥等	左	1951年5月会员突增1500余人，1952年底增至2000名左右，1953年4月时已有会部友4000余人
华总幼稚园	关帝庙街113号	1945		左	1953年八周年时近千人，教职工24人
民主日报社	沙湾大街67号	1945	叶贻芳、叶贻东、胡愈之、邵宗汉、陈明枫、赵洪品、陈文嵩、郑楚云	左	
韩江互助会，1954年改名苏岛潮州公会	苏多摩街（又称为女皇街）145号	1945	郑九如、陈克瑞、罗顺利、郑耀三、黄毓芳、戴光耀、沈明基、陈振国等	左	
新中国剧艺社	巴里斯路31号	1946	徐伯衡、叶贻东、李承宽、董添洽、黄卓明	左	

续表

社团名称	地址	创办时间	主要负责人	政治倾向	规模
华侨总会	电火路5号	1946	朱培箱、薛两成、叶贻东、林鸿儒、林镝顺、沈金冉、张云飞、吕书村、张云飞、杨奕贵、陈文博、林月煇、黄亚度、郑日晖、陈清贵、李元恭、张丽水、叶剑青、黄卓明、张丙生、林舟霖、傅石生、吴锡柳、赵洪品、李德衡、杨人炎	左	
华侨职工会	佛山街12号	1946	吴锡柳、林鸿瑾、邓洁夫、颜荣智、郑茂松、杨京易、卢梅生、麦明识等	左	
职工夜学	巴刹南美华侨公会内	1947	涂武宗、许宽荣、麦清和、郑茂松、陈来凤、张竹筠、林耀华、连国端等	左	1953年上半年，学生160余人，义务教师23人
侨民学校	双溪加拉路231号，1953年迁至奎鲁咯路19号	1947	董事会：黄亚刘、李元蒙、杨奕贵、张再茂、林元添、林来宽、杨人炎、程道远、程奕木，夜学：黄居人	左	1949年学生100余人，1953年初近200人，下年220人，1954年上半年250余人，教师6人，下半年310余人，教师8人，1954年开设夜学部，学生70余人，1955年上半年学生400名，教师12人

续表

社团名称	地址	创办时间	主要负责人	政治倾向	规模
海风学艺社		1949	刘清者、李伟明、蔡信谊、纪国强、黄业荣、张月娘、吴俊遗、李启荣等	左	1955 年上半年成员 300 多人
三轮车职工会		1950		左	
苏加拉美（村）华侨农民会	安打拉路尾	1950	张梧桐、卓亚九、洪金水、林亚芳、郑秀龙、周玉坤、郑亚添、卓亚忠等	左	
琼崖旅苏同乡总会		1950	严文举、梁安发、郭鼎光、刘精华、林之证、黄得深、符致、朱兴信、陆念慈等	左	
苏北华侨妇女总会		1950	梁蕙参、马素珠、卢淑贞（会员制，会团作为独立会员加入）	左	
苏东华侨出入口商会		1950	薛两成、林桐材、黄茂团、吴达端、吴锦裕、曾文满、杨天宝、涂有土等	左	

续表

社团名称	地址	创办时间	主要负责人	政治倾向	规模
华侨店员工友会	台北街11号	1950.9	颜荣智、卢枚生、郑茂松、黄天水、李文镐、连作洋、林民华、洪国泰等	左	初为几十人，1951年第二届时，将近200人，1952年底250人，1954年上半年近400人
平民党棉兰支部		1951		左	
（青年团主办）华侨青年第一夜学	关帝庙街	1951		左	
棉兰华侨中学剧艺团		1951		左	
三联剧艺社		1951	郑松茂、李开煜、余节霞	左	
苏东华侨篮球总会（后改名苏北华侨篮球总会）		1951		左	
苏加拉美（村）工农学校		1952	郑秀龙、周玉坤、郑亚添、卓亚忠	左	初，学生百余人，教师3人，1955年学生427人，教师11人

续表

社团名称	地址	创办时间	主要负责人	政治倾向	规模
华侨学校，1955年改为育才学校，同年与光华中学合并为崇文中学	安打拉路（双溪冷雅区第五路）79—81号	1953	董事会：朱志辉、朱联昌、李金泉、王耀南、沈明基、李发均、潘经纬等，校务：李发钢	左	1954年下半年学生近500人
华侨日报社	吉里街55—57号	1954. 3	曾道修	左	
（青年团主办）华侨青年第二夜学	巴刹南美华侨公学内	1954. 7		左	1954年上半年学生300多人，1955年初300余人
崇文中学	帝汶街	1955	谢联棠、李金泉、许清思、朱志远、陈似桐、王定一、张丽水、黄仓平等	左	1955年下班开学时学生400多人
光华中学，1955年与育才中学合并成为崇文中学		1955	谢联棠、许清思、陈似桐、黄仓平、饶品禄、陈并会、萧修顺、李金泉等	左	
业余联谊社	甘地街47号	1956	赵璧、刘清省、雷民安、李水楷、沈明基、黄丕俊、杨奕贵、蔡丰荣等	左	
华侨妇女会		1945. 11. 1	伍秀能、龚瑞花、黄赛凤、林彩云、梁惠珍、冯玉霞、饶慕兰、赖仕芬等	左	1955年十周年时成员1600多名

续表

社团名称	地址	创办时间	主要负责人	政治倾向	规模
华侨中学，1955年改称棉华中学	初在营厘街，后来在汕头街，1951年迁到不地沙士吉路	1945.11.25	校务：朱志辉（1955年辞职），陈燕贻，古鹤龄，李公我，陈洪	左	1945年89人，1952年学生1200左右，下半年1552，教员46人，1953年下半年2000多人，1954年2300多人，1955年下半年教师110人，学生2962人
棉华第一夜学（原名华总民众夜学）	汕头街9号	1945.11.25		左	
苏东华侨青年总会		1946—1950	棉兰青年团（会员制）	左	
苏东华侨总会联合会	关帝庙街129A	1946—1952	朱培瑶，叶贻东，王定一，卢如竹，张谷和	左	
苏北华侨青年总会	王宫路33号	1950.12.31	卢木川，陈洪，刘明吉，熊两鹏，谢常青，李承尧，徐汉江，卢如刚，陈文章，林绍青	左	合并亚齐与苏东区，合并时会员单位35个
新市场鲜鱼同业会	新市场第三巴刹	1950.9.23	许再发，黄凤翔，郑天赐，黄书添，郑启承，刘国培，刘易市，纪国强等	左	

续表

社团名称	地址	创办时间	主要负责人	政治倾向	规模
苏北华侨工农联合总会	初为佛山街 12 号，1951 年 11 月以后为台北街 11 号	1950 年出现，1951 年参加迎接领事	吴锡柳、李承杉、卢枚生（会员制）	左	1951 年会员单位 40 个
华侨烟厂工友会	佛山街 12 号	1951. 3.	陈来凤	左，1951 年参加迎接新中国领事活动	
中印冰水同业公会		1951. 4. 29	棉兰华侨总会（会员制）	左	
苏北华侨总会联合会		1952. 3. 2	林培基	左	成立时会员 25 个
苏北酒房公会		1952. 3. 9	屈铺仁、伍一郎、陈柏、李秉衡、梁惠志、黄振、陈鸿富、何福南等	左	成立时会员 60 名，年底增至百余人
苏北华侨裁缝联谊会	初在佛山街 12 号华侨职工会，不久迁移至台北街 11 号	1953. 7. 27	张光报、李惠荃、廖捷龙、张一苍、廖世台、饶品祥、刘安尧、廖世城等	左	成立时会员 300 多人，1954 年下半年会员 400 人
大埔联谊会	威利士街 13 号	1953. 9. 20	周火穆、李发初、尤久希、陈文营	左	
华侨青年团	安打拉路 79 号	战后出现		左	

续表

社团名称	地址	创办时间	主要负责人	政治倾向	规模
(华总属校)华侨小学	初小:苏多摩街 195 号,第二分校:韩江同乡会,高小:广东街第一分校	战后出现		左	
白光体育会	关帝庙街 73 号	战后出现	许再发、刘清者、黄生来、黄万生、罗振强、黄书添、许再德、杨人炎等	左	
华总一小	汕头街 9 号	战后出现		左	1955 年下半年学生千余人,教师 34 人
华侨工农联合会	哇喜邻路	战后出现		左	
芎蕉芭村华侨学校	哇喜邻路华侨工农会	战后出现		左	
冰业公会		战后出现	杨人炎、周百英	左	
妇女会义务学校		战后出现		左	
华总三小		战后出现		左	1955 年下半年学生 1680 人,教师 50 人
民盟棉兰分部		战后出现	张绪襄、陈明枫	左	
民盟苏岛支部		战后出现	民盟棉兰分部(会员制)	左	
芎蕉芭村农民会		战后出现		左	

续表

社团名称	地址	创办时间	主要负责人	政治倾向	规模
芎蕉芭村苏加拉美会		战后出现		左	
叶南阳堂	新市场 170 号承合昌号内，总坟在浮罗巴烟墓地	1914	叶友原、叶泰山、叶清多、叶万生、叶占春、叶耀宗等	中立	
良友体育会	1953 年临时：安徽街 11 号，亚细亚街	1938			
苏岛晋江同乡会	双溪冷雅区知叻街（第四条路）34 号	1939	陈江海、杨水源、刘勉基、郭景万、丘长江、谢节贞		
苏东咖啡同业公会	太子街 21 号	1945	黄贞岳、黄和权、李复聚、杨天益、程道院、陈道训、林发坤等	中立，1951 年参加迎接新中国领导活动，1956 年参加右派举行的孙中山诞辰	
业余体育会		1945	陈快茂、许仁兴		成立时会员 90 多人
中华农商公会	不知沙民礼路 51 号	1947	陈家宾、陈道谋、陈道用		
榕西中房同乡会		1947	陈道训、陈家辉、陈家院、陈海官		

续表

社团名称	地址	创办时间	主要负责人	政治倾向	规模
巴刹南美华侨公会	汉口街 12 号	1948	罗斗量、洪新潮、黄和显、叶祖振、陈邦栋、傅紫荆、郑仰刚、叶云盛等		
中央市场华商公会	苏多摩街 472 号	1948	苏用炉、苏炎有、林舟森、郑朝良、黄文颂、叶长春、洪金龙、陈似务等		
新市场华商公会	医院街 32 号，1955 年苏多摩街	1948	辜芝德、吴维晨、陈似务、陈道训、陈金聪、林舟森、周水冰、苏炎有等		1951 年：400 余人
苏北烟厂同业会		1948	张金锥、林沃生、张联升、陈瑞安、亚恩呼新、程道安、杨妈任、黄世华		
音乐协会		1948			1949 年初会员增至 200 余人
南岛剧艺社		1948	刘汉章、叶添盛	1948 年右，后不详	
旅苏岛瀛洲同乡会		1949	程君道		
中华民主党棉兰分部（福建人居多）		1949	潘新发、颜发端、吕恰舟、林振武		
棉兰足球总会	峇厘街	1950			

续表

社团名称	地址	创办时间	主要负责人	政治倾向	规模
苏东板木同业公会	安打拉路156号	1950	黄文赞、陈荷兰、伍焕彰、余国廉、陈失因、梁兆辜		1951年底会员50余人，1957年会员54人
苏北烟草厂同业会		1951	张联升、陈永昌		
苏岛永定公会	沙纳街7号	1952	曾道修、胡根兴		
义和轩南北管	谭猛街40号	1952	许世福、陈荣霹、周世琮		
芳英体育会		1952	沈芳楼（1955年7月28日去世）、何色金		
苏北树胶公会		1953	吴基振、王振墙、史联对、陈似桐、陈添安		
晋江学校	双溪冷雅区知叻街（第四条路）34号	1954			
苏北中印文化艺术社棉兰分社	佛山街P7号	1954	庄庆锦、黄春成、甘成强、郑信建、苏世傑、林四景、郭文长		
印华学校	劳史路（谭林街与第三路交界）（Dj. Thamrin Laos）	1954	董事会：苏友祥，校务：P. L. 多明		华裔学校

续表

社团名称	地址	创办时间	主要负责人	政治倾向	规模
利波尼俄罗武术研究会	上海街 80 号	1954	陈立章、林庆元、伍炳仔、傅春丰、连木奎、谢子量、林金合、林宝龙等		
大中学术研究社		1954	李佛生、张铁山、刘国华、黄昌舜、张晋望、甘影梅、何武纯、何棣纯		
汽车机件商公会		1954	卢关保、陈瑞生、温仁才、邓岳山、黄天竹、张振兴、黄文坤、杨文辉、黄南兄		
糖商公会		1954			
印华拳术艺术研究社	苏加母利亚路警察宿舍,1956 年 5 月迁住沙叻街 7 号	1955	沙马里、潘金振		
苏北伍氏宗亲互助部		1955	伍敬焕、伍暨南、伍华生、伍佛佑、伍国镇、伍新润、伍焕彰、伍柏荣等		
苏北印尼国术社(PKKLB)椰兰分社		1955	陈成金、张源标、练仁春、沈阄嘴		

续表

社团名称	地址	创办时间	主要负责人	政治倾向	规模
共和党苏岛慈善互助会	亚细亚街 24 号	1956	林朝进、林万潘、张国富、唐鸿亮、陈煜均、白本才		
苏北米较同业公会		1956	张克仁、周寿慈、吴万兴		
怀谊慈善互助部	亚细亚街 62 号	1957	张任于、唐存记、陈镇南		
旅苏帽山同乡会筹备会		1957	吴世杰、杨福琴、周世滨		
苏岛致公中学		1957	董事会：洪桂生		
中华同盟协会棉兰支部	太子街 20 号侨生公会内	1948.11.7	范桃榜、钟德贵、林国涵、薛两成、罗顺利、叶进宝、潘发新、颜发瑞等		
华英童军团	客家街	1952.11.12			
中华布正洋货公会	初为峇厘街 18 号 A，1954 年迁移至医院街 44 号	1952.6.29	高金河、杨增禄、许清思、张俊朋、李毓兴、朱棣龄、李泰兴、钟廷远		1952 年 7 月份成员 200 左右
苏北华侨中西药商公会		1953.1.7	张光报		
华侨青年结婚联谊社	亚细亚街 200 号 C.	1958.1.20	吴丰兴		

238 变动与分裂:"二战"后初期……华侨华人社会研究(1945—1958)

续表

社团名称	地址	创办时间	主要负责人	政治倾向	规模
（天主教主办）福民学校	客家街，分校在芒果兰路	战后出现	校务：江陈诗		
兴化同乡会		战前成立	张子洪、张雁奶、杨金发	中立，1951年参加迎接新中国领事活动，1956年参加右派举行的孙中山诞辰	
旅苏诏安同乡会		战前成立			
至德堂吴周蔡	浮罗巴烟总坟	战前成立			
龙山堂公益会	玛腰街江栈号	战前成立	丘清德、丘毅衡、丘耀琨、丘长江、曾长溪、曾文满、曾修、曾复源等		
黄王温郭堂	堂址：孙逸仙街35号D，墓地：浮罗巴烟	战前成立	黄九、郭林、黄岳、黄钱波、黄伟港、黄伟斌、黄奕华、王春林等		
刘关张赵古城馆	总坟在浮罗巴烟	战前成立	刘天一、刘渭我、关辉、关池水、张其南、张社添、赵炎祖、赵培		
仁爱会	不帝沙士吉路	1951	谢联棠、黄茂团、陈清港		

续表

社团名称	地址	创办时间	主要负责人	政治倾向	规模
雷方框邝溯源堂		战前成立			
华商慈善协会		战前成立		右	
八属会馆		战前成立		右	
始平堂（冯氏）	广东义山总坟	战前成立		右	
（咖啡园华侨农会属校）农民学校	五条石		校务：林家强		
苏东汽车同业公会	上海街13号，办事处：大街98号A		薛两成	左	
兴安会馆	太子街28号		何天福	左	
妇女会补习学校	关帝庙街129号A华总内			左	
侨民夜学				左	1952年下半年20余人，1953年上半年40余人
苏北印尼联合国木社	帝叻街5号		练仁春、王亚坤、伍炳记、姚汉德、陈科林、丘光辉、黄亚秋、沈阔嘴等		
浮罗巴烟中华慈善团	巴刹街171号				

续表

社团名称	地址	创办时间	主要负责人	政治倾向	规模
南洋慈善互助会	帝助街（第四路）28号				
民众学校	孟古母美街				
咖啡园华侨农会	五条石		林娘妹、杨亚江	左	
华侨慈善服务社	亚细亚街173号		沈亚九、胡祖圆、黄亚坤、孙珠绸		
渔业公会					
旅苏榕岭林氏家族自治会			林俊琛、林俊亨、林发海		
苏东华侨汇兑总会					
淮安旅苏同乡会					
益华慈善互助部			陈必成、郑记、谢一英		
胶轮公会					
苏北饼干厂公会					
中华营业公所					
燕庆轩					
华印补习夜学	海陆丰街4号苏中附属七小内		校务：陈文福、吴明辉、王振墙		
华英中学补习夜学	客家街				

附表3　20世纪40、50年代苏东各地（除棉兰外）华侨华人社团列表

城埠	社团名称	地址	创办时间	主要负责人	政治倾向	规模
巴敢	青年联谊会		1947	伍梓运、沈来添、林铭德、陈德宏、黄奕颜等	1949年前右，后左	
巴敢	韩江公所		光绪年间	陈新龄、张允吉、陈汉吉、林铭德、卢乾初等	1949年前右，后左	
巴敢	（中华总会属校）中华学校	巫丹路1号	1911	董事会：陈庆海、陈新龄、黄亚成、黄莽颜、刘华仓等，校务：陈育龙、黄若萍、黄仕群、陈碧球、陈金安	右	1947年下半年300余人，1948年上半年367人，教员9人，下半年360余人，1949年初学生434人，教职员11人，1952年初学生400余人，1953年上半年近400人
巴敢	中青分会	大伯公后12号	1952	刘汉源、李金正、沈家福、林腾章	右	
巴敢	中华总会（原名华侨总会）		1945	陈顺祥、黄亚灶、黄奕颜、郑夜雨、陈汉吉等	右，1950年10月转左，1952年10月10日会员大会上修改章程，纪元由公元改为中华民国，转右	

续表

城埠	社团名称	地址	创办时间	主要负责人	政治倾向	规模
巴敢	华侨学校		1951	理事会：沈来添、张雨亭、杨逵萍、陈德宏、张允吉等，校务人员：杨凌	左	创办初约200余人，1957年有400多人
巴敢	华侨夜校		1952		左	百余人
巴敢	华侨妇女会		1952		左	
巴敢	联友健身社		1953		左	
巴敢	民众夜学		战后		左	1955年学生百余人
巴敢	红牛廊农会		战后		左	
巴敢	八条石农民学校		战后		左	
巴敢	八条石农会		战后		左	
巴敢	鹅城公所（会馆）		战前	林乃德、孙步峦、张名稳、林贤梓、卓其昌等	左	
巴敢	青年体育会		1947			
巴敢	巴刹冬农会		1947	余太仁、邓佛保、刘金英	左	
巴敢	卓族旅苏互助会	大伯公后16号	1952	卓光美、卓雅三、卓亚银、卓春木等		
巴敢	华侨公明社		1954	陈清福、张允吉、张石稳、陈潭顺、李金生等	左	

续表

城埠	社团名称	地址	创办时间	主要负责人	政治倾向	规模
巴格拉湾	华侨总会		1945	郑耀波、戴登云、孙润波、沈庆期、沈振盛等	左	
巴格拉湾	公和醒狮队		战后			
巴格拉湾	中华妇女会					
巴格拉湾	鱼商联合会					
巴格拉湾	韩江互助部					
巴格拉湾（原名加兰罗列）	（华总属同）育华学校		1939	校务：黄川、吴友平、叶梦晖、叶纪姜、林华君等	左	1952年增设民众夜学，1954年上半年学生80余人
班德拉务	育英学校		1957年复办	委员会：萧水木、沈意振、黄亚喜、林喜雨，校务：许鸿明	右	1948年下半年70人左右
班德拉务	甘光仁尼中华学校		1942		左	
班德拉务	华侨体育会夜学		1952	林祖成	左	1952年初60余人
班德拉务	甘光仁尼华侨公益团	华侨总会办事处	1948.8.16	李玉顺、郑昊春	右	
班德拉务	华侨体育会		1951.9.2		左	

续表

城埠	社团名称	地址	创办时间	主要负责人	政治倾向	规模
班德拉务	华侨总会		战后		左	
班德拉务	(华总属校)华侨学校		战后	校务人员:纪武汗、张汗水、张石根、马春喜	左	1953 年上学期增至 110 余人
班德拉务	华侨公学		1950	杨再钦、林租成、李玉顺、周加成、郑梧春等	右	
班德拉务	孝义会		战前	薛木生、林木庚	右	
班德拉务	华侨公益团		战前	郑梧春、林租成、周招财	右	
班德拉务(苏北巴歌)	中青分会		战后	刘汉源、萧水木、卢米兴、卓锦洪、林租茂等	右	
班年	华侨总会		1946	倪添仁、李文发、周英、伍振海、钟流光等	1954 年之前左右都有报道,1954 年右派接掌	
班年	中华运动会		1954		右	
班年	中青分组		战后		右	
班年	(华总属校)中华学校	司令路 273 号	战前	校务:谢雪华	右	1951 年 7 月时学生 200 余人,教员 6 人,1953 年学生 300 人左右,教员 6 人
班年	青年体育会		1951	王文富、陈成基、林仲衡、卢进庆	左	1951 年人数 40 余

续表

坡埠	社团名称	地址	创办时间	主要负责人	政治倾向	规模
班牛	华侨公会		1954		左	成立初数十人
班牛	中华商会		1934			
班牛	亚惹母中华学校			伍凭荣、张友泮、张清标、赖天祥		
半路店	华侨总会		1945	洪可新、孙佛源、欧金狮、黄洋华、王吉宁等	1949年前右，后左	
半路店	华侨农民会		1950	卓佛茂	左	1951年百余人
半路店	华侨青年会		1951.6.24	陈汉泉、尤文郎、尤福泉、林贵火、许清祥等	左	
半路店	（青年会主办）民众夜学		战后		左	
半路店	（华总属别校）中华学校		战前	校务：姚志强、潘维克	左	1952年下半年180人，教员5人
半路店	江夏堂		战前	黄种厚、黄添水、黄怡钳、黄和廉、黄和七等		
打罗巴东	中青办组		战后		右	
打罗巴东	华侨总会				右	
打罗巴东	华侨学校				右	

续表

城埠	社团名称	地址	创办时间	主要负责人	政治倾向	规模
大觉	华侨总会		1945	王友进、郭文学、宋三评、郭进水、陈仲景等	右	
大觉	复华体育会		1952	江金和、王友进	右	
大觉	中青分会		1953	郭添水	右	
大觉	（华总属校）平民学校			刘南辉、校务：宋志文、赖天祥、张承庆	右	
大觉	大众学校		1951	校务委员会：谢文炮、杨亚便，校务人员：许作民、许天民、王达明等	左	初学生三四十名，1953年近百名
大觉	华侨青年团		1953	陈坤松、郭勋敔、蔡松炯、吴坤铭、曾河山山等	左	成立时团员80余人
大觉	大众互助会		1950.11.12	杨文通、陈其彬、陈展明、陈展民、林仲衡等	左	
大觉	华侨公会		1951.11.12	崔广盛、杨朝评、杨文雅、谢文炮、林员合等	左	
大觉	众友体育会				左	
丹南	中印文化艺术社分社		战后		右	

续表

城埠	社团名称	地址	创办时间	主要负责人	政治倾向	规模
丹南	青年协会		战后		右	
丹南	农民义务学校		1946	委员会：郑理连、江光汉、陈松武、刘兴波、苏岛友，校务：庄娘现、叶丙隆、李树楠、蔡耀金、郑松影	左	1947 年学生 200 余人，1949 年 300 余人，助教 4 人，1952 年学生 400 多人，1954 年下半年 300 余人，教师 7 人
丹南	丹华体育会		1945.10.28	林玉昌、张达贵、黄妙宗、唐春和、邓启生等	左	
丹南	农民联合会		战后	马卓然、陈亚芳	左	
丹南	丹南青年会		战后	黄石明、张岳华、庄良贵	左	
丹南	印华联合国术社		战后			
丹南	农人联合会		战后		左	
丹纳黎幸	华侨总会		1945	田芳春、郭从仪、庄高升、蔡水溪、许宗德等	右	
丹纳黎幸	（华总主办）启南学校		战后，1949 年复办	校务：陈鸣凤、刘仁和、严蝶仙	右	1948 年华总收入减少，停办学校，1949 年复办时学生 100 余人，1958 年学生 200 余人教师 5 人

续表

城埠	社团名称	地址	创办时间	主要负责人	政治倾向	规模
丹绒黎弄	海业互助会			许宗德、黄忠厚、杨进水、洪汪洋、洪宗尧等	右	1954年会员300余名
丹绒黎弄	华侨青年会		战后		左	
丹绒黎弄	中华公会				左	
丹绒勿拉唯	华侨总会		1945	黄俯源、林昆品、吴汉美、戴国芝、张景尧等	左	
丹绒勿拉唯	育才学校		1916.5.5	校务：张孔鲁、林友来、陈志远	左	1949年初学生230人左右，1951年学生300多人
丹绒勿拉唯	华侨工农联合会（丹华工农联合会）		1946年成立，1951（合并该该埠三个区的农会）	戴国芝、罗少强、钟发登、唐春和、黄天水等	左	
丹绒勿拉唯	侨生公会居利分会		战后	黄美福、施光辉	左	
丹绒勿拉唯	居利十路农会		战后		左	
丹绒勿拉唯	居利七路农会		战后		左	
丹绒勿拉唯	居利老园区农校		战后		左	
丹绒勿拉唯	戈丕园农会		战后		左	

续表

城埠	社团名称	地址	创办时间	主要负责人	政治倾向	规模
丹绒勿拉哇	银星音乐队		战后		左	
丹绒勿拉哇	丹华校友会		战后		左	
丹绒勿拉哇	居利老园区农会		战后		左	
丹绒勿拉哇	丹华妇女会		战后	龙兰意	左	
丹绒勿拉哇	居利华侨体育会		1945			
丹绒勿里也	华侨互助会					
丁宜	中华商会		1920年成立,1947年复办	叶顺安、傅子明、蔡清宽、张茂年、黄金清等	1949年前右,后左	1947年时社员100余人
丁宜	韩江会馆		1919	张家柱、张伯汉、张伯端等	1952年12月职员选举后转左	
丁宜	龙岩同乡会			张学陶、陈水发、翁钟元、谢兰芳、翁培礼	初右,1949年后左	
丁宜	新生社				初右,后左	
丁宜	中华木业总工会分会	北京街12号	1941	朱国辅、冯国恩、梁添、黄文钦	右	
丁宜	(国民党分部属校)侨民义务夜学		1948	委员会:方祖扬、何应昌、萧显樑	右	初学生40余人,1949年8月增至百余人
丁宜	中和党军团		1950		右	

续表

城埠	社团名称	地址	创办时间	主要负责人	政治倾向	规模
丁宜	侨民校友会		1950	萧显楼、黄元华、林信发、方祖鹏、赵叔先等	右	
丁宜	中华妇女会		1953	庄玉钗、林宝珍、连元珍、詹玉香、叶金准等	右	成立时会员600人，1954年增至900余人
丁宜	中华青年联合会		1956	叶贻湖、萧显鎚、萧显楼、黄元华、吴谊浩等	右	
丁宜	福建会馆（前身是福建公司，1936年改各会馆）		1900年（1936年会馆成立）	尤玉提、方丽水、黄林生、傅子明、林孝雪等	右	
丁宜	国民党分部		1928年创办，1945年复办	何应昌、黄文赞、陈锡湛、杨紫辉、陈题文等	右	
丁宜	中华青年会分会	火车头街1号	1952	黄郁芬、赵世英、罗培丰	右	
丁宜	八属会馆	巴东街38号	战前	何木华、李耐、刘白九	右	
丁宜	（华侨联合会属校）中和学校	万叻苏诺街	战前	董事会：黄候吉、尤芳胜，校务：何应昌（1957年7月21日去世）、陈土琛、钟国治、陈启江、古继铮	右	1948年下半年学生1200余人，1949年初学生1300余人，1954年初1400余人，教师36人

续表

埠城	社团名称	地址	创办时间	主要负责人	政治倾向	规模
丁宜	华侨联合会（原名华侨总，1948年改名）	教堂街3号，1956年迁至万叻苏诺街中和新校		冯国恩、丘永连、黄文赞、涂中汉、伍其昌等	右	
丁宜	中华缝业公会分会				右	
丁宜	金业分会			黄新球、陈锦才、黄操棠、黄雅德、伍光耀	右	
丁宜	（天主教主办）真光团			黄灯纪	右	
丁宜	羔呷同业公会			陈木城、洪奕明、林成凯、谢奕栖、洪可品等	右	
丁宜	机艺同业社			王聪明、吴记春、洪永盛、郑金发、叶金定等	右	
丁宜	峇里巴东农民协会		1945		左	
丁宜	峇里巴东华侨青年会		1945		左	

续表

坡埠	社团名称	地址	创办时间	主要负责人	政治倾向	规模
丁宜	万挽农民协会		1945	叶宗义、黄孝明、曾荣辉、黄金顺、林三添等	左	1950年学生170余人、教职员6人，1953年上半年学生220余人
丁宜	万挽（农会主办）农民学校		1946	校务：黄振英、林明群、陈良长、彭贵荣、陈瑞娇	左	
丁宜	（华总属校）华侨学校	万叻梳罗路	1950	校务：丁韵清、许镜明、罗卿辉、黄文昌、马素珠	左	1951年学校600名，1952年初学生600人左右，1956年上半年小学部学生800余人，中学部90人，幼儿园近百人
丁宜	木连农民协会		1951	陈庆龙、吴亚遂、陈利生、郑亚明、陈庭耀等	左	
丁宜	华侨妇女会		1951	欧幼珠、熊月珍、林秀兰、旋桂英、丘莲娇等	左	1952年会员200人
丁宜	中印友好协会		1951		左	
丁宜	华侨职工会		1951.4		左	
丁宜	华侨青年团		1953	张民安、刘伯伦、许嘉尚、李鸣龙、麦希汉等	左	

续表

埠单	社团名称	地址	创办时间	主要负责人	政治倾向	规模
丁宜	万挽青联会		1946.10.14	黄孝贵、卓喜心、陈宗辉、黄和忠、陈亚龙等	左	1952年初，增至150余人
丁宜	新青剧艺社		1954.3.21筹备，1955年12月28日成立	余国志、麦喜汉、陈顶春、黄培南、李明龙等	左	
丁宜	中印小商公会		战后		左	
丁宜	友好体育会		战后		左	
丁宜	学友会		战后		左	
丁宜	新青歌咏团		战后		左	
丁宜	体育基金委员会		战后		左	
丁宜	农民日夜学校		战后		左	
丁宜	木莲农会农校		战后		左	
丁宜	民盟分部		战后		左	
丁宜	华友会		战后	罗财喜、翁万宝	左	
丁宜	华侨烟厂工友会		战后		左	
丁宜	华侨铜乐队		战后		左	
丁宜	（农协属校）峇里巴东农民学校		战后		左	

续表

城埠	社团名称	地址	创办时间	主要负责人	政治倾向	规模
丁宜	华侨总会		战后，1951左派复办	黄灯纪、傅子明、叶顺安、周明顺、陈水发等	左	
丁宜	华侨公学				左	
丁宜	德廉幼稚园（原名中华幼稚园）（卫理公会主办）		1947	校务：吴宝玉		
丁宜	华侨出入口商公会		1948			
丁宜	印尼联合各民族国术社		1952			
丁宜	中华尚武国术研究社	1956年办事处迁至北京街12号	1953	冯国恩、何木华、黄候吉、刘白九、连茂宗等		
丁宜	中印文化艺术社分社	木莲路	1955	吴祥远、谢炯文、卢锦育、张陈惠、尤锦堂等		
丁宜	华侨运货汽车公会		1955	徐林泉、黄礼反		
丁宜	侨民慈善互助部	北京街37号	1958.1.3	吴承基、吴亚遂		

续表

城埠	社团名称	地址	创办时间	主要负责人	政治倾向	规模
丁宜	利波尼俄罗互助部		战后	黄武真、翁德河、黄永道、王万山		
丁宜	中华学校		战前			
丁宜	华侨体育会					
丁宜	中华卫理教会					
绒卜干	华侨妇女会		1946.3.8		左	
绒卜干	青年联谊会		战后	郭治平	左	1948 年下半年会员实额 59 人
绒卜干	华商学校		战后	林钟德	左	1952 年 140 多人增至 170 多人
绒卜干	华侨总会		战后	欧广阗、陈明便、郭治平、李文典、刘沛霖等	左	
绒卜干	（华总属校）华侨学校		战后		左	1948 年下半年学生八十人
浮罗拉夜	（华总属校）培德学校		1946		左	1952 年初学生 90 人左右，下半年 100 余人
浮罗拉夜	华侨总会		战后	黄衍捌、吴金凤、黄学伍、黄述之、陈根发等	左	

续表

城埠	社团名称	地址	创办时间	主要负责人	政治倾向	规模
浮罗牟	（华总属校）中华学校		1930	校务：江光辉、邓玉珠		
浮罗牟	华侨青年联合会		战后			
浮罗牟	（青年联合会属校）中华夜学		战后	校务：丘光辉、邓玉珠、冯润锁、吴官森、李汉坤等		
浮罗牟（老武汉属地）	华侨总会					
甘光苦鲁	中华学校			陈志语、钟永安、黄克平、丘大成、雷赤云等	右	
甘光苦鲁	地地古能华侨青年会		1951		左	
甘光苦鲁	（青年会办）民众夜学		1952	林良华、丘大成、钟永安、曾玉梅泉等	左	开始约90名
甘光苦鲁	农民会		战后	杨庆员	左	
甘光苦鲁	华侨总会		战后		左	
甘光苦鲁	（华总属校）大华学校		战后	林良举、卓慧冰、石瑞珠	左	
甘光苦鲁	苏北中印文化艺术社分社		战后			

续表

城埠	社团名称	地址	创办时间	主要负责人	政治倾向	规模
甘光榴莲	农民会		战后		左	
甘江拉冷跑马埔	华侨青年会		1951		左	
羔莽邦	中华学校		1937	黄宏隽、罗开琚、张义潘、蔡南宝、陈道瑄等		1956年学生40多人
哥打槟榔	华侨总会		1945		右	
哥打槟榔	中青分会		1953.2.8		右	
哥打槟榔	(华总主办)启文学校			校务：黄泉标、温杰礼	右，1952年分裂	1952年未分裂前，学生160余人，1953年初学生110余人，四教室
哥打槟榔	华侨公会		1953.9.13	饶清水	左	
哥打槟榔	华侨学校		战后	校务：张振坤	左	
哥打槟榔	华侨青年会		战后		左	
哥打芒云	青年会		1948	吴国昌、李顺和、黄妈友、沈王麟、洪再团等	左	
哥打芒云	华侨总会		1949年前已成立	林嘉来、黄妈友、李顺和、洪明振、林长楷等	左	1949年初会员200余人
哥打芒云	启蒙学校（华总属校）		1946	校务：林梧发		

续表

城埠	社团名称	地址	创办时间	主要负责人	政治倾向	规模
哥打芒云	苏北中印文化艺术社分社		战后			
瓜拉	植基学校		战前	董事会:陈承心、何川合、伍玉岳、吴仁发、刘正礼等	左	1952年下半年160余人,1955年下半年学生100多名,1956年初增至160多名
瓜拉	植友慈善会		1951	洪祖基、李成金、陈维思、伍齐福、张亚发等		1953年下半年会218人
瓜鲁	启文学校			校务:冯乐华	右	
火水山	正义学校	孙逸仙路	1952	董事会:梁遇强,校务:颜东南	右	
火水山	中华联合会	集多街	1953	程文燦、梁大潸、苏练华、梁遇强等	右	
火水山	工商夜学		1952	刘明吉、黄和碧、林亚锦、林文学、邝亚勇等	左	1952年学员90人,教师10人
火水山	华侨总会		1953		左	
火水山	(华总属校)中华学校		1909年创办,1947年损毁,1951年复办		左	1952年上半年:127人,下半年132人,1954年上半年230多人

续表

城埠	社团名称	地址	创办时间	主要负责人	政治倾向	规模
火水山	华侨工商体育会		战后,1952年改名	吴介之、叶禄生、张苞、黄天水、汪专召等	左,前身工商篮球队	改名后,会员60余名
火水山	中华商会		1932			
火水山	苏北中印文化艺术社		1953			
火水山	惠州会馆		战前		右	
火水山	琼崖同乡会		战前	卢耀钏、梁大潘	右	
火水山	福建会馆		战前	庄复高	右	
火水山	木业团分部			曹长、苏炯华、黄亚均、梅锐、伍煋培等	右	
甲文惹海	中青分会		战后		右	
甲文惹海	(华总属校)中华中小学校	先达路	战前	校务:丘耀华、郑志明、邝伯钊、吴佑贤、林振华等	右	
甲文惹海	华侨总会		战后	江添指、卢耀祖、白文对、蔡和利、王忠光等	右	
甲文惹海	(华侨青年会主办)华侨学校		1951		左	
甲文惹海	印尼文夜学		1952		左	30名左右

续表

城埠	社团名称	地址	创办时间	主要负责人	政治倾向	规模
甲文惹海	华侨青年联谊会		战后，警卫行动后停顿，1950年复办	李承椿，林新民	左	
甲文惹海	星光体育会		1949	林遵洁、邢诒安、陈曦辉、陈锡汉、陈伟善等		1948年下半年学生89人
峇冬贵	养正学校		1920	董事会：丘国旺、叶进贤、元利兴、庄萧明、郑彩华等	左	
峇冬贵	华侨工农会		战后		左	
峇冬贵	华侨青年会		战后，1951年复办	陈进明、廖清河、容洋池、黄亚鉴、庄萧明等	左	
峇冬贵	华侨总会		战后	罗子先、李一吾、纪伍音、邓全富、陈灼明等		1948年会员百余人
峇都抛拉	华侨总会		1945	校务：古继铮、陈志伟	1949年前右，后左	
峇都抛拉	（华总属校）益华学校		战前	刘道祥	1949年前右，后左	1950年学生210人，教师5人
峇都抛拉	（中华联合会主办）中华学校	大协街	1954		右	

续表

城埠	社团名称	地址	创办时间	主要负责人	政治倾向	规模
峇都抛拉	中华联合会	大协街	1955	陈守愚、林犹瑚、陈运荣、关钜铭、范维士	右	
峇都抛拉	华侨青年会	鱼业街	1945	黄石其、张灼兴、纪振文、郑荣华、谢文生等	左	
峇都抛拉	峇华音乐队		1950		左	
峇都抛拉	民盟分部		1950	李一吾、陈伟芳、郑荣华、徐忠仁、连国长等	左	
峇都抛拉	华侨鱼商同业公会		1951.1	纪伍音、颜昌户、纪锦昌、罗巧先等	左	
峇都抛拉	华侨妇女会	鱼业街	1951.5	罗巧云	左	1951 年成立时：130 余名
峇都抛拉	峇华夜学		战后	校务：关瑞梅、李明农、纪淑銮、伍松焕、陈振朝	左	1953 年下半年增至 50 余人
峇都抛拉	海风羽毛球队		战后		左	
峇姑芋	琼崖同乡会			陈文俊、陈初始	右	
峇姑芋	华侨总会			校务：林志高、许君成、尤芳璧	右	1953 年上半年学生 120 余人
峇姑芋	（华总属校）华强学校					

续表

城埠	社团名称	地址	创办时间	主要负责人	政治倾向	规模
兰都	冷吉巴坡培文学校		1950		右	
兰都	冷吉峇峇兰华体育分会		1952		右	
兰都	中青分会		1953	温荣喜、刘南辉、黄奕霞、张新栋	右	
兰都	文律启智学校		1955	校务：周作舟	右	
兰都	教师联谊会		1952.8.31	罗著保（主席）、王文阶、周锦琳、陈镜如、黄卿烧等	右	
兰都	兰中校友会		战后	张东汉	右	
兰都	国民党分部		战前	林胜春、李丝纶	右	
兰都	（华总属校）中华中小学	达兰路48号	战前	校务：杨白莲、罗著保、孙德安、孙敦、朱达章，罗著保（1952—1955年任校长，1955年年底辞职）等	右	1948年下半年学生140名，1949年上半年200余人，1953年上半年454人，教员15人，下半年500余人，1955年下半年学生580人，教师20多人，1957年学生600多人

续表

城埠	社团名称	地址	创办时间	主要负责人	政治倾向	规模
兰都	兰华体育会		战前成立，1946复办	陈金喜、邹育庭、林锦德、李意新、李瑞华等	右	1947年350余人，1952年会员达500名，1955年500余人，1956年会员600余人
兰都	文律华侨总会			林玩强、陈作敦、林锡宜、陈金源、王清来等	右	
兰都	冷吉巴荅华侨总会			陈甲贤、张镇松、丘定昌、陈善初、刘晃等	右	
兰都	华侨总会			林友桐、陈清河、陈明灯、关其洪、陈金喜等	右	
兰都	华侨青年团		1945	关源恩、黄炳良、杨全学、周明发、林友恭等	左	1951年拥有会员70余人
兰都	西甘当华侨学校		1949	戴智趁、郭懋例、符和怡、郑谦城、洪志豪等	左	
兰都	（青年团主办）民众义务夜学		1950		左	
兰都	华侨公会		1951	张沐川、林锡藩、张欣滨	左	1951年会员500余人
兰都	华侨农工会		1946.11.15	张锦坤、黄怡昌	左	1951年拥有会员170余人

续表

城埠	社团名称	地址	创办时间	主要负责人	政治倾向	规模
兰都	华侨妇女会		1946.3.8	叶巧英	左	1951年拥有会员70余人
兰都	(华侨公会属校)新民学校		1948年创建,1949年停办,1950年复办	董事会:蔡诚英、陈雨水、黄金高、张友汉、林美添等,校务:李公我	左	1948年学生百余,1950年下半年学生150余人,1951年220余人,教师6人,1952年初230余人,教师7人,1956年上半年学生近400人
兰都	华侨公会冷吉巴纳分会		1951.12.16	张钻樫	左	
兰都	冷吉巴纳华侨学校		战后		左	1953年学生30多人,教师2人
兰都	实甘未华侨学校		战后	张作明	左	学生30余人
兰都	古打岜都华侨学校		战后		左	
兰都	伯公会慈善互助部		1946	林胜顺、翁亨文、陈文鉴、薛银高、李耐霜等		
兰都	苏北印尼联合各民族拳木团		1956.1.5	陈亚吉、冯明钊、杨娘顺、俞亚钦、陈天赐等		

续表

城埠	社团名称	地址	创办时间	主要负责人	政治倾向	规模
兰都	利波尼俄罗武术研究会兰都分会	十五间哥亚哥打峇都路49号	战后	傅春丰、关共和、魏清解、陈清河、黄亚庆		
兰都	中印艺术文化社分社		战后	林文祥、庄芳发		
兰都	致公会		战后			
兰都	兰都汽车公会		战后	蔡木金		
兰都	兰都华侨商会		战后	庄芳发、张沐川、丘质君、黄庆、张友汉等		
老武汉	中华学校		1937	理事会：林进坤、林金生、薛清云、张光永、李炳等	1949年前右，后左	1948年下半年学生198人，1949年学生180人，1951年下半年200余人
老武汉	福建公所		1941	林身斗、胡世盛、林进坤、陈金镛、薛清云等	左	
老武汉	华侨总会		1945	关宗华、林身斗、林金生、林进坤，胡世盛等	左	
老武汉	华侨青年团		1951.4	吴丕恭、李海深、吴春辉生、尤五湖生、饶训	左	第一届70余人，1951年第二届148人

续表

坡埠	社团名称	地址	创办时间	主要负责人	政治倾向	规模
老武汉	（青年团属下）民众夜学		1952	饶利生、林金生	左	1952 年 70 人、1954 年 97 人
老武汉	甘光勿刹国民学校学友会		1953	洪维爱、林进坤、陈天德	左	
老武汉	甘光勿刹（国民学校委托学友会办）青年夜学		1954	校务：吴荣木、徐燕宾、林建国、林远夏、王鼎土等	左	
老武汉	国民学校	王眉口甘光勿刹	1941.7.13	董事会：林进坤、林身斗、陈乐秦、黄思有、黄金传等，校务：谢丕存、吴健立、黎顺德、梁君惟、陈天德等	左	1949 年初学生 175 名，1950 年约 200 名，1953 年下半年 270 名，1954 年上半年 295 人、下半年 296 人，1955 年上半年学生 306 人，1956 年 300 多人，教员 9 人
老武汉	甘光勿刹华侨联谊会		战后		左	
老武汉	精武体育会		1949 年前已成立	林金生		1948 年会员 119 人，1949 年会员有 100 人左右
老武汉	甘光勿刹群友篮球队		战后	黄龙星		

续表

城市	社团名称	地址	创办时间	主要负责人	政治倾向	规模
老武汉	甘光叭叻中华学校			董事会：欧成任、陈连和、许炳安、伍祺盛、江林能等		村民猪捐，商店月捐助学
老武汉	中华会馆					
老武汉	华联社			柯挺枝、张秉泉、尤造舟、张沛然、林学位		
老武汉	大网公会					
冷吉	（中华总会属校）中华学校	格南美路	1929	校务：刘钦树、刘熙、林遵洁、黄志强、林友恭等	1950年之前右，1950年后左派占据上风	1949年上半年学生420人，教师8人，1949年下半年学生480余，教师9人，1952年下半年学生近400人，1954年上半年400多人，1955年上半年人数约500人，
冷吉	广东同乡会		1945	丘欣明、徐惠民、岑明长、谢鲁英、陈兆明等	右	
冷吉	中青分会		1951		右	
冷吉	（中华联合会会属校）光华学校	根那里路	1952	校务：曾文海、黄仕群、邓怀端、张志荣、谭仲达等	右	1957年上半年开设夜学部

续表

城埠	社团名称	地址	创办时间	主要负责人	政治倾向	规模
冷吉	中华联合会		1952	丘欣明、李引赏、徐惠民、黄永德、黄天玉等	右	
冷吉	中华青年国术社		战后		右	
冷吉	国民党分部		战前	丘欣明	右	
冷吉	惠州公所	冷吉大街208号	战前		右	
冷吉	中华校友会		1947	林永发、莫国周、陈登梄、陈耀荣、王远谊等	左	
冷吉	华侨青年会		1947	张天建、吴子来、黄振昌、王文平、杨吉兴、陈清德	左	
冷吉	印尼文夜学		1949	符国存	左	初十余人，后增至50人
冷吉	（青年会主办）民众夜学		1950	苏金煎、杨吉兴、吴子来、黄奕久、林贤荣等	左	1956年上半年学生70余人
冷吉	华侨妇女会		1951	黄珍珠、钟月华	左	
冷吉	惠州会馆		战后		左	
冷吉	韩江公所		战前		左	
冷吉	苏北中印文化艺术社分社	冷吉大街207号	1954	戴光辉、李炳昌、蔡秀星、谭新祺、朱光耀等		

续表

城埠	社团名称	地址	创办时间	主要负责人	政治倾向	规模
冷吉	中华足球会		"一战"前成立，1951年复办	陈登椅、黄长添、王金德、吴子来、莫国周		
冷吉	冷吉巴东中华学校			校务：黎顺荣、曾丽容		
冷吉	华侨总会（原称中华总会）		1944	丘欣明、陈登椅、张天建、陈耀荣等	初由右派把持，1951年改选，左派取得胜利，改名华总	
罗洛毛西芬	华侨总会			张兑铎、王南发、梁福、林亚清、罗两平等	右	
罗洛毛西芬	中华学校			校务：陶炽昌	右	
罗洛毛西芬（丁宜）	华侨青年会		战后，1951年复办		左	
马达山	华侨总会		战前，1945复办，1950年左派重建	孔繁咨、周子芳、连新洲、黄应绍、张皇杰等	1949年前右，后左	

续表

城埠	社团名称	地址	创办时间	主要负责人	政治倾向	规模
马达山	（华总属校）华侨学校			校务：刘泽生、林遵洁、李刚、林炯欣、张坚等	1949年前右，后左	1948年下半年学生270余人，1952年下半年400多人，其中印尼学生50多人，1954年下半年学生400多名，1956年下半年近400人，1957年学生382名
马达山	华侨青年会（青年促进会）		1945.9.6	周子芳、孔祥竹、陈山荣、黄福伟、林克定等	左	
马达山	友谊体育会		1950—1952，后并入青年会	黄福伟、林克定	左	
马达山	民盟分部		战后	陈达民	左	
马达山	华青夜学		战后	校政委员会：林少辉、黄霖祥、孔祥竹、黄木泉、郑国赏等，校务：林肇辉、李胜龙	左	1952年下半年120余人，1954年下半年教员20人，学生60多人
马达山	华侨职工组，1955年下半年改名为华侨工友联合会		战后	黄应绍、黄秉权、黄益、马清辉、刘华胜等	左	

续表

城埠	社团名称	地址	创办时间	主要负责人	政治倾向	规模
马达山	韩江公会			孔繁客、杨益盛、许业轩、张秋湖、黄知民	左	
马达山	华强学校		1918			
马达山	中华商会		1934			
马达山	中华学校		1935			
曼曼	华侨农校		战后		左	
曼曼	（青年会主办）义务夜学		战后		左	学生 90 人，教员 12 人
曼曼	农民协会		战后		左	
曼曼	（农民协会属校）农民学校		战后	校务：李乃瑞	左	1949 年初学生 200 余名，教员 4 人
曼曼（可能属于丁宜）	青年会		战后		左	
民礼	韩江公会	初在北京街，1955 年迁在民礼大街 45—47 号	1923	李海岩、陈泉、江振气、丘振水、倪徐盛、马卓然等	1949 年前右，后左	
民礼	民华加咖啡公会（羔丕公会）		1945	林祥锦、梅国湘、陈依坤、赵意银、程金嫦等	1949 年右，后左	

续表

坡埠	社团名称	地址	创办时间	主要负责人	政治倾向	规模
民礼	鹅城会馆	大街97号	1924	曾亚九、林贻贤、蓝江秀、陈铭镛、王连德等	1951年之前倾右，1951年后转左	
民礼	（华总属校）中华学校	中学在北京街17号，小学在北京街1号，幼儿园在民礼路26号	1910	校务：林炯欣、卢淑贞、许年更、彭务民、黄鹤（1955年回国）、郑光成（小学部）、李婉玉（幼儿园）	初右，后左	1947年下半年年学生700余人，教员14人，1948年上半年学生900余名，下半年1050余人，教员22人，1951年初学生1030余人，教师28人，1952年下半年1200余人，1953年初1300多人，教员37人，1955年下半年小学部学生1300多人、中学部300多人，中小学教师54人，1956年底1500人左右
民礼	金业工会分会		1948	伍社安、何燊光、谢甜福、方奕恭、谢湘泉等	右	
民礼	中青分会		1952	李福祥、章文华	右	
民礼	中青夜学	卫理学校内	1952		右	

续表

城埠	社团名称	地址	创办时间	主要负责人	政治倾向	规模
民礼	中华商会		1933 年成立，1952 复办	陈鸣凤、叶明臣、黄再连	右	
民礼	国民党驻民礼分部		战前	陈鸣凤、叶明臣、黄再连	右	
民礼	中华联合会	牙鲁拉街 94 号		庄福记、林祥锦、叶志南、刘汉明、陈鼎国等	右	
民礼	鲁北团（粤社团体）		1900	陈槐燊、谭朝桢、谢炳祥、刘捷发	右	
民礼	华侨总会（原中华会馆）		1923	伍社安、林荣赞、马卓然、许更年、林庆和等	右，内部有左倾势力	
民礼	华侨青年会	大街 5、7、9 号	1945.9	伍焕沽、陈斯刚、彭务民、伍启鸿、刘政和等	最初右，1949 年左	1954 年 400 余人
民礼	（青年会主办）青年夜校		1948	校务：陈鹤仕、李振光、方潮溢、刘政和、林文章等	左	1948 年 60 余人，1952 年下半年 260 余人，教员 30 人，1953 年上半年学生 320 多人，1954 年下半年 300 余人
民礼	学友歌咏队（1956 年底更名为民华剧艺社）		1950	林溪源、李祥、庄月音、黄玉恣、叶有绍、吴金英等	左	

续表

城埠	社团名称	地址	创办时间	主要负责人	政治倾向	规模
民礼	蓝蒙职工会		1950	黄员火、李坤和、周如良、蔡亚翁、柯南发等		
民礼	华侨烟厂工友会		1951		左	
民礼	中华学校幼稚园	民义路38号	1953		左	
民礼	华侨妇女会		1946.3.8	邓玉珠、朱秀英、李婉玉、许月娟、刘秀莲等	左	1952年人数由60多名激增至200余人
民礼	华商联合会		1952.9.14	张满荣、刘汉段、纪廷昌、陈奉问、张亚咨等	左	一周年时会员商家百余家,300余名,1955年三周年时会员近400名,据称会员约占民礼华商90%
民礼	雷州会馆		战前		左	
民礼	琼崖同乡会				左	
民礼	汽车公会				左	
民礼	慕荷落中华学校		1949			
民礼	中华卫理学校	卡鲁达路22号	1949	校务:庄汉玉、黄俊得、王维厚、廖载仪		1957年学生300余人
民礼	华强体育会	大街29号	1928年成立,1945年复办	李月来、刘汉段、陈奉溥、白玉川、谢湘泉等		1952年1月,会员365人

续表

城埠	社团名称	地址	创办时间	主要负责人	政治倾向	规模
民礼	苏岛民礼中华致公慈善互助部	北京街8号	1951.11.18	林行洲、洪桂生、黄荣美、张亚容、陈鼎国等		1957年时成员近万名
民礼	汽车运输同业公会		1958.4.3	黄须金、朱文金、周炳章、周庆良、林伟斌等		
民礼	中华汽车仁善会		20年代	吴在旺、黄兴丽、曾亚九、黄进顺、钟坤和等		1948年会员300余人
民礼	中华国术研究社		"二战"前创办，1949年复办	吴经富、庄金来、江启龙、吴在旺、陈源明等		1954年下半年社员近千人
民礼	中印文化艺术社分社	所牙鲁拉街40号	战后	沙利加耶、高清温		
民礼	民声剧艺社		战后	卓祝豪、许年多、张德强、萧益民、叶婷婷		
民礼	民华中学		战后			
民礼	佛教慈善社	大街3号镇元宫内		陈法禅、陈瑞凤、丘金元		
明格	华侨学校		战后，1948年复办	理事会：黄文藏、郑泗德、黄祖恩、林源成、李其青等 夜学校务：陈运钦、林秀玉		
莫罗堡	培正日夜学校		1952		右	

续表

城埠	社团名称	地址	创办时间	主要负责人	政治倾向	规模
莫罗堡	中华总会			林海泉、黄耀东、刘韶坤、陈运钦、容作平等	右	
莫罗堡	华侨青年会		1951.10.28	陈作平	左	
莫罗堡	华侨总会			徐远东	左	
莫罗堡	(华总属校)中华学校				左	1952年师生共百人
莫罗堡(老武汉占部区)	华侨农工联合会		1946	陈作平、张亚坤	左	
南吧	(华总属校)中华学校		战前	校务人员:潘经纬、郭惠华、黄石明、陈临鸿、陈舒思等	1951年由右转左	1951年学生190余人,教师5人,1955年下半年学生130余人,1956年下半年学生140人
南吧	华侨总会		1949年前已经成立,1951左派复办	纪庚金、李临鸿、纪三水、李明坡、廖世城等	初右,1951年左派复办	
南吧	中青分会		1952	林德枚、张友庆、许成引	右	
南吧	南华学校		1952	董事会:廖捷扶、林多冉,校务:许成引	右	1952年上学期学生百余人,教员3人,1957年下半年学生百余人

续表

埠城	社团名称	地址	创办时间	主要负责人	政治倾向	规模
南吧	华侨青年会		1952	纪三水、李云贤、黄喜祥、姚保宣、纪文汉等	左	1953 年一周年时会员百余人
南吧	华益团		1923	黄乌鸡、陈汉耀、张益民、张锦云、沈八水等		
南吧	华侨体育会		1947	何建中、纪三水、张乾英、潘经纬、李明坡等	左	
南风岭	华侨青年会		1951	卓亚稳、朱亚武、卓春霖、朱柄安、林锦盛等	左	
南风岭	（农会属校）农民学校		战后	朱武合、黄妈焕、卓亚稳	左	1952 年 65 人
南风岭（可能属于巴敢）	华侨农民会		1946	卓亚稳、朱亚武、卓春霖、郑德新、卓亚裕	左	
嫩伦文	文华学校		1949		右	
宁吉南马	（华总属校）中华学校		1936	校务：陈寿祺、张智敏、吕春英、林国忠	右	
宁吉南马	中华学校学治会		1956	卢月秋、张英华、林有双、伍达贤、吴连姝等	右	

续表

城埠	社团名称	地址	创办时间	主要负责人	政治倾向	规模
宁其南马	华侨总会			林等、张培昌、伍怡和、林长泉、陈木河等	右	
跑马埔	（工农联合会属）平民学校	第三路	1947	委员会：麦锦华、林谭和、朱妈好、黄贤合、陈晏南，校务：李树楠、卢谭光、林子强、张玉莲	1949年前右，后左	1948年下半年年80余人，夜学生50余人，1949—1951年年初约百余人，1955年下半年学生增至150多人
跑马埔	工农联合会		1947	麦锦华、林文生、陈晏南、黄老水、张江城等	1949年前右，后左	
跑马埔	华侨农民会		1946		左	
跑马埔	青年会				左	
跑马埔	华侨学校				左	
跑马埔	甘江拉冷胶厂职工会				左	
跑马埔	跑马埔慈善会					
奇沙兰	韩江公会		1917	张瑞洋、张炯业、许加淑、赵广农、黄良京等	右	1947年会员约700余人，1952年会员约800余人，产业包括会所、戏台、商店、房屋、玄天上帝庙

续表

埠	社团名称	地址	创办时间	主要负责人	政治倾向	规模
奇沙兰	中华侨团联合会		1947	张瑞洋、林少鹏、许木任、谢侨达	右	
奇沙兰	自由车分会		1948	黄春福、方五仔、马光普、林金发、何亚昂等	右	
奇沙兰	华侨加啡同业公会		1949	林文彬	右	
奇沙兰	诏安同乡会		1952	林俊海、涂友清、涂文书、许丕友、涂池文等	右	
奇沙兰	中青分会		1952		右	
奇沙兰	福莆仙同乡会		1953	林金发、黄琴声、黄文林、关天保、林亚在等	右	
奇沙兰	中华木业总工会分会	左哥罗亚美诺多街84号	1954	梁池进、赵文光	右	
奇沙兰	琼州会馆		战前	林少鹏、朱兴信、詹行周、陈序瑞、陈家棋	右	
奇沙兰	国民党驻奇沙兰分部		战前	林少鹏、许质温、张瑞洋、何昌凤、张静中等	右	

续表

城埠	社团名称	地址	创办时间	主要负责人	政治倾向	规模
奇沙兰	华侨慈善团	大街		张瑞洋、张亚俊、王亚兴水、马光普等	右	
奇沙兰	中华体育会			林少鹏、张瑞洋、林钦、何昌凤、林金发等	右	
奇沙兰	金业分会				右	
奇沙兰	(侨联会属校)培育学校	苏多摩街32号、尼波第哥罗路125号	1918	校务:钟国冶、虞慧生、陈启江、丘庆轩、黄燕双等	战后曾由左派控制,后转右	1948年下半年学生800人,1949年学生900左右,教师19人,1953年度学生800余,中学部三班、高小四班,初小13班
奇沙兰	民盟分部		1950	黄奇才、陈鸣高、林道全、谢达松、陈炳盛等	左	
奇沙兰	(华总主办)华侨夜学	华侨学校内	1951		左	初为60人,1953下半年增至150人,1954年下半年200人左右,1955年下半年150多人
奇沙兰	华侨青年团	苏丹街	1945.8.12	高如加、朱保荣、刘德茂、黄锦章、陈舜源等	左	

续表

城埠	社团名称	地址	创办时间	主要负责人	政治倾向	规模
奇沙兰	华侨总会		1950.10.8（恢复成立）	陈鸣高（1954年回国）、卢如焕、谢达松、林道合、陈任荣等	左	
奇沙兰	（华总主办）华侨学校	加拉巴丹街	1950.7.10	委员会：卢如焕、谢达松、陈文进、黄银河、黄文朗等	左	1951年460余人，1952年下半年500左右，1953年初530人左右，1954年下半年超过600人，1955年初740余人，教员22人，下半年学生785人，教员23人，1956年初学校800多人
奇沙兰	华侨工农联合会		1951.12.17	陈武贤、冯书贤、吴木惠、朱国群、苏林泉等	左	
奇沙兰	西罗岸岸农民会		战后		左	
奇沙兰	双溪马地农民协会		战后	洪妈龙	左	
奇沙兰	华侨妇女会		战后	王亚兴、游泉发、符名兰、李素梅、傅彬琳	左	
奇沙兰	工农协会				左	
奇沙兰	双溪马地中华学校		1945			

续表

城埠	社团名称	地址	创办时间	主要负责人	政治倾向	规模
奇沙兰	浮罗单亚沙培华学校		1946	董事会:萧瑶、黄奕嗣、潘利民、何佳成、丘俊伟		1949年学生20余人,教员1人
奇沙兰	印华侨生公会,后改为印尼侨生联谊会奇沙兰分会		1949	王亚兴、梁南惠、游杏容、张金洪、刘成强等		
奇沙兰	业余体育会			游绍克、何健平		
奇沙兰	糖商公会			许木任、沈汉杰		
日里大	华侨学校		1950	校委会:梁启曾、王展廷、林英杰、黄伍妹、林一青等	右	
日里大	日里大游艺团				右	
日里大	华侨青年会		1952		左	
日里大	农工公会		战后		左	
三板头	华侨工商会		1945	陈泽炳、黄庆英、李丕陆、杨允宽等	右	1948年会友200余人,1954年上半年会员400多人
三板头	华商学校	后街	1953	董事会:陈泽炳、陈存攀、陈泽旭、杨允宽,校务:庄彩娘、洪若森	右	

续表

坡埠	社团名称	地址	创办时间	主要负责人	政治倾向	规模
三板头	中华青年协会分会		战后	罗成福	右	
三板头	（华总属校）中华学校		1927	校务：饶忠、许英全、关耀庭、汪耀辉、丘江西等	左	1951年超过500人，1956年500人左右，教师19人
三板头	韩江公会		1945	黄银楼	左	
三板头	华侨青年会		1946年成立，1948年停顿，1951年复办		左	1951年60多名
三板头	华侨妇女会		1948年成立，1950年会务停顿，1951年重新登记会员	关惠霞、袁云彩、古梅元、林月莲、张新卿等	左	1951年80多名
三板头	（华总、妇女会、青年会合办）民众夜学		战后		左	
三板头	民盟分部		战后	黄银楼、吴纯明、江程刚、邓万基、江又来等	左	
三板头	华侨总会		战后		左	

续表

城埠	社团名称	地址	创办时间	主要负责人	政治倾向	规模
沙浪武哇	华侨联合会(原名华侨总会,1948年改)			卢文城、黄希铭、林可、陈锦天、纪春福等	1949年前右,后左	
沙浪武哇	中华学校			卢文城、陈镇海、郑振成		
沙浪武哇(丁宜)	青年会				左	
实打挖	华侨总会		1945	李鹏华、林文都、陈如庆、黄清源、黄耀南等	右	
实打挖	中青分会		1951	陈端庚、容良友	右	
实打挖	(华总属校)中华学校		20世纪20、30年代	校务:汪洋、蔡荣盛、李炳林、曾广旺、马少璧等	右,1950年后左派活动频繁	1948年下半年年学生150人左右,1949年初学生180余人,教师4人,1950年下半年学生160余人,1951年初年教员112人,1952年下半年学生150人5人,学生150余,1953年上半年学生150多人
实打挖	业余体育会		1949	陈南晴、徐乃鸿、伍瑞源、周峡山、陈治森等	左	

续表

城埠	社团名称	地址	创办时间	主要负责人	政治倾向	规模
实打挖	业余夜学		1951	陈甫靖、陈启蒸、钟谦仁、周峡山、李炳林等	左	1952年60名
实打挖	华侨农民会		战后		左	
实打挖	工农联合会		战后		左	
实打挖	苏北中印文化艺术社分社		战后			
实甘民	农民会		战后	曾光明、杨联同、陈白葛	左	
实甘民	(农民会属校)华侨学校		1948		左	
双溪乌鲁	农民学校		战后		左	
双溪乌鲁	农民协会		战后		左	
双溪乌鲁	(华侨联合会属校)中华学校		战前	校务：尤芳能、林增钦	右	
双溪乌鲁	华侨总会			余侠心、蔡和协、郑玉瑞、林文瑷、陈宁瑗	右	
双溪乌鲁（丁宜）	华侨联合会			余侠心、郑玉瑞、谢锦煌、郑玉瑞彩、黄盈弼等	右	

续表

城埠	社团名称	地址	创办时间	主要负责人	政治倾向	规模
思	华侨总会		1946	沈成德、卢明桟、黄才三、林宇典、卢家荣等	左	
思	工学体育会			李文光、李闻水、卢志成、冯文彬、黎明等	左	
思	（华总属校）中华学校		战前，1947年复办	校务：章桂昌、梁祥昌、梁祥运、李吉天、梁福云等	左，1952年上半年管理散漫	1952年下半年92人
思	中印文化艺术社分社		战后	陈良德		
思	中青分会		战后	吴存木	右	
颂牙	颂青体育会		战后	阮德隆	右	
颂牙	中华学校			董事会：吴存木、吴永仪、廖仕乾、沈时雄、郑纯均等，校务：林马海、阮清秀	右	
颂牙	华侨农工会		1950	周天送、沈燕棋、陈娘返、李亚目、卢亚发等	左	
颂牙	（农工会属校）华侨日夜学校	鹅城公所所在	1952	委员会：周天送、张亚开，校务：林家张、郑零影、陈翰莲	左	1952年初80余人，1954年80多名，夜学50人

续表

城埠	社团名称	地址	创办时间	主要负责人	政治倾向	规模
颂牙	华侨青年会（原名青年体育会）		1952	张亚开、卓瑞河、林文华、陈武荣、周金兴等	左	初为40多人，1953年底近百人
颂牙	（农工联合会主办）民众夜学		战后		左	
颂牙	鹅城公所		战前		左	
颂牙	韩江公会		战前			
苏慕	导智学校			董事会：陈可舟，校务：朱子荣	右	
万叻浮罗	培智学校（初为华总属校，后因华人人籍而独立）		1920	董事会：陈杰人、李竹庐，林俊海、陈振扬等，校务：蔡永胜、廖友佳、张智敏、叶醒天	右	1948年学生50、60人，1951—1952年学生90余名
万叻浮罗	华侨群善堂		战前			
万叻浮罗（亚沙汉）	华侨总会		1946	郭源英、张金文、陈振民、李竹庐、李赐福等		
万叻吉利巴	青年友谊体育会		1951	叶福顺、邱子文、黄锦秀、杨佛利、杨顺发等	左	1952年初31人
万叻吉利巴	华侨青年会		战后		左	
万叻吉利巴	（华总属校）中华学校		战前	校务：李振芳、林聪定、林云亭	左	1955年上半年学生60余人

续表

城埠	社团名称	地址	创办时间	主要负责人	政治倾向	规模
万叻吉利巴	（友谊体育会主办）义务夜学		1952			
万叻吉利巴	鱼商联合会					
万叻吉利巴（属于丁宜）	华侨总会		1946	范软绢、罗章珠、周明炳、黄崇辉、黄子强等	左	
网眼	华侨总会			蔡良兴、杨洪平、林乃蔡、林进诏、陈进来等	1949年前右，后左	
网眼	（华总属校）作新学校		1926	校务：戴章源、洪育茵、罗益坚、林玉云	左	1952年上半年年学生70余人，教员3人，1953年下半年学生103人
网眼	华侨体育会		1951		左	
网眼	（青年会办）青年夜学		1952	陈如林、林进喜、林祖龙、林玉云、林进成等	左	70余人，教员6人
网眼	华侨妇女会		1953	林月意、杨文玉	左	
网眼	华侨青年会		战后		左	
网眼	华侨冰业公会		战后		左	
勿拉冷	农民学校		战后	委员会：陈亚万、罗良科，校务：张锦坤、林光清	左	

续表

城埠	社团名称	地址	创办时间	主要负责人	政治倾向	规模
勿拉冷	华侨青年团		战后		左	
勿拉冷	惜侨学校		1928	董事会：黄汉成、吴赐合、吴祥谟、吴瑞冷、庄维城、伍橡荣等，校务：林瑞珍		1948年学生150余人，教职员4人，1949年初学生140余人，教职员4人
勿拉冷	华侨老人会		1950	陈亚平、魏亚旭、王水旺、林亚意等		
勿拉冷	苏北中印文化艺术社支社		战后	许亚春、陈再德、吴赐合、许春利		
勿拉冷	印华联合国术社	勃威路	战后			
勿拉冷	华侨总会		战前成立，1948年复办	戴亚鹅、李炎松、黄亚成玲、陈奉涂等、吴瑞冷、黄亚成		1948年会员300余人
勿拉冷	华侨筐业公会			许业宏、张广进、罗炳长、罗亚亮、黄天明等		
勿拉冷	华侨慈善会					
勿拉冷（民礼）	农人联合会		战后		左	
勿拉湾	（中青分会主办）中青学校		1953	校务：陈碧球	右	1954年上半年学生近百人，教职员3人，1955年学生百人

续表

埠头	社团名称	地址	创办时间	主要负责人	政治倾向	规模
勿拉湾	中青分会		战后	张远辉、张秋南、傅维曝、陈子龙、黄元荣等	右	
勿拉湾	中华缝业总工会分会				右	
勿拉湾	华侨总会		1945	林国贤、王文旭、吴荣福、苏玉树(父亲在大陆原籍)、苏万国等	左	初40余名,1951年曾至80人
勿拉湾	华侨青年团		1951.3	潘瑞金、吴宝兰、林玉枝、陈月娟等	左	1951年160余人
勿拉湾	华侨妇女会		1951.3	校务:张扬人、吴宝兰	左	1951年上半年学生540余名,印尼籍40余名
勿拉湾	(华总属校)华侨学校		战后		左	
勿拉湾	(青年团主办)青年夜学		战后		左	
勿拉湾	青年歌咏队		战后		左	
勿拉湾	(华总属校)中华学校		战前	校务:颜振远、林潮福、林育之、陈莲花、纪遵吉、刘锦元	左	战前不足百人,1951年下半年年学生530余人,1956年学生约500人

续表

坡埠	社团名称	地址	创办时间	主要负责人	政治倾向	规模
勿拉湾	华侨咖啡公会		1946	杨天益、苏隆福、李振德、黄亚荣（1954年病逝，广东人）、程道金等		
勿拉湾	友联体育会		1947	汪松林、林宗仁、伍福星		
勿拉湾	华侨洋货商公会		1952			
勿拉湾	中华国术社分社	苏门答腊街106号	1957	叶玉生、李其昌、胡国贤、陈传兴、黄瑞安等		
勿拉湾	苏北中印文化艺术社勿拉湾分社		战后			
勿拉湾	洋货商公会					
勿拉湾	琼崖同乡会					
勿拉湴	（华总属校）中华学校		战前	校务：颜振远、张君、陈思兰、林志高	右	1952年初学生近200人，教师5人，1956年学生200余人
勿拉湴	华侨总会（1948年底易名为华侨联合会）			林丁贵、王春木、黄清林、林文合、杨章华等	右	

续表

城埠	社团名称	地址	创办时间	主要负责人	政治倾向	规模
勿拉湾	业余体育会		1949年前已成立,1951年复办		左	
勿拉湾	业余夜校		战后	校务:纪俊添	左	1953年下半年年教员10人
勿拉湾	新生社		战后		左	
西里勿拉湾	(华总属校)南强学校		1922	校务:黄喜坤、张炳洪、伍育汉、郭植荫、黄施江等	左	1953—1956年学生400人左右,1953年教师10人,1955年下半年教师11人
西里勿拉湾	青年联谊会		1945	罗振发、周元祥、陈炳端	左	
西里勿拉湾	华侨妇女会		1949	陈瑞英、周书心	左	
西里勿拉湾	民盟分部		1951.8		左	
西里勿拉湾	(青年、妇女会主办)民众夜学		战后		左	
西里勿拉湾	华侨总会			杨国桢、罗振发、巫绎文、姚子朝	左	
昔梨西	华侨总会					
昔梨西(民礼)	华侨学校		1922	理事会:卢定嘉、沈美玉、郑天德、林金盘、林忠黄等		

续表

城埠	社团名称	地址	创办时间	主要负责人	政治倾向	规模
先达	苏岛中华汽车公会		1935	李承杉、张文章、廖华胜、林其清、黄俊杰等	1949年前右，后左	1951年：1200余人
先达	韩友体育会	最初办事处设在国民党分部内，后搬出	1946	洪清贤、傅高宾、陈德华、陈荟仙、欧饶波等	初右，1949年后转左	
先达	广肇同乡会	福州路	1929	许南、李树桂、李达、施翼鹏、郑兰亭等	右	广府人，1948年初登记会员505人
先达	中华木业总工会先达分部	独立街27号	1940	陈福来、李达、黄兆全、黄国舜、许南等	右	
先达	兄弟体育会		1946	黄炳康、梁源旺、郑师培、余振邦等	右	
先达	绿白社		1947	李锦麟	右	
先达	中青夜学	福州街15号	1951	李拱照、黄阙珊、陈甲明、伍锦贤、袁仕贵等	右	
先达	自由工联会	上海街2号	1952	张炳坤、朱盛来、孔宪珑、陈炳伟、吴立明等	右	
先达	中青分会		1951.7.7		右	

续表

城埠	社团名称	地址	创办时间	主要负责人	政治倾向	规模
先达	琼州会馆				右	
先达	客属公会		战前	叶吾吉、姚雪村、章达桓、钟立宏、张仲瑜等	右	
先达	国民党驻先达分部		战前	徐炳星、姚雪村、王振汉、孔焊焜、余耀山、施翼鹏、关鸿达、章达桓、叶吾吉等	右	1952年整理党务,由2月26日至3月26日,未登记者依照海外党员登记编组办法第二条规定,撤销党籍
先达	华侨互助社	上海街2号			右	
先达	先达中华基督教卫理公会				右	
先达	金业工会			谭义珠、黎华、伍燕奕、阮健文、陈甲明等	右	
先达	中华侨团联合会(原名先达治安会,1947年改名)		1947	姚雪村、李炳鸿、章达文、关鸿达、施翼鹏等	右	
先达	工联会				右	
先达	中华卫理学校	谭林街125号			右	

续表

城埠	社团名称	地址	创办时间	主要负责人	政治倾向	规模
先达	中华学校（先中）	福州街19号	1909	董事会：施翼鹏、李秉鸿、蔡仁隆、王振汉、姚雪村（1957年去世）等，校务：冯禹铺、郑子经（后辞职）、伍焕沽（后辞职），叶荣贤、江陈诗、邹松风等	右，1950年前后争夺激烈	1948年学生2000余人，1949年初学生1100余人，1952年上学期学生1100余人，1955年下半年学生1020人，开设30班，教师40人
先达	中华商会		1922	郭懋钦、陈失因、周清木、林文案、陈于胜、郭勋坡、王定一	左	
先达	福建会馆	独立街	1924	周清木、陈失因、林文案、郭懋钦等	左	
先达	韩江同乡会		1925	陈于胜、王定一、黄文吉、陈维远、陈创教等	左	
先达	华侨总会	初在榴莲那街67号，1955年下半年迁移至独立街192号	1945	郭懋钦、陈于胜、周清木、吴亮欲、陶润鸿、王定一等	左	潮州人
先达	华侨职工联合会	集岛街55号	1946	陈同和、郑遂源、曾加廉、李丕恒、谢调黄等	左	

续表

坡埠	社团名称	地址	创办时间	主要负责人	政治倾向	规模
先达	（华总属校）育才学校	独立街12号A	1948	董事会：朱联昌，校务：伍焕沾，杨镇文，陈瑞兰	左	1948 年学生 250 余名，1950 年下半年师生 460 多人
先达	民盟分部		1948	王定一，李炳良，郑子经，陈丽水，张琼郁	左	并不独立
先达	华侨学校（华侨中学即是其一部分）	高小部：班年街华侨中学，中学华侨中学，中年级：广东街第一分校，低年级：韩江会馆，中学在班尼街	1949	校务：郑子经，伍焕沾，伍护德，陈宝才，陈斯刚	左	1949 年学生 400 多人，中学部 60 人，教员 15 人，1950 年学生共 700 多人，其中初中部 170 多人教师 26 人，1954 年上半年学生 1830 余人，教员 60 多人，其中中学部，高小部 830 多人
先达	文烟商公会		1951	杨大溪，王宁恭，吴起初，郭勋成，翁源渍	左	
先达	华侨青年会		1945.9.10	林少青，李国海，郑廷深，陈宏伟	左	
先达	华侨妇女会		1945.9.10	黄妙贤，陈瑞兰	左	与棉兰之间松散

续表

城埠	社团名称	地址	创办时间	主要负责人	政治倾向	规模
先达	（华总属校）民众夜学	在育才学校	1950. 7. 17		左	成立初教员39人，学生120余人，1952年教员25人，学生200余人
先达	华侨店员工友会		1951. 10. 10		左	
先达	烟商公会		1951. 4. 15		左	
先达	华侨烟厂工友会	职工会所在	1951. 4. 22		左	
先达	中印友好协会		战后		左	
先达	教育基金委员会		战后		左	
先达	黄汶中学学校		战前，1947年复办		左	1951年学生80人左右
先达	龙岩同乡会	独立街192号		郑子经、邓衡山	左	
先达	土豆商公会				左	
先达	琼崖同乡会			莫国振、邢禄埕、庄松轩、梁大蕃、梁大信等	左	
先达	米业公会				左	
先达	华侨汽车联合会				左	
先达	华侨教育会				左	
先达	联谊羽排队				左	

续表

城埠	社团名称	地址	创办时间	主要负责人	政治倾向	规模
先达	海产同业公会				左	
先达	盖无公会				左	
先达	车业公会				左	
先达	加啡公会		1945	洪懋臣、洪可典、陈创教、林庭拔、姚天鹤等		
先达	学友会		1946	张炳坤、郑师培、伍齐畅、陶演昌、陈茂生等		
先达	(先达中华基督教主办) 华民学校		1946	校务:赵秀英		1949年初学生400余人,教师10人
先达	新民歌剧社		1949	陈思刚、李垂登		
先达	印尼侨生联谊会西达垄坤分会	土多摩街37号	1954	蔡恰忠、曹炎祥、关跟发、黄恰邦、詹添福等		
先达	汽水同业公会		1954	蔡铮烈、谢志成、苏添盛、陈春林、陈创教等		
先达	苏北中印文化艺术社先达分社 (KKSP)	班尼街11号	战后	黄爆桌、黄治安、周金帐、吴宝林、余均华		会员最初400人,1956年时约千余

续表

埠城	社团名称	地址	创办时间	主要负责人	政治倾向	规模
先达	锦凤阁南音社	上海街77号	战后	洪我宝、张柄源、陈炳桥、林华牟、温汉江等		
先达	利波尼俄罗筹委会		战后	孙亚城、林廷城、黄锦闻、沈英武、黄亚清等		
先达	文殊学校					
先达	圣道学校					
先达	华侨土产商公会					
新邦帝敢	联合汽车公会		战后		左	
新邦帝加	复光体育会		1949	黄文秀、刘加发、马世民、何海荣、刘加仁等	右	1954年会员近百名
新邦帝加	华侨联合会		1950	李庆明、黄则华、马世铭、黄德荒、黄秉献等	右	
新邦帝加	（侨联会主办）中华小学	大街	1952	委员会：方亚凤、何天镇，校务：方嫉尘、马毓培、丘绍基、张玉蕊、杨升业等	右	1952年学生百余人，1955年上半年160人
新邦帝加	正义华侨慈善会		战后	李庆明、张亚杏、林增钦、刘德明、洪宝清等	右	

续表

城埠	社团名称	地址	创办时间	主要负责人	政治倾向	规模
新邦帝加	(华总属校)华新学校		1937	校务：洪祖添、伍廷信、郑来诚、郑光煌、黄伯尧等	左	1951年下半年年学生400余人，1952年教员11人，1953年下半年学生400余人，教员12人，学年460余人，1954年上学年学生近500人，教师15人
新邦帝加	民盟分部		1950	徐康宁、宁景星、张君萍、陈锦坤、郑光煌	左	
新邦帝加	峇东峇腊华侨青年会		1951	廖锦裕、林良华、郑庆汉、林庆升、陈志先等	左	
新邦帝加	华侨总会		1934年创办 1945年复办	陈文玉、潘经纬、纪银前、纪绍生、陈锦竹等	左	
新邦帝加	新华体育会		1945.11.12 (复办)	郑光煌、张演生、郑来诚、陈新强、潘经纬等	左	
新邦帝加	华侨妇女会		1946.5.4	林玉蕊、吴措琴	左	
新邦帝加	新华音乐队		战后	许玉来、郑光煌、伍廷信、林俊福、黄锦珍	左	1951年底共有队员20余名

续表

城埠	社团名称	地址	创办时间	主要负责人	政治倾向	规模
新邦帝加	峇东峇腊农民学校		战后	王永献	左	1952年学生百余人
新邦帝加	峇东峇腊农民协会		战后	罗亮生	左	
新邦帝加	（妇女会和新华体育会合办）义务夜学		战后		左	1952年学生百余人
新邦帝加	华侨烟厂工友会		1951		左	
新邦帝加	利波尼俄罗武术研究会		战后	张亚客、林财发		
新邦帝加	明格华侨学校		战后			
牙冷	华侨妇女会		1950		左	1951年80余人
牙冷	音乐队		1957年时候已经解散		左	
牙冷	民众夜学		战后		左	
牙冷	华侨青年会		战后，1952年复办		左	初为33人、1953年上半年增至70人

续表

坡埠	社团名称	地址	创办时间	主要负责人	政治倾向	规模
牙冷	中华学校			董事会：王轩生、沈宗信、阮国洋、林典成、梁润培等，校务：郑荣富		1953年上半年学生260余人，教员7人
牙冷	华侨总会		1957		左	
牙冷	华友羽球队				左	
牙冷	华侨公益社					
亚冷名	自强学校		1916	校务：李耀卫		1949年初学生100多人
亚冷名	华侨总会		1945			
亚沙汉	中华商会		1915	李锡杰、陈瑛瑶、刘金洲	1950年左右派斗争，左派取得胜利，成为左派团体	
亚沙汉	（中华总会属校）培善学校	雷珍兰街11号	1912	执委会：吴振昌、李佰胜、刘金洲，校务：卢湛高、陈百里、吴天颂、李森林、伍赛英等	右	1949年学生1200余人，1956年下半年学生1020人，初中部263人，高小224人，初小395人，幼稚园138人，1957年上半年学生1000多名，教职员34人多名，1957年下半年学生976人，教帅33人。

续表

埠城	社团名称	地址	创办时间	主要负责人	政治倾向	规模
亚沙汉	中华木业分会	印度街140号	1927	梁锦荣、伍锦、赵怀珍、刘仕怡、李振霖等	右	
亚沙汉	曾丘龙山堂		1935	丘茂材、丘文霭、曾纪秀	右	
亚沙汉	华侨工友联谊会	教堂街中段，翁牙街40号（1957年）	1946	侯文清、陈万海、杨振利、黄明楷、林英伟等	右	1956年十周年时会员600多人
亚沙汉	中华体育会	礼拜堂街65号	1946	陈万海、黄金钟、陈勇进、杨汉滨、叶清发等	右	
亚沙汉	华英学校（天主教会主办）		1947	董事会：李振霖，校务：雷淑英	右	1957年时教师14人，学生431人
亚沙汉	（天主教主办）崇福学校		1947	校务：游绍克	右	1948—1949年学生200余人
亚沙汉	百灵青年会	印度街95号A	1951.9.29	黄福水、徐泰山、梁棍惠、李红霞、曾天顺等	右	1952年成立一周年时会友40多人
亚沙汉	中青分会		战后	符时钧、王素宝、陈谦乙	右	
亚沙汉	峇眼中青分会		战后		右	
亚沙汉	林氏九龙堂		战前	林孝饮	右	

续表

坡埠	社团名称	地址	创办时间	主要负责人	政治倾向	规模
亚沙汉	国民党驻亚沙汉分部		战前	杨良栋、杨志涌、许玉蓝、黄得深、陶景福等	右	
亚沙汉	新邦暗人培元学校		战前	校委会：黄亚乾、刘庆泉、高成盾	右	
亚沙汉	（峇眼中华总会属校）培材学校		战前	校务：冯连达、黄均礼、黄柏坚	右	1948年学生71人，教师3人，1955年学生约60余人，教师4人
亚沙汉	杨氏四知堂		战前		右	
亚沙汉	卫理基督公会				右	
亚沙汉	中华总会（原名华总，1948年右派更名为中华总会）			黄秋昆、张水荃、黄得深、杨良栋、伍华新等	右	会员占全埠人口85%
亚沙汉	峇眼中华总会			周成振、黄炳江、张为好、翁锦波、黄高武等	右	
亚沙汉	自由车商会				右	
亚沙汉	天主公教联合会				右	
亚沙汉	琼州会馆			吴坤晋、罗业琳、王华隆、林觉炳、谢武统等	右	

续表

城埠	社团名称	地址	创办时间	主要负责人	政治倾向	规模
亚沙汉	苏岛金业总工会亚沙汉分会			叶来基	右	
亚沙汉	华侨青年团		1945	李柏盛、沈东源、关明祥、薛伯仲、黄有业等	左	
亚沙汉	华侨妇女会		1945	阮雪芳、李秀英、黄篆兰、黄若波、李秀美等	左	
亚沙汉	华侨职工会		1946	杨添山、梅鸿基、陈盛宗、关文声、何炳顺等	左	
亚沙汉	华侨中小学校		1950	理事会：肇嘉、陈琼瑶、林德彬、李振南、张满深等，校务：高家康	左	1953 年初师生约 500 多人，1955 年下半年教师 24 人，学生 500 余人，1957 年学生约 600 人，教师 22 人
亚沙汉	华侨总会（左派另建）		1950 年后	林启莹、王肇嘉、张锦和、张满深、卢如竹等	左	
亚沙汉	民众剧艺社		战后	李振南	左	
亚沙汉	民盟分部		战后	张希石	左	
亚沙汉	教育会筹委会		战后	许镜明	左	
亚沙汉	华青羽球队		战后		左	

续表

城埠	社团名称	地址	创办时间	主要负责人	政治倾向	规模
亚沙汉	华侨夜学		战后		左	
亚沙汉	峇眼青年团分团		战后		左	
亚沙汉	琼崖同乡会		战前	吴坤晋、蔡有献、王华隆、陈继钦、谢武运等	左	
亚沙汉	龙岩同乡会			卢如竹、雷铁民、李文欣、张满荣、张元照等	左	
亚沙汉	金属工会				左	
亚沙汉	加啡公会		1950	王弗隆、徐学隆、谢武运、罗业琳、谢武统等		
亚沙汉	峇眼华侨总会		1953	张锦河、王贻谋、张金荣、陈财元、陈学博等		
亚沙汉	峇眼(华总属校)华侨学校		1953	校务:梅连华		1955年学生60余人,教师3人
亚沙汉	利波尼俄罗武术研究会亚沙汉分会		1954			
亚沙汉	苏北中印文化艺术社分社		1955	林少云、陈秉和、钟少云、侯清		

续表

城埠	社团名称	地址	创办时间	主要负责人	政治倾向	规模
亚沙汉	中华网球会		1932 年成立，1953 年复办			
亚沙汉	印尼国籍协商会		战后			
亚沙汉	紫云堂		战前			
亚沙汉	卫理学校			校务：叶清发		1957 年时教师 7 人，学生 190 人，印尼人居多
亚沙汉	致公会					
亚益加奴班	（华总属校）中华学校		1930	校务：刘道祥、丘思澄、杨文俊、郑金花、刘文玉等	右	1948 年学生 30 余人，教员 2 人，1953 年下半年学生 142 人，1954 年上半年学生 156 人，教职员 5 人
亚益加奴班	华侨总会		1945	陈来运、黄锡基、方玉舜、黄庆霖、黄永光	右	
亚益加奴班	中青分会		战后		右	
亚益加奴班	（华侨公会属校）华侨学校		1952	何荣、周月兰	左	1951 年学生百余人，教员 4 人
亚益加奴班	华侨公会		1953.12.14	张献章、翁炳强、吴适斌、张玉河、廖裕新	左	

续表

城埠	社团名称	地址	创办时间	主要负责人	政治倾向	规模
亚益加奴班	青年会		战后	王昌南、廖海康	左	
亚益加奴班	华友蓝羽球队		战后	尤永发、黄元法、李蔼、陈惠钦、林马超等		
英佛	华侨总会		1946	冯锦香	右	
英佛	(华总属校)中华学校		战前成立，1946年复办	校务:郭文彬、冯国盛、陈镜如、洪若霖、符玉兰等	右	1954年初学生约170人，教员6人，1955年上半年学生近300，1957年下半年，学生145人，教师5人
英佛	英友体育会		战后			
英加坡拉	南华学校		1920	董事会:黄亚美、李永辰、钟森祥、张午荣，校务:许献文、刘道祥	右	1949年初学生近140人，1952年下半年学生90多人，1953年上学期110多名
英加坡拉	华侨联合会		1948	黄则算、黄亚美、尤玉兰、林万和、谢赐珍等	右	
英加坡拉	中青分会		1952.6.23		右	
英加坡拉	华侨青年会		1951	林关汉、林文龙、程道明、张水成、陈开金等	左	

续表

城埠	社团名称	地址	创办时间	主要负责人	政治倾向	规模
英加坡拉	华侨工农会		1952	卓汉城、程天东	左	
英加坡拉	英华夜学		1952	罗金扶	左	1952 年下半年年 100 余人
英加坡拉	华侨学校		战后	校务：李炳林、周达培、黄雪敏	左	
英加坡拉	华侨妇女会		战后		左	
英加坡拉	华侨总会		战后，组织涣散，1951重建	陈开金、黄源泰、刘发照、张午荣、李永辰等	左	

附表 4　20 世纪 40、50 年代亚齐、打板双里华侨华人社团列表

城埠	社团名称	地址	成立时间	主要负责人	政治倾向	规模
巴东实林洋	华侨总会		1945	梁舜织、张锡珪、何福生、李达登、彭柏超、黄用谦	右	1952 年会员 600 余人
巴东实林洋	妇女会		战后		右	
巴东实林洋	中华歌咏队		战后		右	
巴东实林洋	青年会		战后	林汉利等	右	

续表

城埠	社团名称	地址	成立时间	主要负责人	政治倾向	规模
巴东实林洋	(华总属校)中华中小学	巴刹末路	战前	校务:陈福仁、张承庆、朱均等	右	1952年上半年学生480人，1954年下半年350人，1955年上半年375人，教师20人
巴东实林洋	华侨青年学习社		1952	邓友山、王禄民、陈金福、赵文良、丘碧花、郑兆梅等	左	成立时成员20多人，华夜成立后会员激增60%
巴东实林洋	华侨公会		1952	洪源江、黄云峰、章起之、李正螺、刘复元等	左	
巴东实林洋	(华侨公会属校)华侨学校		1952	委员会:丘子桢、王思贤，校务:倪畴伍、黄玉辉、叶冰祥等	左	1953年学生170余人，1954年学生近300名
巴东实林洋	华侨青年学习社夜校		战后	校务:倪畴伍、黄玉辉、叶冰祥等	左	
巴椰蒙岸(巴东实林洋)	华侨公会巴椰蒙岸分会		1954.9.11	吴清标、陈明初等		
班端拉务	平民学校		1950	校委会:陈炳盛、郑光耀、林国民	左	
班端拉务	华侨体育会		1952	郑光耀、范仲原、李华文、郑光辉、陈一海等	左	

续表

城埠	社团名称	地址	成立时间	主要负责人	政治倾向	规模
班端拉务	农工总会		战后		左	
班端拉务	华侨青联会		战后，1950年复办	吴村、谢永昌、陈友生	左	
班端拉务	（华总主办）蔚才学校		战前，1946年复办	校务：陈松茂、黄宗南、侯碧娇，关月民	左	1950年、1953年上半年70余名，下半年90余名
班端拉务（亚齐）	华侨总会		1945	郑光辉、陈亚赖、李东球、郑木奕、郑光耀等	左	
卜社	华侨总会（原名华侨公会）		1945	洪可登、程天禄、黄绵春、章四嫂		
卜社	中华学校				右	1951年学生30—40人
打京岸	华侨体育会		1945	吴焕桂、练意盛、廖秀莲、林金波、梁引隆等	右	
打京岸	南华学校	栢兰哥拉街	战前	校务：刘道祥、黎香谷、刘锋夫	右	1953年下半年学生170人
打京岸	华侨总会			王瑞云、梁亚扶、卢家槐、谢培昌、郭远生等	右	1950年400人
打京岸	华侨妇女会			陈菊贞	右	
打京岸	华侨学校		1951.2.25	董事会：谢竹淇、李开能、姚志强、曾安盛、刘顺昌等	左	1951年上半年学生50多人，教员2人，下半年60人，1952年上半年90人，1953年初104人，教员4人

续表

城埠	社团名称	地址	成立时间	主要负责人	政治倾向	规模
打京岸	华侨青年会		1950	朱标梅、李开铭、李新粦、黄祥生、刘顺昌等	左,1950年斗争激烈	
打峇段	中华学校		战前	陈松茂	1952年由右转左	
打峇段	华侨青年会		战后		左	
打峇段	华侨总会		战后	赖文钦	左	
打鲁栋	华侨总会		战后	梁洽吾、黄乌乌、张尚彬、张裕彬、张汉权等	右,1951年第六届职员大会右派被罢黜	
打鲁栋	(华总属校)中华小学	星牙曼牙拉惹路	1931	董事会:张尚彬、张裕彬、温开明、梁遇洪、钟奕鉴等	右	1952年学生118人,教职员4人,1953年、1954年学生百余,教师5人
打鲁栋	中华学校		1952		左	1953年学生30余人
打鲁栋	华侨青年促进会		战后		左	
打鲁栋	华侨公会					
浮罗甘拜	工力体育会		1951	沈亚清、张开通、林如光、陈德坤、苏锦山等	左	
浮罗甘拜	中华学校	文化艺术社				

续表

城埠	社团名称	地址	成立时间	主要负责人	政治倾向	规模
古打拉夜	中华中小学校	厦门街	1912	董事会：洪维修、曾洋三、李启发，叶菊修、曾洋三，校务：余添土、杨成士、余添龙等	右	1955年学生千余名，教师26人
古打拉夜	业余联谊会		1946	庄载元、叶子锡、张雄军、周德胜、张国春	右	1955年会员500余名
古打拉夜	华侨总会	厦门街业余联谊会内	1946	余添龙、叶子锡、曾洋三、黄奕泉	右	1955年会员500余名
古打拉夜	中青分会		1955	李启发	右	
古打拉夜	华侨总会联合会		1946—1949	余添龙、叶子锡、洪维梓、曾洋三、黄奕荣	右	
古打拉夜	广肇公所		战前		右	
古打拉夜	琼州会馆		战前	林质琼、陈成桐、陈家源、陈斯富，邢治丰等	右	
古打拉夜	惠东安会馆		战前		右	
古打拉夜	青联夜校	上海街	1952		左	1952年学生250名
古打拉夜	振华学校		1918年创办，1949年复办	创建人：韩庙荣、续、郑亚盛、吴荣耀、丘文章、石庆辉等，董事会：吴芳	左	复办初学生200余人，1959年学生800人

续表

城埠	社团名称	地址	成立时间	主要负责人	政治倾向	规模
古打拉夜	中华总会		1953. 3. 1	韩庙荣、李瑞生、蔡锦茂、李宝辉、郑华生等	左	
古打拉夜	民盟分部		1946	卢木川（中共党员）、吴芳续、章娴、谢王基、曾明邦等	左	
古打拉夜	华侨职工联合会	初在南洋路6号，1954年底迁移至北京街	战后		左	
古打拉夜	华侨青年联合会		战后		左	
古打拉夜	中华商会		1932		左	
古打拉夜	华裔公民协会		1954			
古打屯尼	长生会					
古打屯尼	益中学校		1946		左	1946年学生60多人，1952年90多人
古农士多利	华侨总会		战后		左	1952年会员50—60人
古农士多利	（华总属校）中华学校			校务：苏原忠、赖日明	右	
瓜拉新邦	华侨总会			苏根发、苏凌和、黄发、谢志、张组织等	右	

续表

城埠	社团名称	地址	成立时间	主要负责人	政治倾向	规模
瓜拉新邦	华侨妇女会	丹米安街	1950	黄婵仙、余云兰、孙秀凤、刘云顺、陈香兰等	右	
瓜拉新邦	启文学校		1910年创办，1945复办	董事部：杜成春，校务：李铉珍、刘荣、陈康源	右	复办时学生不过500人，1952年下半年达800人
瓜拉新邦	中青协会分会		1951.12.16	林少兰、陈权励	右	
瓜拉新邦	新华国术社		战后		右	
瓜拉新邦	广肇同乡会			关钜雪、余北富、梁积双、陈敬女、周社琦等	右	
瓜拉新邦	华侨总会		战后	陈达锦、杨广、张祖洪、黄詠强、杜成春等	右，1951年苏加诺来棉时不升国旗	
瓜拉新邦	民众夜校（工农会与青年会合办）		1952	孙娘庭、陈亚吉、林宝秀、刘建文、林伽龙等	左	创办时130余，后猛增至近300名
瓜拉新邦	华侨工农联合会	中央街36号	1946.5.1	吴运熊、赵意茂、陈显明、王水耿、杨本钟等	左	前身农工善互助社
瓜拉新邦	华侨青年促进会		1951.4.5		左	
瓜拉新邦	中华总会		1952.5.25	郭满钦、张孔书	左	

续表

城埠	社团名称	地址	成立时间	主要负责人	政治倾向	规模
瓜拉新邦	（中华总会属校）中华学校		1953.1.10	校务人员：关耀年、林清木	左	1957年时学生300多人
峇东打鲁	琼崖同乡会		1931		左	
峇东打鲁	新华学校		1953		左	
峇东打鲁	青年联谊会		1953		左	
峇东打鲁	华侨公会峇东打鲁分会		1953		左	
峇东打鲁	华侨学校		1931		1953年转右	
峇东打鲁（巴东实叻洋）	华侨公会			黄杜敏		
峇里崖	华侨总会				初为左派掌控，1953年华总改选，右派当选	
峇里崖	华侨总会			古绍传		
冷沙	（华总属校）华侨学校		1912	董事会：古绍传，校务：林志高		1955年下半年学生60余人
冷沙	（华总属校）中华学校			委员会：谢耀权，校务：王永联，宋日发、林友恭、梁振球等	左	1950年上半年学生600人，1951年上半年学生780余名，1954年上半年740多人，下半年808人，1955年875人，教师24人

续表

埠墈	社团名称	地址	成立时间	主要负责人	政治倾向	规模
冷沙	峇眼中华青年团（前身是中华青年促进会）		1944	陈国章、陈春光、陈悠萍、叶伟良、黄舜木、等	左	
冷沙	峇眼华侨总会		1944	洪源美、林茂森、陈接兴、江振中、林有地等	左	
冷沙	兰东半影区分会		1946	吴卓翰、陈文苞、陈友彬、李镜波、冯新荣等	左	
冷沙	华侨工农会		1947	张文昌、李鸿生、郭章廷、钟梅华、麦松熙等	左	开始时100余人
冷沙	华侨青年会		1948	李木新、朱清辉、叶友宏、王美安、伍瑞棠等	左	
冷沙	华侨妇女会		1948	吴瑞月、谭桂枝、陈秀香、李秀乔、邝兰英等	左	1952年下半年300多人
冷沙	华侨老人互助会		1950		左	
冷沙	（青年会、妇女会、工农会合办）民众夜学		1952		左	

续表

城埠	社团名称	地址	成立时间	主要负责人	政治倾向	规模
冷沙	勃咖华侨青联会		1946、1950年（?）	吴晋荣、廖真、张炳忠、谭保田、陈贵生等	左	
冷沙	亚罗洛中华学校		1953年下半年停办		左	
冷沙	亚罗洛区分会				左	
冷沙	武吉丁基区分会				左	
冷沙	龙岩同乡会			丘友笃	左	
冷沙	兰东半影区中华学校			校务：吴锦云、李炎锡	左	学生30余人，教师2人
冷沙	瓜拉无牙区分会				左	
冷沙	浮桑中华学校			校务：黄志田、黄则兰、陈炳记、张连春、唐添益等	左	
冷沙	浮桑区分会				左	
冷沙	都咨卒区分会				左	
冷沙	勃咖中华学校			校务：邓玉山、李文光	左	学生四五十人
冷沙	勃咖区分会				左	
冷沙	岩眼（华总属校）中华学校			校务：吴福进	左	1949年初学生420余人

续表

坡埠	社团名称	地址	成立时间	主要负责人	政治倾向	规模
冷沙	峇眼农民协会				左	
冷沙	峇眼华侨妇女会				左	
冷沙	中华总会		1945	张赞成、谢耀权、丘菊安、李木新、江金水等	左，通过恢复亚齐华总联合会，成为理事长单位	
冷沙	福建公会		1917年创办，1942年停顿，1956年复办	曾有露、尤传燕、黄之衣、徐金坦、丘友筠等		
鹿树昆	峇眼韩江公会					
鹿树昆	华侨总会		1945	张安秀、麦浇、张根木、江纪生、张顺文等	左	
鹿树昆	华侨青年联合会			杨薪运	左	
美拉务	（华总属校）中华学校		战前	刘润淇	左	1952年下半年百余名
美拉务	国民党分部				右	
美拉务	意览中华学校		1946.9.1	校务：温佐荪、黄锦相	右	学生数十人，教师2人
美拉务	中华妇女会		1954.3.8	王霞际	右	
美拉务	华侨总会				右	

续表

坡埠	社团名称	地址	成立时间	主要负责人	政治倾向	规模
美拉务	华侨联谊会	邮政街			右	
美拉务	中华学校			董事会：王芙英，校务：赖铁牟	右	1953年上半年学生300人左右，1954年学生200多人
美拉务	中华总会（前身是群力社）		1951	陈文珍、吴章辉、梁桂杏、甘露、张志珊等	左	1954年10月1日改为中华总会，1954年会员40多人
美拉务	培正学校				左	1950年学生18人，教师2人，1954年学生100多人，教师4人
美仑	华侨学校	马哇街	1911			1950年上半年学生由200余人增至300余人
美仑	（华总属校）三育学校			校务：黄香雨	右	1948年250人，教员4人，1951年将近200人，1953年上半年教员8人，学生300余人，1955年学约300人
美仑	国民党美仑分部（初为亚齐分部，1938年转属棉兰日里支部）		1927		右	

续表

坡埠	社团名称	地址	成立时间	主要负责人	政治倾向	规模
美仑	广肇合群会		1951.1		右	
美仑	三育校友会		1955	温杰礼	右	
美仑	华侨总会			谢康祥、黄文铨、张茂南、郭汉维、莫有开等	右	
美仑	华侨青年会		1945	罗进翔、林金保、黄永扶、邓锦才、林联居等	右, 1951 年左	
美仑	华侨学校		1951	董事会：郭益旋、饶晋生、林育泉、林瑞霆等，校务：蔡文辉、侯元水、纪玉华、林莲娣、林遵洁等	右, 1951 下半年转左	初为 80 余人, 1955 年初增至 120 余人
南必力	中华总会			罗进翔	左	
南必力	（华总属校）中华学校		1952	校务：刘德芳	右	
南必力	华侨总会			丘秀昌	右	
南必力	华强体育会				右	
南必力	中华总会		1953	李金奎、曾裕明、张衍瑶、叶栢祥、温达善等	左	
沙璜	南侨学校		1953		左	

续表

城埠	社团名称	地址	成立时间	主要负责人	政治倾向	规模
沙黄	南侨学校		1912	董事会：吴逸臣、余庆廉、温达礼、戴通海、宋育伍等，校务：郭彬辉、梁顺平	右	1948年学生200余人，1953年教员7人，学生200余人
沙黄	国民党驻沙黄分部		1925	温公爱、余庆廉、郑自森、温达礼、钟权等	右	后改属椰城总支部，党员发展到200余人，里直属支部分部
沙黄	中华体育会		1931	余庆廉、谢新泰、黄铜丰、温达礼、郭彬辉等	右	
沙黄	华侨总会		1946	温惠民、余庆廉、温达礼、苏柳青等	右	
沙黄	中华会馆				左	
诗里加冷	群艺轩职工会		20世纪20年代	戴崇、吴爱培、谢新泰、谢肇熙、梁日明		
诗里加冷	华侨体育会		1951		左	
诗里加冷	中华学校（华总属校）		20世纪30年代	委员会：李伟民、黄学镂、张仕添、李成基、蔡荣波等	左	
实武牙	华侨总会	亚史厘街（Dj. Asli）55号		许文屈、李伟民、陈病佛、陈同和、李成基等	左	

续表

埠坡	社团名称	地址	成立时间	主要负责人	政治倾向	规模
实武牙	华侨总会		1947	李瑞谋、林子琴、黄亚坤、李坤仁、陈文彩等	1949 年前右，后转左	多为闽南人掌控
实武牙	打板奴里中华木业总工会		1924	梁棋栋、黄德高、梁舜织	右	
实武牙	打板奴里中华木业总工会实武牙分会	武帝曼路	1952	梁尧、刘朝宝、梁接英、梁焕章、谢能兴等	右	
实武牙	爱华学校		1953	理事会：黄光耀、郑调泰、梁栋	右	1957 年底学生 230 人
实武牙	中国国民党驻打板奴里直属支部	摩牙约巴意街 45 号	战前	黄德高	右	
实武牙	中国国民党分部		战前		右	
实武牙	广东同乡会		战前		右	
实武牙	琼崖同乡会		战前		右	
实武牙	福州会馆				右	
实武牙	中华商会				右，1953 年左	
实武牙	华侨妇女会				左	
实武牙	华侨青年会				左	

续表

城埠	社团名称	地址	成立时间	主要负责人	政治倾向	规模
实武牙	青年会义务夜学				左	1952年260余人，1954年下半年学员100人左右
实武牙	华侨职工联合会		战后	邓守山、李振昌、柯世萍、黄奕诙、罗江山等	左	
实武牙	中华羽毛球队		战后		左	
实武牙	华侨青年锏乐队		战前		左	
实武牙	龙岩同乡会		战前			
实武牙	华侨出入口商公会			尤金栋、张琼郁、吴池亭、易霞隆	左	
实武牙	（1953年由中华总会交予出入口商公会办）中华学校		1907	校务：钟树喧、郑光成、倪升福、吴基英、黄霖祥等	初右，1952年左	
实武牙	打板奴里华侨总会联合会		战后		左	
实武牙	华侨音乐会		战后			
实武牙	印华青年联合会		战后			
实武牙	华侨琴乐会		战后			
实武牙	（班埠华总属校）中华学校		战前			

续表

坡埠	社团名称	地址	成立时间	主要负责人	政治倾向	规模
实武牙	恒明堂		战前	郑水镜、梁接英、李瑞成、白维尧、谢振学等		
实武牙	福德堂		战前			
班耶武岸（实武牙）	华侨总会			陈明初		
实武牙	友联社					
实武牙	中华老人会					
实武牙	兴化同乡会				偏右	
司吉利	文华学校		1950	董事会：张益民	右	
司吉利	自由中国总会		战后		右	
司吉利	华侨联合会			郭志银	右	
司吉利	华侨学校	海滨街			右	
司吉利	华侨体育会			古淦淮、赖伟典、黄永泉、詹庆华、何昆报等	右	
司吉利	华侨青年会		1946	郭绍能、李雪华、熊守根、罗兰星、叶可生等	左	
司吉利	华侨妇女会		1946	李扬隆、熊守梅、杨克平、张文川、石秉廉、熊守谋	左	
司吉利	华侨总会		1946		左	

续表

坡埠	社团名称	地址	成立时间	主要负责人	政治倾向	规模
司吉利	华侨总会文那路路分会				左	
司吉利	华侨总会古打划帝分会				左	
司吉利	（文那路华总分会属校）振中学校				左	
司吉利	（华总属校）中华学校		1950	校务委员会：熊守梅，校务人员：李赐銮，章栢明，温时英等	左	
司吉利	（古打划帝华总分会属校）国民学校				左，1953年由右转左，两派斗争激烈	
司马委	养慧学校		1922	校委会：丘福吉，涂沛宏，钟裕清，校务：谢纯生	1949年前右，后左	
司马委	大众会		1946	吴逢春	右	
司马委	中华学校		1951	董事会：黄表祥，钟棣华，丁云舫，涂沛宏，吕秀荣等	右	
司马委	正义学校	甘光德连街	1952	董事部：李永富，吴焕春，钟棣华等	右	
司马委	华侨青联会		1949	章贵昌，吴寻春，罗助光，罗南智，蔡言峰等	左	

续表

城埠	社团名称	地址	成立时间	主要负责人	政治倾向	规模
司马委	新民歌咏队		战后	吴钧	左	
司马委	华侨总会		1947	古淦能、罗南智、蔡雪峰、张道、张超才等	左，1951 年第五届时，右派冲击左派选举	
西禾郎禾郎	华侨总会		1946	洪茂彬、陈焱祥、陈妙祥、钟志科、钟珍华、郭正怡等	右	
西禾郎禾郎	中华学校		1946	校务：钟梦蝶、张志敏	右	
怡里	华侨青年会		战后		左	
怡里	中华总会		战后	张定煌、黄永荃、叶复顺、杨柄旺、符文海等	左	
怡里	（中华总会属校）中华学校	厦门街	战前	校务：詹育科、池文生	左	

参考文献

一　报纸书刊

《道路月刊》第 26 卷第 1 号。

《东南亚研究资料》1962 年第 3 期。

《福建教育月刊》1920 年第 4 期。

《光明报》1948 年第 1 卷第 3 期、第 7 期。

《华侨半月刊》1936 年第 35 期、第 39 期、第 54 期、第 59 期、第 71—72 合期、第 94 期。

《华侨日报》1955 年 1、2 月、1959 年 6、7 月、1960 年 1—3 月。

《华侨周报》1932 年、1933 年。

《觉醒周刊》1954 年、1956 年、1957 年、1958 年、1959 年。

《民主日报》1950 年 7—12 月、1951 年、1952 年、1953 年、1954 年、1955 年、1956 年、1957 年、1958 年、1959 年、1960 年 1—3 月。

《南国春秋》1937 年。

《南洋研究》（1928—1941 年）。

《南洋杂志》1947 年第 1 卷第 12 期。

《侨声》第 4 卷第 9 期、第 11 期。

《侨务月报》1934 年、1935 年、1936 年。

《苏岛教育月刊》1920 年。

《苏岛时报》1949 年 7—9 月、1952 年、1953 年、1954 年、1955 年、1956 年、1957 年。

《苏东华商月刊》1937 年。

《苏华商业月报》1934 年、1935 年、1936 年、1937 年。

《苏门答腊民报》1947 年 7—12 月、1948 年、1949 年 1—3 月、1949 年 7—8 月、1950 年 2—12 月、1951 年、1952 年、1953 年、1954 年、1955 年、1956 年、1957 年、1958 年、1959 年。

《通俗文化半月刊》第 2 卷第 4 号。

《外部周刊》1936 年。

《外交部公报》1933 年、1934 年、1935 年。

《新中华报》1947 年 6—12 月、1949 年 1—3 月、1956 年 1 月、8—12 月、1958 年 1—4 月、1948 年、1952 年、1953 年、1954 年、1955 年、1957 年。

《中央党务月刊》1929 年、1931 年。

二　文献汇编、民国以来的中文论著

巴达维亚中华总会编：《1947 年 7 月 21 日荷军采取警卫行动前后印尼人对华侨之暴行》，1947 年。

巴人：《巴人文集 回忆录卷》，宁波出版社 1997 年版。

包乐史、吴凤斌：《吧城公馆档案研究，18 世纪末巴达维亚唐人社会》，厦门大学出版社 2002 年版。

蔡鸿生：《19 世纪后期东南亚的"猪仔"华工》，《中山大学学报》1959 年第 4 期。

蔡仁龙等：《世界华人精英传略 印度尼西亚卷》，百花洲文艺出版社 1995 年版。

蔡仁龙等主编：《福建党史资料：华侨抗日救国史料选辑》，中共福建省委党史工作委员会，1987 年。

蔡仁龙：《印度尼西亚华侨国籍问题的产生及其演变试析》，《南洋问题研究》1982 年第 2 期。

蔡仁龙：《印尼华侨与华人概论》，南岛出版社 2002 年版。

蔡维民：《印尼华人基督教会宣教初探——以苏门答腊为例》，《亚太研究论坛》2004 年第 23 期。

蔡晏霖：《美味的关系：印尼棉兰家务密切劳动的味觉与口述历史》，（台湾）《东南亚学刊》2005 年第 2 期。

曹云华：《变异与保持——东南亚华人的文化适应》，中国华侨出版社 2001 年版。

曹云华:《印尼棉兰的客家人——海外客家人的社会变迁之三》,《八桂侨刊》2014 年第 3 期。

晁华:《印度尼西亚——华侨沧桑》,商务印书馆 1990 年版。

陈滨:《龙岩商人研究》,中国商业史学会编《商业与市场研究》,中国财政经济出版社 1999 年版。

陈达民:《难忘峥嵘岁月》,《普宁党史资料》1997 年第 1 期。

陈达:《南洋华侨与闽粤社会》上海书店出版社 1937 年版。

陈翰笙主编:《华工出国史料汇编第一辑中国官文书选辑 第 1 册》,中华书局 1985 年版。

陈剑主编:《南洋大学学术论丛第五卷 颜清湟卷:〈从历史角度看海外华人社会变革〉》,新加坡青年书局 2007 年版。

陈里特:《中国海外移民史》,中华书局 1946 年版。

陈鹏仁主编:《中国国民党党务发展史料 海外党务工作》,近代中国出版社 1998 年版。

陈鹏著:《东南亚各国民族与文化》,民族出版社 1991 年版。

陈以令:《印尼现状与华侨》,"中央"文物供应社 1954 年版。

陈正祥:《南洋地理》,独立出版社 1944 年版。

程希:《侨务与外交关系研究 中国放弃双重国籍的回顾与反思》,中国华侨出版社 2005 年版。

传绍会:《南洋见闻录》,北京师范大学图书馆 1923 年版。

戴鸿琪:《印尼华侨经济》,海外出版社 1956 年版。

[德] 赫福奇(E. Hefferich):《南洋荷属东印度之经济》,刘士木译,国立暨南大学南洋文化事业部 1929 年版。

窦文金:《50 年代台湾当局在印尼的侨务活动》,《八桂侨史》1996 年第 1 期。

范如松主编:《东南亚华侨华人》,世界知识出版社 1999 年版。

方金英:《东南亚"华人问题"的形成与发展:泰国、菲律宾、马来西亚、印度尼西亚案例研究》,时事出版社 2001 年版。

费皖:《我的叔叔费孝通》,辽宁人民出版社 2010 年版。

费振东:《苏岛东海岸经济概况》,《汉口商业月刊》1935 年第 2 卷第 2 期。

福建省华侨志编纂委员会：《福建省华侨志》，福建省华侨志编纂委员会，1989 年。

福建省侨报、福州市鼓楼区侨领编：《归侨的故事》，海风出版社 2007 年版。

傅无闷总编辑：《南洋年鉴》第二篇《荷属东印度》，南洋商报出版部 1939 年版。

傅吾康主编：《印度尼西亚华文铭刻汇编》第 1 册《苏门答腊岛》，南洋学会 1988 年版。

高锦蓉，周光敬：《东南亚简史》，广西人民出版社 1989 年版。

高迅莹：《高云览传》，海峡文艺出版社 2000 年版。

古梓龙：《战后印尼对华侨政策之研究》，硕士学位论文，台湾政治大学东亚研究所，1978 年。

古梓龙：《战后印尼对华侨政策之研究》，台湾政治大学东亚所 1979 年版。

谷斯范编：《印尼散记》，湖南人民出版社 1984 年版。

桂光华：《二十世纪初期印尼苏东烟草种植园的契约华工》，《南洋问题》1984 年第 1 期。

桂光华：《荷兰殖民者对契约华工的压迫和剥削》，《厦门大学学报》1984 年第 4 期。

郭建方：《我所知道的印尼苏岛古打拉夜埠华侨社会》，《汕头华侨史论丛》（第一辑），汕头华侨历史学会出版社 1986 年版。

郭瑞明，蒋才培编著：《同安华侨志》，鹭江出版社 1992 年版。

国务院侨务办公室编：《侨务政策汇编 第 1 辑》，1978 年。

海丰县归国华侨联合会编：《东南亚归侨回忆录》，海丰县归国华侨联合会 1983 年版。

［荷］杨·布雷曼：《契约华工与种植园制：荷属东印度日里地区种植园政治剖析》，李明欢译，鹭江出版社 1992 年版。

鹤山市人民政府编：《鹤山华侨志》，鹤山精联印刷有限公司 2004 年版。

洪丝丝：《华文报界片段》，福建省金门同胞联谊会编《洪丝丝纪念集》,中国华侨出版社 1995 年版。

胡一声、郑焕宇译述:《东南亚华人社会的新动向》,暨南大学东南亚研究所 1982 年版。

华侨救国联合总会秘书处:《印尼华侨的灾难》,华侨救国联合总会秘书处 1959 年版。

华侨问题研究会编:《印度尼西亚华侨问题资料》,联合书店 1951 年版。

华侨志编纂委员会:《印尼华侨志》,华侨志编纂委员会,1961 年。

黄昆章:《风雨苍黄五十年——第二次世界大战后的印尼华侨华人社会的变化》,丹青出版社 2000 年版。

黄昆章:《印度尼西亚华文教育发展史》,外语教学与研究出版社 2007 年版。

黄昆章:《印尼华侨华人史》,广东高等教育出版社 2005 年版。

黄浪华:《客家人开埠》,《侨界之光》2014 年 6 月号。

黄书海主编:《忘不了的岁月》,世界知识出版社 2003 年版。

黄素封:《科学的南洋》,商务印书馆 1934 年版。

暨南大学研究所广州华侨研究会:《战后东南亚国家的华侨华人政策》,暨南大学出版社 1989 年版。

江形东:《荷兰殖民主义者对印度尼西亚华侨的压迫》,《中山大学学报》1959 年第 4 期。

蕉岭县华侨志编写组编:《蕉岭县华侨志 第 2 稿》,1987 年。

孔远志:《中国印度尼西亚文化交流》,北京大学出版社 1999 年版。

邝耀章:《奋斗中的印尼》,印华之声 2007 年版。

赖兆华主编:《印尼手册》,华侨导报社 1954 年版。

蓝素兰等编:《黑婴文选》,世界图书出版广东有限公司 2012 年版。

李美贤:《印尼史——异中求同的海上神鹰》,三民书局 2005 年版。

李如龙主编:《东南亚华人语言研究》,北京语言文化大学出版社 2000 年版。

李文海主编:《民国时期社会调查丛编》(二编)华侨卷,福建教育出版社 2009 年版。

李学民、黄昆章:《印尼华侨史:古代至 1949 年》,广东高等教育出版社 2005 年版。

李卓辉编：《印华先驱人物光辉岁月》，联通书局出版社 2003 年版。

李倬等编著：《茶与气象》，气象出版社 2005 年版。

梁英明等编：《近现代东南亚 1511—1992》，北京大学出版社 1994 年版。

梁英明：《战后东南亚华人社会变化研究》，昆仑出版社 2001 年版。

廖建裕：《现阶段的印尼华人族群》，新加坡国立大学中文系、八方文化企业公司联合出版 2002 年版。

廖建裕：《现阶段的印尼华族研究》，教育出版社 1978 年版。

廖建裕：《印尼华人文化与社会》，新加坡亚洲研究学会 1993 年版。

廖建裕：《印尼原住民、华人与中国》，新加坡青年书局 2007 年版。

林德容：《西洋航路移民：明清闽粤移民荷属东印度与海峡殖民地的研究》，江西高校出版社 2006 年版。

林美惠主编：《中华民国侨务发展历程：携手走过的岁月》，华侨通讯社 1990 年版。

林其锬：《五缘文化论》，上海书店出版社 1994 年版。

刘继宣、束世澄：《中华民族拓殖南洋史》，"国立"编译馆 1937 年版。

刘美均：《印尼的出洋客》，金门县文化局 2002 年版。

刘孝民：《印尼华人社会的经济与教育之研究》，文化大学民族与华侨所，1979 年。

刘玉遵等编著：《猪仔华工访问录》，中山大学东南亚历史研究所，1979 年。

刘峙：《我的回忆》，沈云龙主编：《近代中国史料丛刊续编 第 87 辑》，文海出版社 1982 年版。

鲁葆如：《荷印华侨经济志》，南洋出版社 1941 年版。

鲁汉才：《天门人在印尼》，武汉出版社 2005 年版。

罗家伦主编：《革命文献第 79 辑》，"中央"文物供应社 1978 年版。

罗英祥：《印度尼西亚客家》，广西师范大学出版社 2011 年版。

［马来西亚］乌马尔·尤奴斯：《米南卡保文化》，《民族译丛》1984 年第 4 期。

马树礼:《印尼的变与乱》,海外出版社 1963 年版。

马树礼:《印尼独立运动史》,新闻天地社 1957 年版。

《南洋问题文丛 第 1 集》,厦门大学南洋研究所 1981 年版。

《南洋问题资料》(印度尼西亚) 1974 年第 2 期。

难忘的九二〇纪念文集编辑组:《难忘的九二〇》,中国华侨出版社 1993 年版。

《1930 年荷印政府人口普查报告》,自修周刊社编:《南洋贸易指南》,自修周刊社 1940 年版。

聂功成:《关山度若飞:我的领事生涯》,新华出版社 2009 年版。

彭家礼:《19 世纪开发西方殖民地的华工》,《世界历史》1980 年第 1 期。

彭家礼:《19 世纪 70 年代后中国劳力资源外流和"猪仔"贩卖的高潮》,《中国经济史研究》1987 年第 4 期。

钱鹤等编:《华侨教育论文集》,国立暨南大学南洋文化事业部 1929 年版。

侨务二十五年编辑委员会编:《侨务二十五年》,海外出版社 1957 年版。

侨务委员会编:《侨务五十年》,侨务委员会,1982 年。

丘正欧:《华侨问题研究》,"国防"研究院 1965 年版。

丘正欧:《苏加诺时代印尼排华史实》,"中央"研究院近代史研究所 1995 年版。

丘正欧:《苏加诺时代印尼排华史实》,"中央"研究院近代研究所 1995 年版。

邱守愚:《东印度与华侨经济发展史》,正中书局 1947 年版。

邱守愚:《二十世纪之南洋》,商务印书馆 1934 年版。

邱致中:《南洋概况》,正中书局 1937 年版。

任美锷:《东南亚地理》,中国青年出版社 1954 年版。

[日] 铃木正夫:《苏门答腊的郁达夫》,李振声译,上海远东出版社 1996 年版。

沙里洪:《印尼风光》,上海书局 1955 年版。

汕头华侨历史学会编:《汕头侨史论丛 第 1 辑》,汕头华侨历史学会,

1986 年。

汕头市人民政府侨务办公室等主编：《汕头华侨志 初稿》，出版时间不详。

沈雷渔编著：《苏门答腊一瞥》，正中书局 1936 年版。

沈铁崖编：《兰领东印度史》，商务印书馆 1924 年版。

司徒赞编著：《南洋荷领东印度地理》，南京暨南学校，1922 年。

苏东中学董事会秘书处编：《第十三届苏东中学董事会会务报告书》，苏东中学董事会秘书处，1947 年。

［苏联］安季波夫：《印度尼西亚经济地理区》，福建人民出版社 1978 年版。

［苏联］别克列朔夫：《印度尼西亚经济与对外贸易》，倪耕元、刘天鸿等译，财政经济出版社 1958 年版。

［苏联］O. И. 沙波斯拉也娃：《印度尼西亚工人阶级的形成》，《史学译丛》1957 年第 6 期。

［苏联］叶·恩·康德拉什金娜：《印尼人口资料》，《东南亚研究资料》1986 年第 1 期。

［苏联］B. H. 詹扬粘科：《橡胶垄断组织对马来亚 印度尼西亚劳动人民的剥削》，《东南亚研究资料》1961 年第 2 期。

《苏门答腊棉兰华侨工商业分类统计》，《汉口商业月刊》1934 年第 1 卷第 8 期。

苏艺编：《印度尼西亚风采录》，上海书局 1963 年版。

孙福晋：《印度尼西亚现代政治史纲》，厦门大学出版社 1989 年版。

汤锦台：《早期海外华人社会史话：张煜南 张鸿南兄弟打造印尼棉兰华人社会的先驱》，《侨协杂志》2010 年 3 月第 109 期。

唐润洲：《印尼华人与中印关系之研究》，文化大学民族与华侨所，1985 年。

王辟尘编：《各国待遇华侨苛例概要》，商务印书馆 1934 年版。

王苍柏：《活在别处——香港印尼华人口述历史》，香港大学 2006 年版。

王启民：《契约华工制的历史分期问题》，《福建师大学报》（哲学社会科学版）1982 年第 1 期。

王任叔：《印度尼西亚近代史》，周南京整理，北京大学出版社 1995 年版。

韦冈、陵原译：《现代的印度尼西亚》，新知识出版社 1956 年版。

温北炎：《印度尼西亚经济与社会》，暨南大学出版社 1997 年版。

温广益、蔡仁龙 、刘爱华、骆明卿编著：《印度尼西亚华侨史》，海洋出版社 1985 年版。

温广益主编：《二战后东南亚华侨华人史》，中山大学出版社 2000 年版。

温雄飞：《南洋华侨通史》，东方印书馆 1929 年版。

文史资料研究委员会编：《文史资料选辑》第十六辑，中国文史出版社 1959 年版。

吴凤斌：《契约华工史》，江西人民出版社 1988 年版。

吴凤斌：《契约华工演变浅析》，《南洋问题研究》1986 年第 4 期。

吴凤斌：《有关契约华工的几个问题》，《华侨华人历史研究》1989 年第 2 期。

吴凤斌主编：《东南亚华侨通史》，福建人民出版社 1993 年版。

吴剑雄：《海外移民与华人社会》，允晨文化 1993 年版。

吴泰主编：《晋江华侨志》，上海人民出版社 1994 年版。

伍慕英：《重游苏岛的回忆》，《华侨先锋》1946 年第 1—2 期。

夏诚华：《替罪羔羊：1960 年前后印尼华人的处境》，《玄奘人文学报》2006 年第 6 期。

《厦门华侨志》编委员会编：《厦门华侨志》，鹭江出版社 1991 年版。

厦门侨务局编：《厦门侨务局周年纪念刊》，1936 年。

香港印尼苏北华侨华人历史会社编：《印尼苏北华侨华人沧桑岁月》，香港印尼苏北华侨华人历史会社 2015 年版。

《橡胶育种进修班学习资料专刊》，广东省农垦厅，1958 年。

谢培屏编：《战后遣返华侨史料汇编》，"国史馆" 2005 年版。

许崇灏：《南洋与东南洋群岛志略》，陪都新亚细亚学会 1943 年版。

许云樵译：《马来纪年》，南洋报社有限公司 1965 年版。

许振政：《1958—1959 年间印尼保守华人群体衰亡的背景和缘由》，《暨南学报》2011 年第 1 期。

闫克玉等主编：《烟草原料学》，科学出版社 2008 年版。

杨宏云：《社团、社团领袖与华人社会：以印尼棉兰市为个案的初步研究》，《南洋问题研究》2008 年第 4 期。

杨宏云：《20 世纪 80 年代以来印尼棉兰的华人社团与社团领袖》，博士学位论文，厦门大学，2009 年。

杨宏云：《印尼棉兰的华人：历史与特征》，《华侨华人历史研究》2011 年第 1 期。

杨建成：《荷属东印度华侨商人》，中华学术院南洋研究所 1983 年版。

杨建成主编：《中国国民党与华侨文献初编 1908 年—1945 年》，中华学术院南洋研究所 1984 年版。

杨力、叶小敦：《东南亚的福建人》，福建人民出版社 1993 年版。

杨启光：《印度尼西亚独立前的华人社会》，暨南大学华侨研究所编：《华侨史论文集 第二集》，暨南大学华侨研究所 1981 年版。

杨启光：《印尼华人教育的兴起与盛衰》，《中华文史资料文库 第 19 辑》，中国文史出版社 1996 年版。

杨熙撰：《动荡中的印尼华人问题》，台湾政治大学政治研究所 1971 年版。

姚冠颂：《苏北华侨劳动界的过去与现在》，《生活报十周年纪念特刊》，1955 年。

姚祝萱：《国外游记汇刊》第 3 册，中华书局 1924 年版。

［印尼］D. N. 艾地：《艾地选集 第 2 卷》，人民出版社 1963 年版。

［印尼］S. 巴尼：《印度尼西亚史》，吴世璜译，商务印书馆 1959 年版。

《印尼概况》，世界知识出版社 1959 年版。

印尼归侨学生联谊会编：《不能坐视印尼迫害华侨》，印尼归侨学生联谊会，1958 年。

［英］巴素：《东南亚之华侨》，郭湘章译，"国立"编译馆 1966 年版。

［英］E. H. G. 道比：《东南亚》，赵松乔等译，生活·读书·新知三联书店 1958 年版。

［英］D·G·E·霍尔:《东南亚史》,中山大学东南亚历史研究所译,商务印书馆1982年版。

［英］E. M. 勒布:《苏门答腊民族志》,林惠祥译,厦门大学人类博物馆,1960年。

［英］L. D. 斯丹普:《亚洲区域与经济地理》,荷夫译,商务印书馆1962年版。

［英］威廉·H. 乌克斯:《茶叶全书》,中国茶叶研究社译,中国茶叶研究社1949年版。

［英］约翰·霍布森:《西方文明的东方起源》,孙建党译,山东画报出版社2009年版。

游禄中:《印尼华人之命运》,时代图书有限公司2003年版。

张白衣:《荷属东印度历史》,大时代书局1940年版。

张赛群: 《南京国民政府侨务政策研究》,中国言实出版社2008年版。

张赛群:《中国侨务政策研究》,知识产权出版社2010年版。

《张耀轩博士开拓南洋三十年纪念录》,1921年。

张永福:《南洋与创立民国》,中国社会科学院近代史研究所近代史资料编辑组编《华侨与辛亥革命》,中国社会科学出版社1981年版。

张又君:《洪丝丝在南洋》,中国华侨历史学会、福建省金门同胞联谊会编《洪丝丝纪念集》,中国华侨出版社1994年版。

张又君:《胡愈之南洋流亡的一个侧影》,《新文学史料》1986年第2期。

张云飞:《对大革命及侨居印尼的回忆》,中国人民政治协商会议全国委员会文史资料研究委员会《文史资料选辑》编辑部编《文史资料选辑 第16辑》,中国文史出版社1988年版。

张肇强:《战后印度尼西亚的政治和经济》,世界知识社1956年版。

张祖宽: 《印尼华人同化问题研究》,文化大学民族与华侨所,1982年。

赵鼎铭:《亚齐州的淡水湖边》,《友声旅行团月刊》1933年第4期。

郑健庐:《南洋三月记》,新文丰出版公司1980年版。

郑学稼:《印度尼西亚史》,黎明文化事业有限公司1976年版。

郑一省：《印尼棉兰华人族群融入主流社会初探》，《华侨华人历史研究》2008 年第 4 期。

中国第二历史档案馆编：《中国国民党中央执行委员会常务委员会会议录25》，广西师范大学出版社 2000 年版。

中国第二历史档案馆编：《中华民国史档案资料汇编》，江苏古籍出版社 1986 年版。

中国民主同盟中央文史委员会编：《中国民主同盟历史文献 1949—1988 上》，文物出版社 1991 年版。

中国侨联文化工作部等编：《风雨同舟：纪念世界反法西斯暨中国抗日战争胜利 50 周年》，中国华侨出版社 1995 年版。

中国人民政治协商会议福建省龙岩市委员会编：《龙岩文史资料》第 11 辑、第 14 辑、第 15 辑、第 22 辑。

中国人民政治协商会议福建省委员会文史资料研究委员会编：《福建文史资料 第 16 辑》，中国人民政治协商会议福建省委员会文史资料研究委员会 1987 年版。

中国人民政治协商会议广东省委员会文史资料研究委员会编：《广东文史资料》第 74 辑，广东人民出版社 1994 年版。

中国社会科学院南亚研究所等编：《南亚与东南亚资料》，中国社会科学院南亚研究所，1983 年。

中国新闻社编：《反对印度尼西亚排华的宣传参考资料》，1959 年。

中国新闻社编：《印度尼西亚华侨和印度尼西亚基本情况》，1959 年。

中国新闻社选编：《反对印尼排华的斗争稿件选辑》，1959 年。

中华商报社编：《印尼商业年鉴 1955 年》，椰嘉达中华商业出版社 1955 年版。

钟广兴：《华侨在印尼》，朝凤出版社 1959 年版。

钟最生主编：《梅县华侨志》，梅县地方志编纂委员会，1991 年。

周南京等编译：《印度尼西亚华人同化问题资料汇编》，北京大学亚太研究中心，1996 年。

周南京等编译：《印度尼西亚排华问题资料汇编》，北京大学亚太研究中心，1998 年。

周南京主编：《巴人与印度尼西亚——纪念巴人诞辰 100 周年》，南岛出版社 2001 年版。

周南京主编:《华侨华人百科全书》,中国华侨出版社 1999—2002
年版。

周南京主编:《世界华侨华人词典》,北京大学出版社 1993 年版。

周详新主编:《湖南株洲归侨侨眷海外华人纪事》,中国文史出版社
2006 年版。

朱杰勤:《东南亚华侨史》,高等教育出版社 1990 年版。

朱杰勤:《19 世纪中期在印度尼西亚的契约华工》,《历史研究》
1961 年第 3 期。

朱怡频:《从民族主义观点看印尼的分离运动——亚齐个案研究》,
硕士学位论文,南华大学国际暨大陆实务学系亚太研究硕士班,2008 年。

庄国土、刘文正:《东亚华人社会的形成和发展》,厦门大学出版社
2009 年版。

三 英文论著

A. Cabaton, Bernard Mial, *Java*, *Sumatra and the other islands of the Dutch East Indies*, New York, C. Scribner's sons, 1914.

A. L. Stoler, *Capitalism and Confrontation in Sumatra's plantation Belt*, *1870 – 1979.* New haven, 1985.

A. L. Stoler, *In Cold Blood*:*Hierarchies of Credibility and the Politics of Colonial Narratives*, Representations 37. 1992.

A. L. Stoler, *In the Company's Shadow*:*Plantation Women and Labour Policy in North Sumatra' in K Young (ed)*, Female Subordination and the Development Process, IDS, Brighton. 1987.

A. L. Stoler, Plantation Politics and Protest on Sumatra's East Coast, *Journal of Peasant Studies*, Vol 13, No 2. 1986.

A. L. Stoler, Working the Revolution:Plantation Laborers and the People's Militia in North Sumatra, *Journal of Asian Studies* 47(2). 1988.

Alternatives in Medan, Indonesia, *Journal of Southeast Asian Studies*, Volume 18, Issue 1, March 1987.

Anthony. Reid, *An Indonesian Frontier*:*Achehnese & Other Histories of*

Sumatra, Singapore, Singapore University Press, 2005.

Anthony. Reid, *Early Chinese Migration into North Sumatra*, In J. Ch'en and N. Tarling, eds. , *Studies in the Social History of China and Southeast Asia.* Cambridge, Cambridge University Press, 1970.

Buiskool. D. A, *Medan: A Plantation City on the East Coast of Sumatera 1870 – 1942: Planters, the Sultans, Chinese and the Indian.* Airlangga University, 2004.

Charles . A. Copel, *Indonesian Chinese in Crisis.* Kuala Lumpur: Oxford University Press, 1983.

Christopher Airriess, *Port-Centered Transport Development in Colonial North Sumatra. Indonesia*, No. 59 (Apr. , 1995) .

Clark E. Cunningham, *The postwar migration of the toba-bataks to east Sumatra*, New Haven: Yale University Southeast Asia Studies Cultural Report Series, 1958.

Clerks, L E and W F Wertheim, *Living in Deli*, CASA/VU University Press, Amsterdam, 1991.

David Mozingo, *Chinese Policy Toward Indonesia: 1949 – 1967*, Ithaca: Cornell University Press, 1976.

Dded Oetomo, "Multilingualism and Chinese Identities in Indonesia," in *Changing Identities of the Southeast Asian Chinese since World War II*, ed. Jennifer Cushman and Wang Gungwu Hong Kong: Hong Kong Univ. Press, 1988.

D. J. Blake, Labour Shortage and Unemployment in North-East Sumatra, *Malayan Economic Review*, Vol 2, No 7, October. 1982.

Donald. E . Willmott, *The Chinese of Semarang: A Changing Minority Community in Indonesia. Ithaca*, N. Y, Cornell University Press, 1960.

Donald. E. Willmott, *The National Status of the Chinese in Indonesia 1900 – 1958*, Ithaca: Cornell University Modern Indonesia Project Monograph, 1961.

Dr. C. Snouck Hurgronje, taranslated by the late A. W. S. O'sullivan, *The Achehnese*, Late E. J. Brill, Leyden, 1906.

Edward. M. Bruner, Batak Ethnic Associations in Three Indonesian Cities,

Southwestern Journal of Anthropology, Vol. 28, No. 3 (Autumn, 1972).

Edward. M. Bruner, Medan: the Role of Kinship in an Indonesian City," in *Pacific Port Towns and Cities* (ed. by Alexander Spoehr), Honolulu: Bishop Museum Press. 1963.

Edward. M. Bruner, Urbanization and Ethnic Identity in North Sumatra. *American Anthropologist*, New Series, Vol. 63, No. 3 (Jun., 1961).

Edwin. M. Loeb, *Sumartra Its Hisory and People*, Wien: Institutes fur Volkerkunde der Universitat Wien, 1935.

Franke W. Chinese Religion in Southeast Asia with Particular Consideration of Medan, North Sumatra. *Journal of the South Seas Society*, 1988.

George. William Skinner, *The Chinese minority In Indonesia*, edited by Ruth T. McVey. New Haven: HRAF Press, 1963.

Growth An, *Economic History of East Sumatra*, *1863 – 1942*. Jakarta: National Institute of Economic and Social Research, 1977.

G. Schlegel, Geographical Notes. XVI. The Old States in the Island of Sumatra, *T'oung Pao*, Second Series, Vol. 2, No. 2 . 1901.

Herbert Feith and Lance Castle, *Indonesian Political Thinking* 1945 – 1965, Ithaca Cornell University Press, 1970.

James. W. Gould, *Americans in Sumatia*, The Hague Martinus Nijhoff, 1961.

Jan Breman, *Taming the Coolie Beast*: *Plantation Society and the Colonial Order in Southeast Asia*. Delhi: Oxford University Press, 1989.

J. Breman and E. V. Daniel, The making of a Coolie, *Journal of Peasant Studies* 19. 1992.

J. De. Waard, De Oostkust Van Sumatra, *Tijdschrift voor Economische Geografie* 25, 8 (1934).

Jennifer W. Cushman and Wang Gungwu, eds. , *Changing Identities of Southeast Asian Chinese Since World War II*, Hong Kong: Hong Kong University Press, 1988.

John. A. C. Mackie, The Geographical Dispersal and Occupations of the Indonesian Chinese, 1900 – 1930, *Asian Culture* (Singapore), 14 (April

1990）.

John R. W. Smail, The Military Politics of North Sumatra December 1956 – October 1957. *Indonesia*, No. 6 . Oct. , 1968.

Justus M. van der Kroef, Instability in Indonesia, *Far Eastern Survey*, Vol. 26, No. 4 （Apr. , 1957）.

Karl. J. Pelzer, *Planter and Peasant：Colonial Policy and the Agrarian Struggle in East Sumatra* 1863 – 1947. The Hague：Nijhoff, 1978.

Karl J. Pelzer, The Agrarian Conflict in East Sumatra, Pacific Affairs, Vol. 30, No. 2 （Jun. , 1957）.

Leo. Suryadinata, Indonesian Chinese Education：Past and Present, *Indonesia*. No. 14 （October 1972）.

Lu Yu-Sun, *Programs of Communist China for Overseas Chinese*. Hong Kong：Union Research Institute, 1956.

Marieke Van Klaveren, Death among Coolies：Mortality of Chinese and Javanese Labourers on Sumatra in the Early Years of Recruitment, 1882 – 1909. *Itinerario*. Volume 21 . Issue 01. March 1997.

Mary F. Somers, *Peranakan Chinese Politics in Indonesia*. Ithaca：Cornell University Press, 1964.

Meneth Ginting and Ruth Daroesman, An Economic Survey of North Sumatra, *Bulletin of Indonesian Economic Studies* 18, No. 3 （November, 1982）.

Michael. R. Godley and Charles. A. Coppel, *The Pied Piper and the Prodigal Children. A Report on the Indonesian-Chinese Students who went to Mao's China. Archipel*, 39. 1 . 1990.

Michael van Langenberg, Class and Ethnic Conflict in Indonesian's Decolonization Process：A Study of East Sumatra. *Indonesia*, No. 33 （Apr. , 1982）.

Pauline. D. Milone, Contemporary Urbanization in Indonesia, *Asian Survey*, Vol. 4, No. 8 （Aug. , 1964）.

Pauline. D. Milone, *Urban Areas in Indonesia：Administrative and Census Concepts*, Research Series No. 10. Berkeley：Institute of International Studies,

University of California, 1966.

Pelly U, Away from melting Pot: The Rise of Chinese School in Medan City. *Jurnal Antropologi Indonesia*, 2004.

Pelzer, Kar, *Planter and Peasant: Colonial Policy and the Agrarian Struggle in East Sumatra, 1863 – 1947.* The Hague: Martinus Nijhoff. 1978.

Republik Indonesia, Biro Pusat Statistik, Sensus Penduduk 1961 *Republik Indonesia* (Census of Population 1961, Republic of Indonesia), Djakarta: June, 1962.

R. W. Liddle, Suku Simalungun, An Ethnic Group in Search of Representation, *Indonesia*, No. 3 (Apr. , 1967).

Szkeley, Ladislao, *Tropic Fever: The Adventures of a Planter in Sumatra.* Kuala Lumpur: Oxford in Asia. 1979.

Tengku. Luckman. Sinar. *Sejarah Awal Kerajaan Melayu di Sumatera Timur*, dalam Rogayah A. Hamid, et al. Kesultanan Melayu. Kuala Lumpur: Dewan Bahasa dan Pustaka. 2006.

Tengku. Lukman. Sinar, *The Impact of Dutch Colonialism on the Malay Coastal States on the East Coast of Sumatra During the Nineteenth Century*, Paper presented at the Dutch-Indonesian Historical Conference, Noordnijkerhout, the Netherlands, May 1976.

Thee Kian-wie, *Plantation Agriculture and Export Growth: An Economic History of East Sumatra, 1863 – 1942*, LEKNAS-LIPI, Jakarta. 1977.

Translated by Shiraishi Saya, Police Division, Military Administration Headquarters, Consideration concerning order in Sumatra, *Indonesia*, No. 21 (Apr. , 1976).

Tsai, Yen-Lin, Douglas Kammen, *Anti-communist violence and the ethnic Chinese in Medan, North Sumatra. The Contours of Mass Violence in Indonesia, 1965 – 1968.* 2012.

Twang, Peck-yang, *The Chinese Business Elite in Indonesia and the Transition to Independence, 1940 – 1950.* Kuala Lumpur: Oxford University Press. 1998.

Twang Peck-yang, *The Internal Dynamics of Totok Chinese Politics in Indo-*

nesia, *1950 – 1954*, M. A. thesis, Monash University, 1979.

Twang Peck-yang, *The Transformation of the Trading Minorities in Indonesia*, *1940 – 1950*, (Ph. D. diss. , Australian National University, 1988.

Twang Peck-yang (关伯杨), Political Attitudes and Allegiances in the Totok Business Community, 1950 – 1954. *Indonesia*, No. 28 (Oct. , 1979)。

Wertheim, *Indonesian Society in Transition*, The Hague: W. van Hoeve, 1956.

Wibo Peekema, Conlonization of Javanese in the Outer Provinces of the Netherlands East-Indies, *The Geographical Journal*, Vol. 101. No. 4 (Apr. , 1943).

William A. Whitington, The Major Geographic Regions of Sumatra, Indonesia. *Annals of the Association of American Geographers*, Vol. 57, No. 3 (Sep. , 1967).

William A. Withington, Upland Resorts and Tourism in Indonesia: Some Recent Trends, *Geographical Review*, Vol. 51, No. 3 (Jul. , 1961).

四　网站

福建侨联: http://www. fjql. org/fjrzhw/qsxw. htm.

广东侨网: http://www. qb. gd. gov. cn/.

华侨历史文献档案馆: http://www. zghqwx. com/news_ show. asp? whichpage = 3.

侨友乐: http://www. qiaou. com/index. aspx.

侨友网: http://www. qiao-you. com/.

泉州文史资料全文数据库:

http://mnwhstq. cn/was40/outline? page = 1&channelid = 54651 &searchword = % D5% FD% CE% C4% 3D% C3% DE% C0% BC&ispage = yes&templet = wszl-gl_ searchresult. jsp.

苏门答腊—旅者杂记的博客:

http://blog. sina. com. cn/s/articlelist_ 1304525954_ 1_ 2. html.

先达人的个人空间:

http://www. siantarpeople. org/home. php? mod = space&uid = 10&do =

album&picid=896.

先达人网站:http://www.siantarpeople.org/portal.php.

香港棉中校友网:http://www.mianzhong.org.hk/index.php.

正外外的博客:

http://blog.sina.com.cn/s/blog_764439df0100s6et.html.

中华全国归国华侨联合会:http://www.chinaql.org/sites/ql/index.jsp.

中华人民共和国驻棉兰总领事馆:http://medan.china-consulate.org/chn/.

后　记

　　书稿完成之际，心中感慨万千。从读博至工作以来，我的导师施雪琴教授就一直对我的学业关心倍加。施雪琴师是我见到过的对学生最认真负责、并且又非常和蔼可亲的教授，她以真诚的态度完美体现了传道、授业、解惑的最高标准。无论从学习上，还是从生活上，施雪琴师总是善解人意，从我的角度着想，耐心为我提供各种机会并鼓励我勇于尝试。回首往事，我倍感荣幸能投到施雪琴师的门下，没有施雪琴师的关心和帮助，真的不知道自己是否有机会走到今天。特别要感谢范宏伟教授，范师见识透彻，授课别具一格，引人入胜；提问发人深思，让人在反思中叹为观止。范师待人真诚热忱，为本人工作及书稿出版事宜忙前忙后，奔波联络，费心劳神。两位老师的恩情似海，让我永远铭记于心。他们待人做事的精神是我效仿的彼岸灯塔，自己只有见贤思齐，才能不负老师孜孜不倦的提携扶助之心。

　　在厦大南洋研究院诸多老师的安排与同学的帮助之下，自2015年至今，我先后前往广州、清远，参加了华东师大、华南师大主办的文献与方法研习营研习；在北京参加了先达归侨联谊会活动并对归侨进行了采访；在香港、深圳等地与印尼苏北华人社团、香港苏北华人社团等机构的负责人多次开展会谈，并召开专门研讨会。在寻找资料的过程中郑光煌先生、翁克敏先生、邝福蒸先生、张爱燊先生、廖章然先生、张茂荣先生、梁俊祥先生、黄书海先生、林瑞玲女士、张永祥先生等印尼归侨和华人，特别热心积极地为我提供各种资料，接受我的采访，给我提出很多真诚的建议，让我感动万分。通过与诸位贤达及亲历者的面谈，使我更正不少文本中记载的错讹之处，补充了诸多言之未尽的历史事实，对书稿的修订大有裨益。

最后,我要郑重感谢中国社会科学出版社,作为出版界的权威,中国社会科学出版社与厦门大学南洋研究院强强合作,合力出版"南洋文库"相关书目,这是华侨华人研究乃至东南亚研究的幸事,我的书稿能荣幸入选其中,这也是对我莫大的激励与鞭策。

王刘波

2018 年 4 月